Isaac Marks

Ängste

Verstehen und bewältigen

Herausgegeben von Patrizia Winter

Springer-Verlag
Berlin Heidelberg New York
London Paris Tokyo
Hong Kong Barcelona
Budapest

ISBN 3-540-56498-5
Springer-Verlag Berlin Heidelberg New York

2. Auflage
Die 1. Auflage erschien 1977 unter dem Titel »Bewältigung der Angst« im Springer-Verlag und wurde herausgegeben von J.C. Brengelmann
(ISBN 3-540-08077-5)

Übersetzer: Gisela Ramin, Renate Bender, Patrizia Winter

Dieses Werk ist urheberrechtlich geschützt. Die dadurch begründeten Rechte, insbesondere die der Übersetzung, des Nachdrucks, des Vortrags, der Entnahme von Abbildungen und Tabellen, der Funksendung, der Mikroverfilmung oder der Vervielfältigung auf anderen Wegen und der Speicherung in Datenverarbeitungsanlagen, bleiben, auch bei nur auszugsweiser Verwertung, vorbehalten. Eine Vervielfältigung dieses Werkes oder von Teilen dieses Werkes ist auch im Einzelfall nur in den Grenzen der gesetzlichen Bestimmungen des Urheberrechtsgesetzes der Bundesrepublik Deutschland vom 9. September 1965 in der jeweils geltenden Fassung zulässig. Sie ist grundsätzlich vergütungspflichtig. Zuwiderhandlungen unterliegen den Strafbestimmungen des Urheberrechtsgesetzes.

© Springer-Verlag Berlin Heidelberg 1977, 1993
Printed in Germany

Redaktion: Ilse Wittig, Heidelberg
Umschlaggestaltung: Bayerl & Ost, Frankfurt, unter Verwendung einer Illustration von Astromujoff, The Image Bank
Innengestaltung: Andreas Gösling, Bärbel Wehner, Heidelberg
Herstellung: Bärbel Wehner, Heidelberg
Satz: Schneider-Druck GmbH, Rothenburg ob der Tauber
Druck: Druckhaus Beltz, Hemsbach
Bindearbeiten: J. Schäffer GmbH & Co. KG, Grünstadt
67/3130 - 5 4 3 2 1 0 - Gedruckt auf säurefreiem Papier

Inhaltsverzeichnis

1 Normale und abnorme Angst 1
Was ist Angst? 1
Wann ist Angst nützlich? 5
»Bin ich normal? Brauche ich Hilfe?« 9
Das Spektrum der Angst 11
Historische Beschreibung
von Angstzuständen 24

**2 Normale Ängste
und Angstzustände** 27
Natürliche menschliche Ängste 28
Normale Ängste bei Kindern 30
Häufig vorkommende Ängste
bei Kindern und Erwachsenen 34

**3 Normale Reaktionen
auf Todes- und Unglücksfälle** 39
Angst vor dem Tod 39
Trauerreaktionen 42
Katastrophen und Unglücksfälle 55
Anhaltende extreme Belastung 59
Zusammenfassung 60

4 Depressive Störungen und Angsterkrankungen ... 63
Ursachen nervöser Spannung ... 65
Depressive Störungen ... 66
Angsterkrankungen ... 67
Zusammenfassung ... 76

5 Agoraphobien ... 78
Was ist eine Agoraphobie? ... 79
Behandlung von Agoraphobien ... 95
Zusammenfassung ... 99

6 Soziale Phobien und Krankheitsphobien ... 101
Soziale Phobien ... 101
Behandlung von sozialen Ängsten ... 110
Krankheitsphobien ... 115
Behandlung von Krankheitsphobien und Sorgen über die äußere Erscheinung ... 120
Zusammenfassung ... 125

7 Spezifische Phobien ... 127
Tierphobien ... 127
Behandlung einer Taubenphobie ... 132
Andere spezifische Phobien ... 133
Zusammenfassung ... 146

8 Phobien bei Kindern ... 148
Schulphobien ... 151
Behandlung von Phobien im Kindesalter ... 154
Erziehung zum Umgang mit der Angst ... 155
Zusammenfassung ... 157

9 Zwangsstörungen ... 159
Perfektionistische Persönlichkeit
und Zwangsstörung ... 160
Durch Zwangsstörungen
verursachte Qualen ... 161
Die Behandlung von Zwangsstörungen ... 169
Zusammenfassung ... 177

10 Sexuelle Ängste ... 179
Sexuelle Aufklärung und Einstellung ... 180
Eifersucht ... 181
Verschiedene sexuelle Probleme ... 182
Behandlung sexueller Ängste ... 185
Zusammenfassung ... 192

11 Die Behandlung von Angst ... 194
Psychologische Hilfen ... 195
Verhaltenstherapie:
Konfrontation mit dem Angstauslöser ... 197
Formen der Konfrontationstherapie ... 207
Streßimmunisierung ... 218
Abreaktive Methoden ... 230
Entspannungsmethoden ... 231
Medikamentöse
und physikalische Behandlung ... 234
Zusammenfassung ... 242

12 Wie kann ich mir selbst helfen? ... 245
Kann mir eine Verhaltenstherapie helfen?
10 Testfragen ... 246
Behandlungsstrategie: 5 Schritte ... 256
Besondere Taktiken
für spezifische Probleme ... 276
Beispiele von Selbsthilfe ... 280

Wissenschaftliche Belege zur Wirksamkeit
der Verhaltenstherapie 290
Selbsthilfegruppen..292

Weiterführende Literatur 294

Vorwort

»Really, I consider total absence of fear,
in situations as mine,
to be the mark not of a valiant fellow but a dolt.«

Erasmus auf der Flucht vor der Pest, um 1495

Dieses Buch will dem Leser helfen, die Natur der Angst besser zu verstehen und zu lernen, wie man damit fertig werden kann. Ängstlichkeit ist eine tägliche Erscheinung für uns alle. Es gibt keine klare Trennungslinie zwischen der normalen Furcht, die wir alle kennen und mit der wir ohne fremde Hilfe fertig werden können, und den intensiven Phobien, für die man die Hilfe eines Fachmanns braucht. Der Hauptunterschied liegt im Grad der Ausprägung. Fachliche Hilfe wird gewöhnlich nur dann notwendig, wenn Furcht unser Leben in irgendeiner Weise einengt. Wir brauchen dann jemand, der uns den Ursprung der nervösen Spannung und ihre verschiedenen Erscheinungsweisen erklärt und sagt, was man tun kann, wenn sie uns zu stark überkommt. Es ist schon eine Hilfe zu wissen, welche Schwierigkeiten andere Leute haben und was sie dagegen tun. Viele Leute glauben, daß sie die einzigen sind, die Probleme haben. Dieses Buch stellt anhand von Fallbeispielen Probleme dar, unter denen Sie vielleicht auch leiden und die schon andere geplagt haben. Es beschreibt die wichtigsten Erscheinungsweisen der Angst, so wie sie im normalen Leben und in der psychiatrischen Klinik zu finden sind, seien es Ängste vor dem Sterben, vor Verletzungen, vor Ansteckung oder die Angst verrückt zu werden. Viele Probleme tauchen viel häufiger auf, als man normalerweise annimmt. Wenn Sie einige dieser Probleme bei sich selbst entdecken, werden Sie herausfinden, daß Sie damit nicht alleine sind.

Ein genauso wichtiges Anliegen dieses Buches ist es, Ihnen aufzuzeigen, was man bei bestimmten Schwierigkeiten tun kann. Es beschreibt die Methoden des Fachmanns, die heutzutage zur Beseitigung nervöser Leiden zur Verfügung stehen.

Die Behandlung der Angst hat in jüngster Zeit eindrucksvolle Fortschritte gemacht, und vielen Betroffenen kann jetzt zum ersten Mal geholfen werden. Die Revolution der Verhaltenstherapie hat zu einer radikalen Änderung der Denkweise über die Behandlung geführt. Diese Entwicklung hat zu neuen, effektiven Methoden für ausgewählte Probleme geführt. Es ist nicht unbedingt notwendig, auf die Kindheit zurückzuschauen, um über diese Sorgen hinwegzukommen. Dieser Zugang bereitete vielen ein Gefühl der Hilflosigkeit, denn wir können nicht unsere Lebensgeschichte neu konstruieren. Und den Eltern dafür die Schuld zu geben, führt oft nur zu schweren Schuldgefühlen. Therapeuten glaubten früher, es sei notwendig, irgendetwas zu entdecken, um helfen zu können. Der Mythos der Symptomverschiebung ging damit einher. Das ist der Glaube, daß statt dessen ein anderes Problem auftauchen würde, wenn man die Angst vermindert ohne mit dem vermeintlichen zugrundeliegenden Problem fertigzuwerden. Untersuchungen haben immer wieder gezeigt, daß diese Befürchtung weitgehend unbestätigt ist. Wer seine Phobien oder Rituale los wird, ist weit davon entfernt, neue Symptome zu entwickeln. Normalerweise verbessern sich auch andere Bereiche des Lebens durch die Befreiung von der Angst.

Eine Fülle von Befunden weist darauf hin, daß Verhaltenstherapie vielen hilft und daß sie Ihnen helfen könnte, wenn Sie eines der in diesem Buch beschriebenen

Probleme haben. Phobien, Zwänge und sexuelle Schwierigkeiten können alle gut auf eine Verhaltenstherapie ansprechen. Die Besserung hält normalerweise in den Jahren nach der aktiven Behandlung an. Es kann jedoch nicht jedem geholfen werden. Um Erfolg zu haben, müssen Sie ganz klar sagen können, wobei Sie Hilfe brauchen und Sie müssen überzeugt sein, daß es Ihnen ohne Ihr Problem besser gehen wird als mit ihm. Sie müssen darauf gefaßt sein, einiges Unbehagen zu tolerieren und aktiv im Behandlungsplan mitzuarbeiten, einschließlich der Bereitschaft zu einer Menge Hausaufgaben. Manchmal werden Ihnen Ihre Angehörigen helfen müssen. Bei Zwängen kann die ganze Familie betroffen sein. In diesem Fall muß man die Familie dazu gewinnen, dem Therapeuten zu helfen. Für die meisten sexuellen Probleme wird Ihr Partner in irgendeiner Weise involviert sein müssen.

Dieses Buch erklärt die Prinzipien der Behandlung und versucht, den Schleier des Geheimnisvollen zu lüften. Schwere Probleme werden zwar am besten von Fachleuten behandelt, aber Sie können dem Therapeuten helfen, Ihnen zu helfen, wenn Sie Ihre Schwierigkeiten ein bißchen besser verstehen und eine Vorstellung davon bekommen, wie man damit fertig werden kann. Wenn professionelle Hilfe nicht verfügbar ist, kann Selbsthilfe eine Möglichkeit sein. Kundige Verhaltenstherapeuten sind immer noch dünn gesät, und es kann sein, daß Sie weit von einem entfernt wohnen. Oder Ihr Problem ist vielleicht erst kürzlich aufgetreten oder so geringfügig, daß Sie nur ein bißchen Selbstmanagement brauchen.

Selbsthilfe wird mehr und mehr möglich, je weiter die Prinzipien der Behandlung ausgearbeitet und vereinfacht werden. Dieses Thema ist ein Dauerbrenner im Gesundheitswesen. Mangelernährung war in der Vergangenheit üblich, bevor Ärzte einen ausgewogenen Ernährungsplan entwickelt haben, den wir für eine normale

Entwicklung und Funktion brauchen. Jetzt, da durch die Verbreitung in der Schule, in den Medien und in Büchern Ernährungsprinzipien Allgemeinwissen sind, können sich die meisten Leute normal ernähren. Unzählige Kinder pflegten schweren Durchfällen verschiedenster Ursache zum Opfer zu fallen solange nicht entdeckt war, wie wichtig es ist, die Körperflüssigkeiten und Salze im richtigen Gleichgewicht zu halten. Bis vor kurzem wurde dies durch die Verabreichung intravenöser Flüssigkeiten bewerkstelligt, wozu medizinische Hilfe notwendig ist. Aber dann fand man heraus, daß Babies mit einer Magen-Darm-Verstimmung bestimmte Flüssigkeiten ohne zu erbrechen auch oral einnehmen können, so daß die Notwendigkeit der intravenösen Verabreichung überflüssig wurde. Wenn Epidemien von Magen-Darm-Infekten bei Babies vorkommen, können die Mütter die richtige Flüssigkeit oral verabreichen. Das Kind muß nicht erbrechen, der Magen nimmt die Flüssigkeit auf, und das Leben ist gerettet. In dem Maße, wie Ärzte die Behandlungsprinzipien herausgearbeitet haben und das Management des Problems vereinfacht haben, konnten sie sich selbst zurückziehen und den Müttern den Großteil der Behandlung überlassen.

Ein solcher Prozeß beginnt sich bei den Verhaltenstherapien für verschiedene Arten der Angst abzuzeichnen. Das Motto heißt »power to the people«. Die Erforschung der Selbsthilfe zeigt auf einem wissenschaftlichen Weg, daß Willenskraft zum Erfolg notwendig ist. Der Schwerpunkt liegt bei dem Patienten, der einen Großteil seiner Behandlung selbst durchführt. Der Therapeut bestimmt nur den Kurs und korrigiert von Zeit zu Zeit die Richtung des Steuers.

Das letzte Kapitel dieses Buches ist ein Führer zur Selbsthilfe. Betroffene, die daran interessiert sind, können einschätzen, in welchem Ausmaß sie sich selbst behandeln können, ohne einen Therapeuten konsultieren zu müssen. Dieses Buch bietet keine detaillierten Anweisungen für eine Behandlung, sondern versteht sich als erste Anleitung zur Selbsthilfe und grobe Orientierung zu professionellen Methoden, die heutzutage zur Behandlung nervöser Leiden zur Verfügung stehen.

Das Buch ist den vielen Betroffenen und Therapeuten gewidmet, deren eingehende Beobachtungen dieses Werk ermöglicht haben. Ihre Zusammenarbeit hat unser Wissen ständig vergrößert und den Weg zu immer effektiveren Techniken des Abbaus nervöser Spannungen bereitet. Obwohl dieses Buch primär für Laien geschrieben ist, dürfte es auch bei vielen Studenten und Fachleuten, einschließlich Ärzten, Psychiatern, Psychologen, Pflegepersonal, Sozialarbeitern und Bewährungshelfern auf Interesse stoßen.

Von Patienten, Kollegen und Studenten, Krankenschwestern, Psychologen und Psychiatern auf vier Kontinenten habe ich viel gelernt. Durch meine Arbeit mit über 1000 Patienten mit Angsterkrankungen wurde mir der Bedarf für ein allgemeinverständliches Buch bewußt, welches die modernen Erkenntnisse auf dem Gebiet darstellt. Ich hoffe, dieses Buch kann diesen Bedarf in einem gewissen Ausmaß decken. Es soll Ihnen eine Hilfe zur Selbsthilfe sein.

Danksagung

Der Verfasser ist den vielen, in diesem Buch zitierten Autoren zu tiefem Dank verpflichtet. Dazu gehören: Dr. Douglas Bond (*The Love and Fear of Flying*, International Universities Press, Inc., New York, 1952), Dr. Leonard Cammer (*Freedom from Compulsion*, Simon and Schuster, New York, 1976), Joyce Emerson (*Phobias*,

National Association of Mental Health, London, 1971), Professor Carney Landis (*Varieties of Psychopathological Experience*, herausgegeben von F. A. Mettler; Holt, Rinehart & Winston, Inc., New York, 1964), Mary Mc Ardle (»*Treament of a Phobia*«, Nursing Times, 1974, S. 637-639), Dr. Don Meichenbaum (*Cognitive Behavior Modification*, Plenum Press, Plenum Publishing Corporation, New York, 1977), Dr. Colin Parkes (»*The First Year of Grief*«, Psychiatry, 1970, Bd. 33, S. 444-467), Dr. John Price (unveröffentlichte Arbeit über Aversionen), Dr. S. Rachmann (*The Meaning of Fear*, Penguin Books, Inc., 1974), Dr. Gerald Rosen (*Don't be Afraid*, Prentice-Hall, Inc., 1976) und Dr. Claire Weekes (*Peace from Nervous Suffering: Self-Help for Your Nerves;* Angus & Robertson, 1972). Besonderen Dank verdient Dr. John Greist für seine vielen hilfreichen Kommentare.

Ausführliche Zitate stammen auch von den unzähligen Patienten überall in der Welt, die der Verfasser in den letzten 15 Jahren behandelt oder mitbehandelt hat, sowie aus seinen drei früheren Büchern zu diesem Thema, die unter den Titeln *Fears, Phobias, and Rituals* (Oxford University Press, 1987), *Clinical Anxiety* (Mitautor Dr. Malcolm Lader, Heinemann Medical Press, 1971) und *Nursing in Behavioral Psychotherapy* (Mitautoren R. H. Hallam, J. Connolly, R. Philpott, Royal College of Nursing, 1977) veröffentlicht wurden.

1 Normale und abnorme Angst

▪ Was ist Angst?

Auch Sie machen sich manchmal Sorgen – wie wir alle. Täten wir dies nicht, wären wir nicht normal. Angst war immer Teil des menschlichen Wesens und auch in absehbarer Zukunft wird sie uns begleiten.

Angst kann insofern als normal bezeichnet werden, als sie weit verbreitet und nahezu jedermann von ihr betroffen ist. Wenn auch die Auslöser der Angst von Mensch zu Mensch variieren können, so gibt es doch gewisse Vorgänge, die nahezu bei allen regelmäßig Spannungen hervorrufen. Angst ist also ein Bestandteil des täglichen Lebens. Unsere tägliche Lebensroutine beinhaltet eigentlich immer eine Gefahr. Auf überfüllten Straßen müssen wir stets auf der Hut sein vor den ständig drohenden Beinahe-Unfällen und dem Unerwarteten, das ständig eintreten kann. Der nicht festangestellte Angestellte sorgt sich um seine Stellung, der Spitzenmanager bibbert bei seinen Entscheidungen und die Telefonistin fürchtet exaltierte Anrufer. Die Hausfrau muß sich plagen, bei stark steigenden Preisen ihr knappes Haushaltsgeld so hinzustrecken, daß sie ihre Familie versorgen kann. Männer und Frauen streiten sich, Eltern und Kinder geraten einander in die Haare. Kurzum, es ist praktisch nicht möglich, ohne irgendeine Form der Angst und Unsicherheit zu leben.

Angst ist das Gefühl, das wir haben, wenn wir in eine schwierige Situation geraten. Dann fühlen wir uns bedroht, auch wenn die Ursache der Bedrohung vielleicht nicht klar erkennbar ist. Unsere Sprache ist reich an Ausdrücken, die Angst und ähnliche Gefühle beschreiben. Sehen Sie sich bloß die folgende Liste an: Befürchtung, Unbehagen, Nervosität, Sorge, Unruhe, Besorgnis, böse Ahnung, Bangigkeit, Bedenken, nervöse Gereiztheit, Ängstlichkeit, Empfindlichkeit, sich bedrängt fühlen, sich unsicher fühlen, Beunruhigung, Argwohn, Entmutigung, Aufregung, Entsetzen, Bestürzung, Erregung, Bedrohung, Kummer, Trübsal, Schmerz, Bedrücktheit, Zittern, Greuel, Schrecken, Furcht, Grauen, Schauder, Panik, Pein, Qual, Seelenangst, Erschütterung usw. Alle diese Begriffe bezeichnen subtile Nuancen solcher Gefühlszustände, die der Angst ähneln. Wenn eine Gesellschaft ein so reiches Ausdrucksvermögen für bestimmte Gefühle entwickelt, kann man sicher sein, daß dieser Erlebnisbereich allgemein und von großer Bedeutung ist.

Die meisten Kinder und Erwachsenen haben Angst vor irgendwelchen Dingen oder Situationen. Kinder fürchten sich zum Beispiel davor, daß ihre Eltern sie verlassen könnten, oder vor Geräuschen, vor Fremden, vor Tieren und vor ungewöhnlichen Situationen. Erwachsene fürchten sich vor Höhen, Aufzügen, Dunkelheit, Flugzeugen, Spinnen, Mäusen, Prüfungen und auch vor dem Übersinnlichen und Gegenständen des Aberglaubens wie spukenden Geistern oder davor, auf der Straße unter einer Leiter hindurchzugehen und so weiter. Die kleineren Angstzustände führen in der Regel nicht dazu, daß man die entsprechenden Situationen völlig vermeidet; auch kann man sie durch Erklärungen überwinden. Sie erfordern keine Behandlung.

Angst ist eine normale Reaktion auf tatsächliche oder vorgestellte Bedrohung. Durch Emotionen werden Verhalten und Körperfunktionen gestört. Dies wird vom Betroffenen wahrgenommen, kann aber auch von anderen beobachtet werden.

Während eines Angsterlebnisses können zwei besonders auffällige Veränderungen im Verhalten auftreten, die in scharfem Kontrast zueinander stehen. Auf der einen Seite zeigt sich die Neigung »einzufrieren«, bewegungslos und stumm zu werden. Das entgegengesetzte Verhalten besteht darin, durch die Erregung in Bewegung zu geraten, wegzulaufen und zu schreien. Beide Verhaltensweisen können während eines Angsterlebnisses auftreten, und das eine Verhalten kann unmittelbar durch das andere abgelöst werden.

Starke Angst verursacht unangenehme subjektive Gefühle der Erregung, Herzklopfen, Muskelspannung, Zittern, Schreck- oder Alarmreaktion, ein Gefühl der Trockenheit und des »Zusammengeschnürtseins« in Mund und Rachen, Beklemmung in der Brust, das Gefühl, daß der Magen sich senkt, Übelkeit, Verzweiflung, Harn- und Stuhldrang, Gereiztheit und Angriffslust, starkes Verlangen zu weinen, davonzulaufen oder sich zu verstecken, Atemnot, Prickeln in Händen und Füßen, Gefühle der Unwirklichkeit oder des Weit-entfernt-Seins, lähmende Gliederschwäche und schließlich das Gefühl, ohnmächtig zu werden und umzufallen. Wenn Angst lange Zeit andauert, werden selbst gesunde Menschen müde, deprimiert, langsamer, ruhelos und verlieren ihren Appetit. Sie können nicht schlafen, haben schlechte Träume und vermeiden alle furchterregenden Situationen.

Körperliche Veränderungen durch Angst

Wir fühlen unsere Emotionen gewöhnlich im Körper, und unsere Sprache hat eine Fülle von Wörtern, die dies zum Ausdruck bringen, doch sind wir an diese Bezeichnungen so sehr gewöhnt, daß wir die körperlichen Erlebnisse darüber oft vergessen.

Während eines Angsterlebnisses treten viele körperliche Veränderungen auf. Die Haut wird bleich, man schwitzt, die Haare sträuben sich, die Pupillen werden weiter, der Herzschlag wird beschleunigt, der Blutdruck steigt, die Muskeln werden stärker durchblutet, der Atem geht schneller, Blase und Dickdarm ziehen sich zusammen und verursachen Stuhl- und Harndrang, und auch die elektrischen Ströme in der Haut unterliegen Veränderungen. Auch die Körper–Chemie verändert sich: So scheiden zum Beispiel die Nebennierendrüsen Adrenalin aus, und an den feinen Nervenendigungen im Körper bildet sich Noradrenalin. Manche dieser Vorgänge treten allerdings nicht nur bei Angst auf, sondern auch bei Emotionen anderer Art.

Wenn die Angst intensiver wird, sprechen wir von einem Zustand der Panik. Darwin, der Begründer der Evolutionstheorie, beschreibt dies so:

»Das Herz schlägt wild, oder aber es fallen Herzschläge aus, was Ohnmacht zur Folge haben kann; man beobachtet eine todesähnliche Bleiche; der Atem geht schwer; die Nasenflügel werden weit...es würgt in der Kehle, die Augen treten hervor, die Pupillen erweitern sich, die Muskeln werden hart.
Wenn die Angst einen extrem hohen Punkt erreicht, entlädt sich die Panik in einem fürchterlichen Schrei. Große Schweißtropfen stehen auf der Haut. Alle Muskeln des Körpers sind entspannt, bald folgt äußerste Erschlaffung, und die geistigen Kräfte versagen. Die Eingeweide sind ebenfalls betroffen. Die Schließmuskeln hören auf zu funktionieren, und der Inhalt des Körpers kann nicht mehr zurückgehalten werden.«

Spannungszustände können angenehm sein

Angst ist zwar nach der gängigen Vorstellung ein unangenehmes Gefühl, die Menschen versuchen jedoch nicht immer, sie zu vermeiden. Im Gegenteil, es gibt Leute, die die Angst suchen und denen die Bewältigung gefährlicher Situationen ein großes Vergnügen bedeutet. Rennfahrer, Stierkämpfer und Bergsteiger setzen sich bereitwillig großen Gefahren aus. Tausende von Zuschauern drängen sich danach, die bei der Ausübung gefährlicher Sportarten entstehenden Spannungen aus zweiter Hand zu erleben. Horrorfilme und Bücher sind Formen der Unterhaltung, die Angst und Spannungen erzeugen und viele Millionen Dollar einbringen.

Auch das Versteckspiel, das bei kleinen Kindern so beliebt ist, stellt eine Form des Vergnügens dar, das das Erlebnis leichter Angst bereiten kann. Es macht den Kleinen Spaß, wenn ihre Eltern für einen Moment hinter der Ecke verschwinden und dann wieder zum Vorschein kommen. Während sich Vater oder Mutter verbergen, kann das Kind einen angespannten Ausdruck annehmen, der von einem Freudenschrei abgelöst wird, sobald der Erwachsene wieder erscheint. Wenn Vater oder Mutter jedoch zu lange in ihrem Versteck bleiben, geht bei dem Kind die Spannung in Furcht über, und es kann sein, daß es aus Angst zu weinen beginnt.

Wann ist Angst nützlich?

In weniger extremen Formen kann Angst recht nützlich sein. In bedrohlichen Situationen beschleunigt sie unsere Reaktionsfähigkeit und schärft unsere Wachsamkeit, wenn die Lage schwierig wird. Schauspieler und

Politiker berichten oft über eine leichte Form der Angst vor dem Auftritt, die aber eine stimulierende Wirkung auf sie habe. Das Ablegen schriftlicher Prüfungen oder das Fallschirmspringen sind Tätigkeiten, die in der Regel von Angst begleitet sind. Jagdfliegerpiloten geben an, daß sie besser kämpfen können, wenn sie Angstgefühle haben.

Es scheint ein Maß an Angst zu geben, das für gute Leistung optimal ist: Bei einem Zuwenig wird man leicht sorglos, bei einem Zuviel dagegen ungeschickt oder gehemmt, wenn nicht gar gelähmt. Das Erleben gefährlicher Situationen kann zur Entwicklung eines gesunden Respekts vor der Gefahr führen und so der Selbsterhaltung dienen. Eine Untersuchung amerikanischer Soldaten ergab, daß unerfahrene Truppen wenig Angst zeigten und die Sicherheitsmaßnahmen in allzu sorgloser Weise ignorierten. Nachdem sie Kampferfahrung gewonnen hatten, wurden sie wachsamer, zeigten mehr Angst und machten weniger leichtsinnige Fehler.

Ein wenig Angst scheint in Problemsituationen nützlich und hilfreich zu sein. Man fand z. B. heraus, daß völlig angstfreie Patienten nach der Operation über stärkere Schmerzen und Beschwerden klagten und auch mißmutiger und verstimmter waren als Patienten, die vor der Operation nicht ganz angstfrei waren. Diese hatten nach der Operation weniger Angst und geringere Schmerzen und bewältigten den chirurgischen Eingriff insgesamt besser. Dagegen hatten Patienten, die vor der Operation besonders ängstlich waren, auch nach der Operation noch große Angst und beklagten sich über starke Schmerzen und schlechtes Befinden. Hier zeigt sich also, daß Angst, die in geringerem Grade nützlich sein kann, dann, wenn sie extreme Formen annimmt, schädlich ist und geradezu destruktiv wirken kann. Fallschirmspringer in der Ausbildung zeigen schlechtere Leistungen, wenn sie ängstlich sind, und selbst ausgebildete Fallschirmspringer können sich so fürchten, daß sie die Nerven verlieren und nicht mehr in der Lage sind zu springen.

In Paniksituationen, wie sie beim Ausbruch von Feuer oder bei Erdbeben entstehen, kann es vorkommen, daß die Menschen blindlings in alle Richtungen davonlaufen und dabei alle ihre gewohnten sozialen Verantwortlichkeiten außer acht lassen. So kann zum Beispiel eine Mutter, die aus einem brennenden Haus läuft, vergessen, ihr Baby mitzunehmen, oder es kann passieren, daß Soldaten bei einem Bombenangriff sich erbrechen müssen, in die Hose machen und vor Furcht so gelähmt sind, daß sie weder selbst in Deckung gehen noch andere, für die sie verantwortlich sind, in Sicherheit bringen. Schauspieler oder öffentliche Sprecher können so in Angst geraten, daß sie ihren Text vergessen und stumm werden.

Auch weniger intensive Angst kann sich jedem Versuch der Beeinflussung widersetzen. Angstpatienten berichten häufig von Panikzuständen, die immer wieder aus dem Blauen heraus auftauchen, von unterschiedlicher Dauer sind und dann wieder vergehen, ohne Rücksicht auf das Zutun des Patienten. Gewöhnlich findet man keinen erkennbaren Auslöser für solche Ängste. Manchmal erklärt man solche Aufwallung der Angst aus den Handlungen, die diese Person gerade zu der Zeit durchführt. Daraus kann sich dann ergeben, daß der Patient künftig entsprechende Situationen vermeidet in der Annahme, damit seine Angst zu bewältigen. Der Patient, der zum Beispiel gerade eine Behandlung mit einem neuen Medikament begonnen hat, mag dann seinen Panikzustand diesem Medikament zuschreiben und wird es in Zukunft nicht mehr einnehmen, auch wenn dieselben Symptome schon vor der Behandlung mit diesem Medikament wiederholt bei ihm aufgetreten sind. Dies ist eine Form des Aberglaubens.

Angst nach einer Notfallsituation

Wenn wir in einer plötzlichen Krise gezwungen sind, schnell und ohne nachzudenken, zu handeln, um eine Katastrophe zu vermeiden, kann es sein, daß wir erst etwas später Angst fühlen, dann nämlich, wenn die schlimmste Gefahr schon vorbei ist. Nach einem Beinahe-Unfall berichtete ein Autofahrer folgendes:

»Als ich gerade den Hügel hinauffuhr, bemerkte ich ein paar Meter vor mir einen Jungen, der am Straßenrand stand. Er schien mich zu sehen und zu warten, daß ich vorbeifuhr. Aber unmittelbar bevor ich auf seiner Höhe war, rannte er plötzlich los und mir direkt vors Auto. Ich trat automatisch auf die Bremse, und mit quietschenden Reifen und dem Geruch von verbranntem Gummi kam der Wagen abrupt zum Stehen. Ich hatte den Jungen nur um Millimeter verfehlt. Zuerst war es so, als ob dies alles irgendeinem anderen in einem Film passierte, aber ein paar Sekunden später, als ich gerade wieder anfuhr, begann mein Herz heftig zu schlagen, mir brach der Schweiß aus, ich fühlte mich schwach und zittrig, und Finger und Zehen begannen mir vor Furcht zu prickeln, als ich mir der Gefahr bewußt wurde, die gerade noch abgewendet werden konnte. Dieser Zustand dauerte ungefähr eine Viertelstunde an und schwächte sich dann nur langsam ab«.

Es kann sogar vorkommen, daß die Angst erst Stunden später auftritt. Diese Verzögerung kann man bei Kampfeinsätzen im Krieg häufig beobachten. Ein Bomberpilot war im 2. Weltkrieg auf seinem sechsten Einsatz. Beim Beginn des Bombenangriffs traf ein Flak-Schuß den Co-Piloten. Ihm wurde das Gesicht weggerissen, und er war sofort tot. Der Pilot machte sich dies jedoch nicht klar, und er versuchte, ihm die Sauerstoffmaske wieder aufzusetzen. Der Einsatz war sehr schwierig, aber der Pilot führte ihn kaltblütig und erfolgreich aus und wurde nach seiner Rückkehr zum Stützpunkt zu seiner Leistung beglückwünscht. Als er nach der Landung seine Kleider gewechselt hatte, begann er zu zittern; er suchte einen Arzt auf und brach in panikartiges Schluchzen aus.

Menschen, die in einer Notfallsituation viele Aufgaben haben, bewältigen die ganze Situation oft sehr gut; eine Gefühlsreaktion erleben sie erst nachträglich.

»Bin ich normal? Brauche ich Hilfe?«

Mit diesen Fragen schlagen sich viele Leute herum. Tatsächlich ist es so, daß normale Kümmernisse und das abnorme Sich-Sorgen-Machen die entgegengesetzten Pole eines Kontinuums darstellen, die an irgendeinem Punkt ineinander übergehen. In bedrohlichen Situationen ist es *nicht* unnormal, sich zu fürchten. Dies wurde sehr schön von Erasmus im 15. Jahrhundert erfaßt. Als er vor der Pest floh, die die Menschen reihenweise dahinraffte, schrieb er an einen Freund:

> »Das völlige Fehlen der Angst in Situationen wie der meinen kann ich wirklich nicht als das Kennzeichen eines tapferen Mannes ansehen, sondern eher als das eines Tölpels.«

Wir sind alle ein bißchen auf der Hut, wenn wir auf der Spitze eines Kliffs stehen, oder wenn wir im fremden Land vielen fremden Menschen begegnen. Dies ist eine verbreitete und normale schützende Form der Angst, die keiner Hilfe durch den Fachmann bedarf. Es gibt jedoch einige wenige unter uns, die nicht zur Arbeit gehen können, weil sie sich zu sehr vor der Bahnfahrt an den Arbeitsplatz fürchten. In dieser Form ist die Angst ungewöhnlich, beeinträchtigend und unnormal.

Obwohl wir alle von Zeit zu Zeit Spannungen und Angstzustände erleben, kann doch ein Punkt erreicht werden, an dem man sich fragt: »Werde ich allmählich verrückt?« Angst macht allerdings nicht so leicht verrückt, und in der Regel können wir mit unseren Problemen selbst erfolgreich fertig werden, wobei uns vielleicht Verwandte und Bekannte helfen werden. Wenn unsere Sorgen jedoch so intensiv werden, daß wir sie mit normalen Mitteln nicht mehr bewältigen können, dann kann die Hinzuziehung eines Spezialisten angebracht sein. Ängste, die solche Formen annehmen, daß sie behandlungsbedürftig werden, bezeichnet man oft als »klinische« oder »abnorme« Ängste. Sie unterscheiden sich jedoch von normaler Furcht und Spannung nur dem Grade ihrer Ausprägung nach, nicht aber in der Art. Verschreckte Angstpatienten fragen oft ihren Arzt, ob sie noch normal sind, ob sie etwa im Begriff sind »überzuschnappen«. Die Antwort lautet: *Sie* sind normal – wenn auch ihre Angstzustände nicht normal sind. Gewisse Ängste können so ungewöhnlich intensiv und beeinträchtigend sein, daß sie im statistischen Sinn als abnorm bezeichnet werden können; aber die von ihnen Betroffenen sind in jeder anderer Hinsicht »normal«. Wenn jemand eine Agoraphobie entwickelt, heißt das nicht, daß er auf dem Weg ist, verrückt zu werden, sondern er ist ein ganz normaler Mensch, bei dem eine allgemein verbreitete Angst eine so ungewöhnliche Intensität angenommen hat, daß sie ihn in seiner Lebensführung beeinträchtigt.

Leichtere Angstzustände und Spannungsgefühle bedürfen keiner Behandlung, wenn auch der Rat eines Fachmanns beruhigend wirken kann. Es ist gut, seine eigenen Probleme verstehen zu lernen und zu wissen, daß andere Menschen ähnliche Sorgen haben. Im allgemeinen können wir unsere Alltagsängste allein bewältigen, wobei uns vielleicht die eine oder andere in diesem Buch beschriebene Methode oder aber Freunde und Verwandte helfen können. Wir sollten uns aber nach fachkundiger Hilfe umsehen, wenn wir merken, daß unser Leben von

Angstzuständen allmählich eingeengt wird. Wenn Angst vor dem Geschlechtsakt uns daran hindert, eine normale Ehebeziehung zu entwickeln, oder wenn wir so schmutzempfindlich sind, daß wir sechs Stunden des Tages darauf verwenden, uns die Hände zu waschen, bis sie rauh und blutig werden, dann ist auf jeden Fall eine fachgemäße Behandlung angezeigt. Sie kann von großem Wert sein. Die meisten nervösen Spannungszustände können sehr gut ambulant behandelt werden, und nur in wenigen Fällen ist zur Behandlung von Angstzuständen die Einweisung in ein Krankenhaus notwendig.

Das Spektrum der Angst

Definitionen

Um später im Buch Mißverständnisse zu vermeiden, erscheint es angebracht, Angst und ähnliche Zustände zu definieren.

Angst ist eine unangenehme Emotion, verbunden mit dem Gefühl drohender Gefahr.

Das Gefühl der *Furcht* ist sehr ähnlich, aber es stellt die normale Reaktion auf tatsächliche Gefahr oder Bedrohung dar. *Furchtsamkeit* bezeichnet eine anhaltende Tendenz zur Furchtanfälligkeit. *Panik* bedeutet das plötzliche Ausbrechen eines akuten Gefühls des Schreckens. *Phobische Angst* ist Angst, die nur in Verbindung mit einer besonderen Situation oder einem besonderen Objekt auftritt.

Eine *Phobie* ist eine besondere Form der Angst; sie ist der Situation unangemessen, läßt sich weder durch Erklärungen beeinflussen noch wegdiskutieren, entzieht sich der willentlichen Kontrolle und führt zur Vermeidung der gefürchteten Situation. Phobische Patienten sind sich im allgemeinen bewußt, daß ihre Angst unrealistisch ist, und daß andere Menschen auf dieselben Dinge nicht mit unangemessener Furcht reagieren. Da sich die Phobie nicht bezwingen läßt, wird sie als irrational angesehen, wenn auch häufig Rationalisierungen der Furcht vorgenommen werden.

Mißverhältnis zwischen Phobie und Auslöser

Bei einfachen Phobien wie Furcht vor Federn oder Faltern ist das Mißverhältnis zwischen Phobie und seinem Auslöserreiz ganz offensichtlich, doch läßt sich ein solches Mißverhältnis auch bei komplexeren Phobien wie der Furcht, das Haus zu verlassen, oder der Krebsangst nachweisen.

Ein Beispiel für dieses Mißverhältnis ist die Frau, die große Angst vor Faltern und Schmetterlingen hatte. Sie mußte im Sommer ihre Fenster fest geschlossen halten und fühlte sich immer wieder gezwungen, Busse und Züge zu verlassen, wenn sie feststellte, daß Falter oder Schmetterlinge darin waren. Mehrere Unfälle wurden direkt durch diese Phobie verursacht. Sie stürzte vom Fahrrad, als sie einen Schmetterling sah und brachte dadurch auch ihre hinter ihr herfahrenden Freunde zu Fall. Zweimal fiel sie hinterrücks in einen Fluß, als sie versuchte, großen Schmetterlingen auszuweichen. Ein anderes Mal, als sie beim Kleiderreinigen auf einem Stuhl stand, geriet ihr eine große tote braune Motte in die Hand, und sie stürzte vor Schreck herab und verstauchte sich den Knöchel. Es war ihr unmöglich, Räume zu betreten, in denen sich Falter oder Schmetterlinge befanden, und sie überprüfte jeden Raum daraufhin, bevor sie eintrat. Interessanterweise dehnte sich ihre Furcht nicht auf kriechende Insekten, wie Spinnen, Ohrwürmer, Hirschkäfer oder pelzige Raupen aus. »Ich hätte es lieber mit einer Schachtel voll schwarzer Witwenspinnen zu tun, als mit einer einzigen großen englischen Motte.«

In extremer Form können Furchtzustände das Leben eines Menschen einengen und lähmen. Eine Frau sagte:

»Nach draußen zu gehen, bedeutete für mich Furcht. Wenn ich hinausging, konnte ich nicht mehr atmen, meine Beine zitterten. So blieb ich im Haus, und zwar vier Jahre lang, ohne jemals auszugehen. Es begann ganz allmählich. Zuerst merkte ich, daß ich in einer Menschenmenge Atemschwierigkeiten bekam oder Panik aufkommen fühlte, und wenn ich Lebensmittel einkaufen wollte und der Laden voll war, ging ich lieber wieder hinaus. Wenn ich mit dem Bus fuhr, wollte ich immer, daß er schneller ans Ziel käme, als das bei einem Bus möglich ist. All dies begann, wie gesagt, allmählich und wurde dann immer schlimmer. Ich weinte ständig. Ich weinte, weil ich gern ausgehen wollte und nicht mitgehen konnte, wenn mein Mann meinen Sohn für einen Tag mit hinausnahm. Natürlich hielt ich meine Tränen zurück, bis mein Sohn das Haus verlassen hatte, aber dann weinte ich. Ich fühlte mich so einsam, daß ich manchmal ins Bett kroch; eine Tablette nehmen, ins Bett kriechen und schlafen!«

Wenn Patienten mit ihren phobischen Situationen konfrontiert werden, erleben sie die Angst in überwältigender Weise. Sie spielen ihre furchterregenden Erlebnisse auch in der Vorstellung solange durch, bis sie eine qualvolle Vorwegnahme des nächsten Zusammentreffens mit dem phobischen Objekt erleben. Diese Furcht vor der Furcht wird zu einer neuen Quelle der Bedrohung.

Phobiker vermeiden die Auslöser ihrer Angst

Um solchen Ängsten zu entrinnen, vermeiden die Patienten phobische Situationen und engen damit ihre täglichen Aktivitäten und Obliegenheiten mehr und mehr ein. Sie sind ständig auf der Hut und reagieren sehr empfindlich auf das Auftauchen von allem und jeglichem, was mit ihrer Phobie in Verbindung stehen mag. Eine Frau, die an einer Spinnenphobie leidet, wird jeden Raum, den sie betritt, zunächst mit den Augen auf Spinnen absuchen, bevor sie sich behaglich niederläßt. Eine Frau mit einer Vogelphobie wird *die* Straßen der Stadt meiden, in denen sie wahrscheinlich auf Tauben trifft, und sich auf die Stadtteile beschränken, in denen es weniger Vögel gibt. ==Um das phobische Objekt vermeiden zu können, hält der Phobiker ständig danach Ausschau, entdeckt es selbst an den verborgensten Stellen und hat dafür einen geschärften Blick.== Das Nachlassen dieser Fähigkeit zur Wahrnehmung des phobischen Objekts in der Umgebung ist während einer Behandlung ein Zeichen der Besserung.

Nun sind viele phobische Situationen praktisch überall gegeben, und es ist nicht leicht, sie zu vermeiden. Wenn jemand eine Katzenphobie hat oder sich vor dem Überqueren von Straßen oder Brücken oder vor Bahn- oder Busreisen fürchtet, so kann dadurch sein Leben schon sehr beträchtlich gestört sein. Es gibt Leute mit Gewitter-Phobien, die endlos bei den Wetterämtern herumtelefonieren, um Wettervorhersagen zu bekommen, und wenn ein Sturm zu erwarten ist, verlassen sie an diesem Tag nicht das Haus. Auf einen Mann wirkte die Vorhersage eines Sturms derart beängstigend, daß er mit dem Zug von London nach Manchester fuhr, um dem Unwetter auszuweichen.

▬ Für den Laien ist die Phobie schwer zu verstehen

Je mehr es sich bei den phobischen Objekten um allgemein bekannte und vertraute Gegenstände handelt, desto größer sind die Verständnislosigkeit und der Mangel an Mitgefühl, mit denen normale Menschen dem Phobiker gegenüberstehen. Die meisten können einfach nicht verstehen, daß man vor einem verspielten Hündchen, einem flatternden Vogel oder davor, das Haus zu verlassen, Angst haben kann. Sie denken dann leicht, der Patient simuliere oder übertreibe nur; er solle sich zusammenreißen oder einfach gezwungen werden, sich zusammenzunehmen.

Das Verständnis würde dem Laien leichter fallen, wenn er mehr über die Intensität wüßte, mit der Phobien vor ganz gewöhnlichen Objekten auftreten können.

Eine Frau fürchtete sich vor Perücken und falschen Haaren so sehr, daß sie ihren Friseur nur aufsuchen konnte, wenn er zuvor alle Perücken weggepackt hatte. Sie konnte es nicht ertragen, in einem Kaufhaus in die Nähe einer Perückenträgerin zu geraten, rannte an Auslagen von Kunsthaar vorbei und konnte auch nicht bei Tisch einer Person gegenübersitzen, die eine Perücke trug. Im Erwachsenenalter wäre sie ums Haar durch ein Glasfenster gesprungen, als jemand ins Zimmer kam, der ahnungslos eine Perücke trug. Sie fühlte sich wegen ihrer Furcht beschämt und verlegen.

Der Durchschnittsmensch hat überhaupt keine Vorstellung von der Intensität der Phobien und der Behinderung, die sie darstellen. Ein Phobiker sagte dazu:

»Ich habe festgestellt, daß die Leute im allgemeinen Phobien einfach auf die Seite wischen mit der Einstellung: Sei doch nicht dumm, das kann Dir doch gar nichts anhaben. – Was die Menschen nicht verstehen können, ist der Unterschied zwischen Sich-vor-etwas-Fürchten, etwas nicht mögen und eine Phobie haben, was einfach absolute kalte Furcht und die nackte Angst vor dem Objekt bedeutet.«

Scham und Verheimlichung von Phobien

Dieser Mangel an Verständnis seitens der anderen hat zur Folge, daß der Phobiker in bezug auf seine Angstzustände sehr empfindlich und verschämt wird. Phobiker fürchten, wegen ihrer Ängste ausgelacht zu werden und verbergen sie, solange es eben möglich ist. Selbst dann, wenn sie ihre Angstzustände nicht mehr länger verheimlichen können, gestehen sie unter Umständen noch nicht ein, wovor sie Angst haben, sondern klagen statt dessen über Kopfschmerzen, Herzklopfen, Durchfall oder Müdigkeit. Nicht selten haben sie auch insgeheim die Angst, verrückt zu werden. Wegen dieser Tendenz zur Verheimlichung fallen Phobien einem oberflächlichen Beobachter nicht so leicht auf. So können agoraphobische Hausfrauen jahrelang ans Haus gefesselt sein, ohne daß Bekannte und Verwandte auf den Gedanken kommen, daß mit ihnen etwas nicht in Ordnung ist.

Phobien kann man nicht so leicht ablegen wie Aberglauben, aber in Zeiten äußerster Not können sie vorübergehend verschwinden. In einem Konzentrationslager im Nazi-besetzten Teil Europas, in dem 120 000 Menschen umkamen oder in Vernichtungslager im Osten weitergeschickt wurden, verschwanden Phobien entweder vollständig oder besserten sich so weit, daß die Patienten arbeiten konnten. Neue Phobien traten nicht auf, während sich andere seelische Strörungen bei manchen Insassen entwickelten. Einige Monate nach der Befreiung und Rückkehr nach Hause jedoch zeigten sich bei einem Teil der Neurotiker, die im Lager beschwerdefrei gewesen waren, wieder die alten Symptome.

Probleme, die mit Phobien verwechselt werden können

Es gibt gewisse Phänomene, die den Phobien ähneln, die man aber von ihnen trennen kann und muß. Ein Beispiel dafür sind *abergläubische Angstzustände und Tabus*. Bei ihnen handelt es sich um kollektiven Glauben hinsichtlich gefährlicher Situationen, einen Glauben, der von anderen Mitgliedern der betreffenden Kulturgruppe geteilt wird, wie zum Beispiel die Vorstellung, daß es Unglück bringt, unter einer Leiter hindurch zu gehen. *Zwangsvorstellungen* sind unerwünschte Gedanken, die trotz aktiven Widerstandes gegen sie beharrlich immer wieder auftreten. Zum Beispiel mag eine Mutter von dem unerwünschten Drang verfolgt werden, ihr Baby im Schlaf zu erwürgen. *Starke gedankliche Beschäftigung* bedeutet das sich immer wiederholende Nachgrübeln über Vorstellungen, das sich vollzieht, ohne daß sich ein Gefühl des Widerstands dagegen aufbaut. So zum Beispiel, wenn sich ein Jugendlicher unaufhörlich darüber Sorgen macht, er sei sexuell unzulänglich. *Sensitive Beziehungsideen* sind gegenstandslose Befürchtungen, die Handlungen und Reden anderer seien auf sich selbst bezogen, zum Beispiel die immer wiederkehrende Vorstellung, daß alle Leute in einem Raum gerade über einen sprechen, wenn man eintritt. *Paranoide Wahnvorstellungen* können die Furcht einschließen, daß jemand sich grundlos gegen einen stellt.

Kontraphobisches Verhalten

Manche Menschen fühlen sich von der phobischen Situation oder vom Furchtobjekt derart angezogen, daß sie diese immer wieder suchen. Dies kann der Fall sein bei einer relativ leichten Form der Phobie oder wenn der Phobiker versucht, sein Problem damit zu bewältigen. Ein Beispiel dafür ist eine Frau, die sich ursprünglich so vor Höhen fürchtete, daß sie nicht im Aufzug fahren konnte, die aber ihre Angst später dadurch bezwang, daß sie Flugzeug-Stewardess wurde. Kontraphobisches Verhalten kann sehr nützlich sein bei der Bewältigung von Phobien, in der Weise, daß der Phobiker sich schrittweise an die phobische Situation gewöhnt, bis sie ihren furchterregenden Aspekt verloren hat. Die Freude über die Bewältigung des Problems kann einen Patienten mit phobischer Angst vor der See schließlich in einen begeisterten Schwimmer und Segler verwandeln, oder einen Menschen, der an extremem Lampenfieber litt, dazu bringen, jede Gelegenheit zu öffentlichen Ansprachen wahrzunehmen. Kontraphobisches Verhalten ist vergleichbar dem Verhalten von Kindern, die sich mit furchterregenden Spielen vergnügen, oder dem von Erwachsenen, die ihre Freude an riskanten Unternehmungen oder gefährlichem Bergsteigen haben.

Aversionen

Viele Menschen haben zwar keine eigentliche Furcht vor bestimmten Sitationen, aber doch eine starke Abneigung dagegen, bestimmte Dinge zu berühren, die für andere völlig indifferent oder sogar angenehm sind. Sie haben ein Gefühl des Abscheus, eine nervöse Reaktion, oder es läuft ihnen kalt über den Rücken. So brachte es ein bekannter Mann, der eine intensive Abneigung gegen flaumige Oberflächen, wie bei der Haut von Pfirsichen, neuen Tennisbällen oder gewissen Teppichen, hatte, nicht fertig, ein Zimmer zu betreten, in dem ein neuer Teppich dieser Art auflag. Beim Tennisspielen mußte er so lange einen Handschuh tragen, bis der Flaum des Tennisballs abgewetzt war. Anderen Leuten fällt es schwer, alte Perlmuttknöpfe, Baumwolle, Samt und ähnliche Gegenstände anzufassen. Manche Menschen lieben den *Anblick* von Samt, der in Geschäften ausliegt, aber die Berührung ist ihnen unangehm. ==Ähnlich unangenehme Gefühle können durch Quietschen von Kreide auf einer Tafel oder das Kratzen eines Messers auf dem Teller verursacht werden.==

Diese Aversionen klingen recht trivial, aber sie können den Betroffenen das Leben schwer machen. Einer Frau war das Geräusch der quietschenden Kreide auf der Tafel so unangenehm, daß sie ihren Berufswunsch, Lehrerin zu werden, aufgab. Eine andere Frau fand Samt so unerträglich, daß sie nicht auf Kinderparties gehen konnte. Eine dritte Frau sagte: »Ich finde alle Arten von Knöpfen ekelerregend; das war schon so, als ich ein kleines Kind war, und mein Onkel hat dasselbe Problem. Ich kann nur Kleider mit Reißverschlüssen und Haken tragen, nicht mit Knöpfen.«

Man könnte eine endlose Liste der verschiedensten Arten von Aversionen aufstellen. In einer Rundfunksendung des BBC regten Dr. John Price und seine Mitarbeiter die Zuhörer an, ihre verschiedenen Aversionen mitzuteilen. Viele Briefe gingen ein. Die häufigst genannten Formen des Widerwillen waren: die Berührung von Baumwolle, Draht oder Stahlwolle und Samt. Weit verbreitet sind auch Aversionen des Geschmacks oder Geruchs, die zur Vermeidung bestimmter Nahrungsmittel führen. Häufig ist dies bei Zwiebeln der Fall. Das abscheuliche Gefühl, das mit der Aversion einhergeht, unterscheidet sich leicht von dem Gefühl der Furcht. Menschen, die eine Aversion haben, mögen etwa die Reaktion zeigen, daß sie an ihren Lippen saugen, zittern oder bleich werden.

Die Briefe, die Dr. Price erhielt, können dazu beitragen, unser Verständnis für die belastenden Gefühle, die durch Aversionen entstehen, zu vertiefen. Viele der Briefe beschrieben die Qualen von Kindern, die bei Parties Samtkleidchen tragen mußten, und deren Mütter nicht verstehen konnten, daß ihre Kinder sie nicht tragen mochten.

»Solange ich denken kann, war es mir absolut unmöglich, Samt anzufassen. Meine Mutter erzählte mir, daß sie mir – als ich etwa drei Jahre alt war – ein hübsches blaues Samtkleidchen genäht hatte, weil solche Samtkleider mit weißen Spitzenkragen und Manschetten damals gerade der letzte Schrei waren. Vor dem Fest wurde ich dann, wie es sich gehörte, in dieses Modell gesteckt, aber zum Entsetzen meiner Mutter stand ich dann da mit geballten Fäusten und abgespreizten Armen und sagte nur: ›Es ist ekelhaft‹. Bis heute hat sich bei mir an dieser Meinung nichts geändert (dabei bin ich Ende vierzig).

Letzten Sommer, als ich neuen Kleiderstoff einkaufen ging, sah ich mir auch Samtstoffe an (ihren Anblick habe ich nämlich immer gemocht). Dabei redete ich mir zu: ›Das ist doch lächerlich, Du bist erwachsen – sei tapfer und fasse es an, es wird bestimmt nicht beißen!‹ Ich glaube, ich stand volle zwei Minuten da und versuchte mich selbst davon zu überzeugen, daß dies doch ein sehr schöner Stoff sei. Schließlich streckte ich die Arme aus und nahm den Stoff in die Hand – aber die Wirkung war die gleiche: Es schüttelte mich! – Das nackte Entsetzen! Ist das nicht einfach zu albern?«

Wildleder: Ein Mann schrieb: »Mein ganzes Leben lang habe ich schon eine Aversion gegen Berührung von Wildleder oder ähnlichem Material. Wenn ich zufällig an einen Wildledermantel streife, überfällt mich sofort eine Gänsehaut, meine Haare kribbeln, kalte Schauer laufen mir über den Rücken, und ich fahre zurück, als hätte ich mich verbrannt. Der bloße Gedanke daran bringt schon meine Haut zum Kribbeln. Das Tennisspielen könnte mir viel mehr Spaß machen, wenn nicht die Tennisbälle so eine gewisse Oberfläche hätten. An Spieltischen läßt es sich nicht vermeiden, daß die Fingerspitzen über das Tuch streifen – deshalb spiele ich keine Karten. Wenn ich einen Teppich mit Shampoo reinigen muß, knirsche ich mit den Zähnen und gerate ins Schwitzen, aber nicht wegen der Anstrengung, sondern wegen der körperlichen Abneigung gegen die Berührung der nassen Teppichhaare. Ich kann auch keinen Holzlöffel abtrocknen – ein ständiger Witz für meine Frau, nach über 20 Ehejahren.«

Nasse Wolle: »Ich kann das Berühren von nasser Wolle oder von synthetischen Garnen, wie Acrylan oder Orlon nicht ausstehen. Wenn ich bei der Wäsche damit zu tun hatte, kann ich anschließend nicht einmal ertragen, meine eigenen Finger miteinander in Berührung zu bringen, bis meine Hände wieder ganz trocken sind. Ich habe das Gefühl, als ob meine Zähne aufeinander brennen und muß meine Zunge dazwischen tun, um diese Empfindung zu mildern.«

Trockene Watte: Einer anderen Frau fröstelte jedesmal, wenn sie mit Watte in Berührung kam, so sehr, daß sie aus diesem Grund darauf verzichtete, Krankenschwester zu werden. Später aber, »als moderne Methoden den Gebrauch einer Verbandschere für die meisten Verbände vorschrieb, bewarb ich mich für die Krankenpflege. Zunächst empfand ich es noch als sehr unangenehm, da aber die Watte in kalte Lösungen, wie Methylalkohol oder Reinigungslösungen gelegt wurde, ging dieser Widerwille gegen die Berührung von Watte langsam zurück. Wenn ich sie auch heute immer noch nicht gern anfasse, so schüttelt es mich bei der Berührung doch nicht mehr ganz so sehr wie früher.« Diese Abneigung scheint in Familien gehäuft vorzukommen. »Mein Mann kann keine Watte in seiner Nähe haben, meinem Sohne geht es genauso. und mit meiner Tochter war es nicht anders, als sie klein war. Für sie ließ ich Wattestückchen im Haus umherliegen und heilte sie dadurch. Kürzlich erzählte sie mir jedoch, daß die alte Furcht wieder auftritt. Dabei ist sie jetzt 27 Jahre alt; ist das nicht seltsam?«

Aversionen gegen die Haut von Pfirsichen können Menschen davon abhalten, die Früchte, auch wenn sie sie gerne essen, selbst zu schälen. Dies müssen andere für sie tun. Die Aversion kann extreme Formen annehmen.

»Wenn ich jemand in die Haut eines Pfirsiches beißen sehe, eregt dies bei mir sofort einen ungeheuren Widerwillen, und selbst Stunden danach kann ich noch nicht daran denken, ohne daß es mich wieder wild schüttelt.«

Gummi: »Als Kind hatte ich immer Angst davor, auf Geburtstagsfeiern an Spielen mit Luftballons teilnehmen zu müssen; und wie oft habe ich unter Tränen versucht, meine Mutter davon zu überzeugen, daß ich meine Gummistiefel nicht selbst ausziehen konnte. Ich hatte nichts dagegen, sie zu tragen, vorausgesetzt, daß nur jemand anderes sie mir anzog...«

»Ich muß zugeben, daß ich diese Dinge anfassen *kann*, wenn es im Interesse meiner eigenen Kinder ist, und meine Reakion ist nicht mehr ganz so heftig wie in meiner Kindheit, aber ich muß immer noch tief Luft holen, um dieses Schauder-Gefühl zu überwinden.«

Dr. Price und seine Mitarbeiter stellten fest, daß in den meisten Briefen mehrere Aversionen berichtet wurden, und daß einige der Briefeschreiber von den Gegenständen, die sie nicht berühren konnten, zugleich fasziniert waren. Das schreckliche Gefühl, das mit Aversionen verbunden ist, unterscheidet sich etwas von dem, das man bei Furcht fühlt. Aversionen haben die Wirkung, daß sich einem die Zähne schmerzhaft zusammenkrampfen, daß einem Schauder über den Rücken laufen, daß man kalt und blaß wird und tief Luft holt; die Haare stellen sich auf, und man fühlt sich scheußlich und manchmal wird einem übel, aber man erlebt keine Furcht. Manchmal hat man das starke Bedürfnis, sich die Hände zu befeuchten oder einzucremen. Einige Aversionen verstärken sich, wenn die Haut rauh ist oder wenn die Fingernägel schlecht geschnitten sind, so daß man das Gefühl hat, damit hängen zu bleiben, wenn man mit den Fingerspitzen über eine Oberfläche streicht.

Wie Dr. Price ausführt, sind diese Aversionen eher kleine lästige Übel als schwere Lasten für das Leben der Betroffenen, jedoch gibt es Fälle, in denen sie die Berufswahl beeinflussen, wie zum Beispiel, wenn es um Krankenpflege oder den Lehrberuf geht, und natürlich spielen sie auch bei der Hausarbeit eine Rolle. Wenn ihre Frau sagt, daß sie nicht abwaschen kann, weil die Berührung von Töpfen und Pfannen ihr so unangenehm ist, muß das nicht unbedingt heißen, daß sie nur simuliert. Allerdings nehmen Aversionen nur selten jene exteme Formen an, die der folgende Brief beschreibt.

»Unser achtjähriger Sohn James hat eine Unmenge von Aversionen – sowohl taktiler als auch oraler Art; die Liste der Aversionen wird immer größer…das begann erst, als er etwa sechs Jahre alt war und wird seitdem immer schlimmer. Beinahe wäre es leichter, die Dinge aufzuzählen, vor denen ihm nicht schaudert…Seine Aversionen erstrecken sich auf jegliche Art von synthetischem Material, viele Wollsorten sowie auf Bürsten, Papiertaschentücher, das Geräusch des Springens, des Bodenschrubbens und – ach ja, – Sand – den Strand! Mir macht diese ständig wachsende Liste Kummer, und wenn ich ein neues Kleidungsstück kaufe, weiß ich nie, ob es getragen werden kann oder nicht. Man erkennt seine Aversion daran, daß er bleich wird, an seinen Lippen saugt, sich schüttelt und daß ihm in extremen Fällen die Haare zu Berg stehen. Wenn das so weitergeht, wird er demnächst splitternackt zur Schule gehen müssen! Er ist das älteste von zwei Kindern (das zweite, ein Mädchen, hat keine derartigen Aversionen). Mein Mann und ich haben, wie die meisten Leute, ein paar kleinere Abneigungen. Er hängt immer noch sehr an einem weichen Spielzeug, einem muffig riechenden zerzausten Hund, dessen Berührung und Geruch er außerordentlich liebt.«

▪ Soterien

Dieses zerzauste Hundespielzeug führt uns zu den Soterien, die das Gegenteil der Aversionen und Phobien darstellen. Der Begriff »soteria« bezeichnet ein ganz besonderes Gefühl des Wohlbehagens, das manche Menschen erleben, wenn sie bestimmte Dinge berühren, die anderen keine wirkliche Freude machen. Beispiele hierfür sind Spielzeug und ausgestopfte Tiere, die kleine Kinder mit sich herumtragen, sowie Amulette, die viele Erwachsene tragen. In den Peanuts Cartoons trägt Linus gewöhnlich eine Soterie mit sich herum – seine Decke. Viele Kinder schleppen ständig ihre geliebte Decke oder ein Spielzeugtier mit sich herum, bis es so zerschlissen ist, daß es einem scheußlichen, schmutzigen alten Lumpen gleicht. An diesem Lumpen aber hängen sie so sehr, daß die Mutter ihn nicht ohne Gefahr beseitigen kann. Sein Verlust kann nämlich ohne weiteres akute körperliche Reaktionen hervorrufen. Phobische Patienten neigen manchmal dazu, soterische Anhänglichkeit für ein Objekt zu entwickeln, das ihre Angst mildert. So ist es manchen eine Beruhigung, immer ihre Flasche mit Riechsalz bei sich zu haben, für den Fall, daß sie ohnmächtig werden könnten, und andere brauchen die tröstliche Gewißheit, daß sie einen Vorrat an Beruhigungspillen in der Tasche haben.

■ Historische Beschreibungen von Angstzuständen

Die Angstgefühle haben sich im Laufe der Zeit nicht viel verändert. Vor fast zweitausend Jahren berichtete Hippokrates von einem Mann, der eine Flötenphobie hatte. Er erstarrte vor Schreck, wenn er beim abendlichen Festmahl den ersten Ton der Flöte hörte, obwohl ihn am Tag der Flötenklang nicht störte. Weiter beschreibt Hippokrates die Höhenphobie eines Mannes, der weder an einen Abhang noch über eine Brücke gehen konnte und selbst nicht an einem flachen Graben entlanglaufen mochte. In der Folgezeit werden Phobien in vielen historischen Schriften erwähnt, und eine eingehende Beschreibung erschien im Jahre 1621, als Robert Burton seine berühmte »Anatomie der Melancholie« herausgab. »Gar viele beklagenswerte Wirkungen zeitigt sie beim Menschen, als da sind Erröten, Erbleichen, Zittern, Schwitzen…Die da leben in Furcht, sind niemals frei, entschlossen, sicher, niemals fröhlich, sondern leiden unaufhörliche Pein…kein größeres Elend, keine Folter noch Qual, die ihr gleichen.« In diesem Buch weist Burton auf den Unterschied zwischen den Gefühlen der Depression und der Angst hin und erwähnt verschiedene historische Persönlichkeiten, die Angstzustände hatten, wie zum Beispiel Tully und Demosthenes, die an Bühnenangst (Lampenfieber) litten, während Augustus Caesar nicht im Dunkeln sitzen konnte.

Von dieser Zeit an wurden Phobien immer häufiger beschrieben. König Jakob I. von England geriet in Panik, wenn er ein aus der Scheide gezogenes Schwert sah. König Germanicus konnte weder den Anblick noch das Krähen von Hähnen ertragen. Als die Syphilis sich in Europa ausbreitete, beobachtete man auch eine Phobie vor dieser Krankheit. 1721 gab ein Arzt eine klare Beschreibung der Syphilophobie:

»Bei jeder Pustel und jedem kleinen Schmerz machen sie sich fürchterliche Sorgen. So machen sie sich das Leben schwer und laufen, um Hilfe zu finden…Und meistens sind sie von dieser Vorstellung so besessen, daß es für einen ehrlichen Praktiker im allgemeinen schwieriger ist, sie von dem eingebildeten Übel zu heilen als von ihrer echten Krankheit.«

Andere Phobien bei historischen Persönlichkeiten finden sich in Form der Katzenphobie bei Heinrich VIII von Frankreich und bei dem Herzog von Schönberg. Ein berühmter russischer General fürchtete sich derart vor Spiegeln, daß Kaiserin Katharina stets darauf achtete, ihn nur in einem spiegellosen Raum zur Audienz zu empfangen. Der italienische Schriftsteller Manzoni hatte Angst, sein Haus allein zu verlassen; er fürchtete, unterwegs ohnmächtig zu werden und trug stets eine Flasche konzentrierten Essig bei sich. Wegen krankhafter Angst vor dem Tageslicht ging der französische Bühnenautor Feydeau praktisch nie bei Tage aus. Selbst Sigmund Freud hatte Reiseangst und zeigte Angstsymptome, als er in den Dreißigern war.

2 Normale Ängste und Angstzustände

Wie andere Arten von Lebewesen sind auch wir Menschen darauf programmiert, auf bestimmte Situationen mit Angst zu reagieren. Die Fähigkeit zum Erleben dieser Gefühle ist sozusagen »eingebaut«, wahrscheinlich zur Sicherung des Überlebens. Wer völlig ohne Furcht ist, wird sich wahrscheinlich leichter in gefährliche Situationen begeben. Um überleben zu können, bedarf es einer abgewogenen Mischung von Mut und Vorsicht. Wir müssen einen Weg zwischen Feigheit auf der einen Seite und Tollkühnheit auf der anderen einhalten.

Angst entwickelt sich gewöhnlich durch die Wechselwirkung dreier Arten von Einflüssen: solchen, die von Geburt an herrschen, solchen, die sich in Abhängigkeit von der späteren Reifung des Nervensystems entwickeln und schließlich jenen, die sich durch Lernen im Verlauf der individuellen und sozialen Erfahrung bilden. Das Kind braucht eine lange Zeit zur Reifung, und seine angeborenen Reaktionen, die in begrenztem Umfang vorhanden sind, ändern sich bald in erheblichem Maße als Resultat der Reifung und des Lernens durch eigene Erfahrung und am Modell bei der Beobachtung anderer.

Die anhaltende Tendenz, ängstlich zu reagieren, wird als Furchtsamkeit bezeichnet. Einige Tierarten sind sehr scheu und ängstlich, und diese Eigenschaften sind wahrscheinlich genetisch bedingt, weil sie die Überlebenschancen erhöhen. Kaninchen sind ängstlicher als Tiger. Darüber hinaus sind jedoch einige Kaninchen ängstlicher als andere. Das trifft auch auf uns Menschen zu. Eineiige Zwillinge ähneln sich in bezug auf das Maß der Ängstlichkeit, mit der sie während des ersten Lebensjahres auf Fremde reagieren. Ebenso ähneln sich Zwillinge im Erwachsenenalter hinsichtlich der Anzahl eventueller neurotischer Symptome.

Natürliche menschliche Ängste

Wenn auch jede beliebige Situation in Mensch oder Tier gelegentlich Angst erregen kann, so gibt es doch ganz bestimmte Situationen, die furchterregender sind als andere. Darüber hinaus mag es eine Rolle spielen, daß der Mangel an Erfahrung in einer bestimmten Situation eher zur Angstreaktion führt. Viele dieser Angstreize sind mit solchen Gefahren verbunden, die für die Entwicklung und Erhaltung der Menschen als Art bedeutsam waren.

Gelegentlich entwickelt ein Kind unmittelbar nach einem Trauma Angst vor einem Objekt. Einige Reize scheinen sie jedoch leichter auszulösen als andere. Dies zeigt das Erlebnis eines siebenjährigen Mädchens, das, als es im Park ein Geräusch im Gras hörte, glaubte, da sei eine Schlange. Das Kind rannte Hals über Kopf davon und den Hügel hinab, ohne irgend jemand etwas von dem Erlebnis zu erzählen. Eine Stunde später klemmte sie sich die Hand im Wagen ihrer Eltern an der Autotür, und die Hand mußte verbunden werden. Erst später erzählte sie ihren Eltern von der Schlange, und ihre Angst vor Schlangen wurde immer stärker. Um ihr zu helfen, begingen die Eltern den Fehler, jede Erwähnung von Schlangen nun sorgfältig zu vermeiden; Fernsehprogramme, in denen Schlangen vorkamen, wurden abgeschaltet und entsprechende Zeitungsartikel versteckt. Das Mädchen behielt seine Schlangenphobie mindestens bis zum Alter von 20 Jahren. Es ist offensichlich, daß ihr durch die Autotür sehr viel mehr Schmerz zugefügt wurde als durch irgendeine Schlange, und doch entwickelte sie eine Phobie, die sich nicht auf Autotüren, sondern auf Schlangen bezog. Der Grund dafür mag sein, daß das menschliche Gehirn so programmiert ist, daß ihm schlängelnde Objekte eben sehr viel leichter Angst machen als künstliche Gegenstände wie Autotüren. Bei gleichermaßen schmerzlichen Erlebnissen mit Autos, Ziegelsteinen, Gras, Tieren und Fahrrädern ist es wahrscheinlicher, daß unsere Angst sich auf die Tiere richtet als auf die anderen Gegenstände. Gewisse Reize sind für unsere Angstzustände wie Blitzableiter. Auch bei Erwachsenen kann man feststellen, wie gewisse Reize leichter zu Aversionen führen als andere.

Ein in Israel lebender Araber fuhr seinen Lastwagen versehentlich auf die libanesische Seite der Grenze und wurde von den libanesischen Grenzbeamten festgenommen, verhört und gefoltert. Er wurde an einen Stuhl gefesselt, und man hieb ihm auf den Kopf und schlug ihm die Zähne aus. Während dieser Mißhandlung, die drei Tage andauerte, verweigerte er aus Angst vergiftet zu werden jede Nahrung und nahm nur Wasser zu sich. Als er nach Ablauf dieser drei Tage zu seiner Familie nach Israel zurückkehren durfte, stellte er fest, daß es ihm nicht mehr möglich war, ohne Würgen und Brechreiz feste Nahrung zu sich zu nehmen. Er fühlte sich gezwungen, sich auf flüssige Ernährung zu beschränken. Den Versuch, ein künstliches Gebiß zu tragen, mußte er aufgeben, da ihm die Zahnprothese Brechreiz verursachte, selbst wenn sie unter Betäubung eingesetzt worden war. Er konnte ein Jahr lang nichts Festes essen und verlor beträchtlich an Gewicht.

Interessant an diesem Fall ist, daß der Mann nicht etwa eine Furcht vor Lastwagen oder vor dem Sitzen auf Stühlen entwickelte. Dies sind eben keine natürlichen

Dinge, die man fürchten müßte. Die schmerzenden Kiefer und die mehrtägige Enthaltsamkeit gegenüber fester Nahrung führten vielmehr dazu, daß der natürliche Würgereflex, den wir alle fühlen können, wenn wir auf den hinteren Teil unserer Kehle drücken, bei ihm bis hin zur intensiven Aversion gegen das Schlucken fester Nahrung übersteigert wurde.

▎Normale Ängste bei Kindern

Schon Neugeborene neigen dazu, auf *laute Geräusche* oder andere *heftige, plötzlich einsetzende* oder *neuartige* Reize, denen sie unerwartet ausgesetzt werden, mit Erschrecken zu reagieren. Die meisten Kleinkinder scheuen sich vor Höhen und vermeiden sie, sobald sie kriechen können. Im Alter von 6–12 Monaten entwickelt sich bei den meisten normalen Kindern eine Angst vor Fremden. Sie entsteht, wenn das Kind gelernt hat, zwischen Fremden und Mitgliedern der Familie zu unterscheiden.

Kleine Kinder zeigen oft Angst vor fremden Masken oder unbekannten Gegenständen, deren Fremdartigkeit nur in einer leichten Abweichung vom bereits Bekannten besteht.

Die ältere Schwester eines dreijährigen kleinen Mädchens brachte von einer Schulaufführung eine Perücke mit nach Hause, um sie ihren Eltern vorzuführen, dann legte sie die Perücke in den Spielzeugschrank. Das kleinere Mädchen wollte sich Spielsachen aus dem Schrank holen und kam dabei zufällig mit der Perücke in Berührung. In ihrer Angst, daß es sich um irgendein Tier handeln könne, brach sie in anhaltendes Geschrei aus. Damit begann eine Angst vor Perücken, die viele Jahre lang anhielt, obwohl Angstzustände dieser Art bei Kindern im allgemeinen nur von kurzer Dauer sind.

Neues kann zwar Angst hervorrufen, aber dieselben neuartigen Reize können zu anderer Gelegenheit Vergnügen bereiten und begierig gesucht werden. Neuartige Reizmuster können sowohl anziehend als auch abstoßend wirken und damit einen Konflikt zwischen Annäherung und Vermeidung hervorrufen.

Wie Kinder sich vor unbekannten Gegenständen fürchten können – besonders wenn diese sich in schlängelnder Weise bewegen – habe ich bei meinem Sohn beobachten können, als er zweieinhalb Jahre alt war.

Er hatte damals noch keine Schlangen gesehen und kannte auch keine Bezeichnung für sie. Während der Ebbe hatte ich ihn vom Auto über felsigen Boden zum Strand getragen. Dort war ausgetrockneter Sand, in dem Tausende angeschwemmter Stränge schwarzbrauner Seetangs lagen. Die Stränge waren bis zu 30 cm lang und sahen wie Myriaden unbeweglich daliegender Aale und kleiner Schlangen aus. Ähnliche Büschel von grünem Seetang bewegten sich wedelnd im flachen Wasser in der Nähe. Sobald der Junge den getrockneten Seetang auf dem Sand erblickte, begann er entsetzt zu schreien, klammerte sich fest an mich an und versuchte, mich am Niedersetzen zu hindern. Als ich den Seetang anfaßte, schrie er und weigerte sich, dasselbe zu tun. Seine Panik wuchs noch, als sanfte Wellen den Tang im Wasser bewegten oder als ich ihn über das Wasser hielt, um ihm die schwankenden Büschel zu zeigen. Ich versuchte, ihn langsam an den getrockneten Seetang auf dem Sand zu gewöhnen, indem ich damit spielte und ihn ermunterte, dies auch zu tun. Erst nach einer halben Stunde war er bereit, sich in den Sand zu setzen, aber nur an einer Stelle, an der kein Seetang lag. Dann brachte er es fertig, den Tang vorsichtig anzufassen und schnell wieder wegzuwerfen. Er ging nicht ans Wasser. Am nächsten Tag faßte er den Tang schon etwas weniger zögernd an, war aber offensichtlich noch ängstlich. Eine Woche später konnte er die Büschel packen und wegwerfen, mochte sie aber immer noch nicht länger in der Hand behalten.

Die fortwährende Konfrontation mit der angstauslösenden Situation führte allmählich dazu, daß diese ihren Schrecken verlor. Wir werden später sehen, daß das Prinzip der Konfrontation eine zentrale Stellung in der Behandlung der Angst einnimmt.

Es ist bekannt, daß schlängelnde oder ruckartige Bewegungen Affen und Menschen in Angst versetzen. Dies könnte ihrer Schlangenfurcht zugrunde liegen, die im Alter von zwei bis vier Jahren besonders ausgeprägt ist. Die Spinnenangst gehört zur selben Kategorie. Angst vor Tieren tritt ebenfalls im Alter von zwei bis vier Jahren auf, und auch Tiere jagen den Kindern mehr Schrecken ein, wenn sie sich mit zuckenden Bewegungen auf das Kind zu bewegen oder drohend über ihm stehen. Kleine Kinder gehen furchtlos mit Tieren um, bis sie sie einmal auf sich zustelzen oder –rennen sehen – wodurch sie meistens sofort in Schrecken versetzt werden. Die Angst verschwindet, sobald das Tier wieder eine andere Stellung einnimmt. Sie wird also eher durch eine besondere Art der Bewegung ausgelöst als durch das Tier selbst.

Modellernen

Bei einigen Kindern richten sich die Angstreaktionen an denen ihrer Eltern aus. Hat ein Elternteil eine Phobie, so besteht die Wahrscheinlichkeit, daß das Kind die gleiche Phobie entwickelt. In einer Angstsituation sehen Kinder jeden Erwachsenen an, der zu dieser Zeit gerade bei ihnen ist. Zeigt der Erwachsene Furcht, so neigt das Kind dazu, sie zu übernehmen.

Eine Mutter füttert zum Beispiel gerade ihr 18 Monate altes Töchterchen, das auf seinem Babystuhl saß, als plötzlich eine Fledermaus hereinflog. Von panischem Schrecken gepackt, riß die Frau das kleine Mädchen an den Füßen aus dem Stuhl und rannte laut schreiend und ihre Tochter weiter mit dem Kopf nach unten haltend aus dem Zimmer. Der Stuhl wurde umgerissen, das Geschirr zerbrach. Hierauf entwickelte das kleine Mädchen auch eine Furcht vor allem was flog, die bis ins Erwachsenenalter weiterbestand, z. B. Furcht vor Faltern und Schmetterlingen.

Das Lernen von Angst durch Imitation kann zwar eine Phobie in Gang setzen, aber dies ist sicher nicht häufig der Fall, und lediglich ein Sechstel der phobischen Erwachsenen haben nahe Verwandte mit einer ähnlichen Phobie.

Die Unbeständigkeit der Angst bei Kindern

Angstreaktionen treten bei Kindern häufig ohne erkennbaren Grund auf und verschwinden auf ebenso geheimnisvolle Weise wieder, wenn kein weiterer Kontakt mit der phobischen Situation besteht. Wenn das Kind sich während einer Krankheit wieder wie ein kleines Baby benimmt, können schon vergessene Ängste wieder auftreten. Sie verschwinden, sobald das Kind wieder gesund ist.

Die bekannten Angstzustände ändern sich mit dem Heranwachsen des Kindes; sie kommen und gehen in unbeständiger Weise. Die Angst vor Tieren tritt häufiger im Alter von zwei bis vier Jahren auf, während Angst vor Dunkelheit und eingebildeten Phantasiegeschöpfen wie Geistern öfter bei den Vier- bis Sechsjährigen auftreten. Ab sechs Jahren werden kaum noch neue Tierphobien entwickelt, und zwischen neun und elf Jahren geht bei Jungen wie Mädchen die Angst vor Tieren schnell vorbei. Andere weit verbreitete Angstzustände bei Kindern sind die vor Wind, Stürmen, Donner, Blitz, Autos und Zügen.

Es gibt recht verschiedene Erklärungen dafür, daß das Auftreten bestimmter Angstreaktionen ebenso wie ihr Verschwinden ziemlich regelmäßig mit bestimmten Altersstufen zusammenfällt. In solchen kindlichen Angstzuständen, die häufig und bei den meisten Kindern auftreten, wie etwa denen vor Tieren und Vögeln, mögen sich teilweise reifungsbedingte Veränderungen widerspiegeln.

Einige Ängste beginnen einfach deshalb in einem bestimmten Alter, weil das Kind zu diesem Zeitpunkt zum ersten Mal der entsprechenden Situation ausgesetzt ist. Hierher gehören Schulphobien. Wenn Kinder in eine neue Situation gestellt werden, zeigen sie gewöhnlich Angst, passen sich dann aber schnell an. Ein gewisses Maß an Angst ist sogar die Regel im ersten halben Schuljahr, oder wenn das Kind die Schule wechselt; dagegen ist es sehr selten, daß ein Kind aus Angst den Schulbesuch vollständig verweigert.

Die meisten Kinder haben manchmal Angstzustände, doch sind wirklich behindernde Phobien relativ selten. Im allgemeinen sind Mädchen ängstlicher als Knaben. Nach der Pubertät nehmen die Angstzustände ab.

Häufig vorkommende Ängste bei Kindern und Erwachsenen

Anstarren und Lampenfieber

Auch das *Angestarrtwerden* löst bei Kindern und selbst Erwachsenen leicht Angst aus. Von den ersten Monaten unseres Lebens an gilt unsere Aufmerksamkeit dem auf uns gerichteten Augenpaar. Der Säugling fixiert seinen Blick auf die Augen seiner Mutter. Im Alter von zwei Monaten lächelt er, wenn man ihm eine mit zwei Augen bemalte Maske zeigt. Von einem frühen Alter an betonen

Kinder in ihren Zeichnungen die Augen. Starrende Augen können bei entsprechend empfindlichen Erwachsenen einen derart negativen Gefühlszustand auslösen, daß das Angeschautwerden einen ernstzunehmenden Auslöser für soziale Phobien und Lampenfieber darstellt. Schauspieler, Redner und sogar erfahrene Politiker haben häufig Lampenfieber.

Höhenangst

Bei Erwachsenen besteht die *Höhenangst*, die sich schon beim Kleinkind zeigt, weiter. Viele von uns haben – an einem Abgrund stehend – schon den Drang verspürt, sich herabzustürzen, wovon sie nur der schützende Gegenreflex, schnell zurückzutreten, abhielt. Menschen, die in sehr hohen Gebäuden wohnen, macht die Höhenangst oft zu schaffen. Sie fühlen sich in diesen Gebäuden besonders dann unbehaglich, wenn sie vom Boden bis zur Decke reichende Glaswände haben. Es läßt sie das Gefühl entstehen, keine abgeschlossene Privatspähre zu besitzen, beim Ausblick aus diesen Fenstern wird ihnen schwindelig und möglicherweise finden sie ihre Wohnungen zu hell. Dieses Unbehagen kann durch Vorhänge gemildert werden, die den Raum abdunkeln und kleiner erscheinen lassen.

Eine Hausfrau, die zweiundzwanzig Stockwerke hoch über London wohnte, beschrieb das durch Raum und Licht hervorgerufene Unbehagen wie folgt:

»Bei der ersten Besichtigung überkam meinen Mann bei dieser Aussicht eine lyrische Anwandlung. Er meinte, in der Nacht wäre es wie im Märchenland. Leute, die uns besuchen, verbringen oft die erste halbe Stunde am Fenster. Einigen wird allerdings auch schwindelig. Wir hatten einen Burschen hier – gebaut wie ein Ringkämpfer, stämmig und muskulös – der wagte sich überhaupt nicht in die Nähe des Fensters. Er stand den ganzen Abend bei der Kochnische herum. Mir ging es zuerst genauso. Jetzt merke ich es nur noch, wenn ich die Fenster putze. Man kann die Fenster zum Putzen ganz herumklappen, aber das muß mein Mann machen. Mein Magen macht da nicht mit.

Am Anfang stellten wir die Kinderbetten im kleinen Schlafzimmer auf. Da der Raum so winzig ist, mußten wir die Betten direkt am Fenster aufschlagen, und meine älteste Tochter weigerte sich, im oberen Bett zu schlafen und kroch zu der Kleinen ins untere Bett. Da ich nicht wußte, was sie störte, stieg ich eines Tages selbst hinauf, um zu sehen, was sie davon abhielt, oben zu schlafen. Es war grauenhaft! Man lag wie auf dem äußersten Rand einer Klippe und hatte nichts als Glas zwischen sich und dem unbegrenzten Raum dort außen.«

Häufig vorkommende Ängste bei Erwachsenen

Im Leben des Erwachsenen gibt es viele Situationen, die Angst machen. Bei *Examen* und anderen Prüfungen stehen junge Leute oft unter einer Spannung, die so schwere Formen annehmen kann, daß sie die Leistungsfähigkeit beeinträchtigt und die Prüflinge womöglich trotz aller Kenntnisse durchfallen. Streßsituationen wie Kampfeinsatz und Fallschirmspringen sind regelmäßig von Angst begleitet. Die meisten Menschen unterziehen sich jährlich einer *zahnmedizinischen* oder *medizinischen Behandlung,* und es ist völlig normal, aufgeregt zu sein, wenn die Stunde des Eingriffs heranrückt. Ihren Höhepunkt erreicht die Angst im Operationssaal. Danach geht sie zurück, und zwar sehr schnell nach einer Zahnbehandlung und weniger schnell nach einem chirurgischen Eingriff. Viele Leute nehmen aus Angst die erforderlichen Termine nicht wahr. Bei manchen ist die Angst vor Ärzten und Zahnärzten sogar so ausgeprägt, daß sie schon beim Anblick eines Krankenwagens oder eines Krankenhauses

Angst bekommen und ihn meiden wie die Pest. Das geht so weit, daß sie selbst Fernsehprogramme über diese Dinge abschalten.

Trennungsangst

Trennungsangst ist eine normale Reaktion auf eine Belastung anderer Art, nämlich den drohenden Verlust eines geliebten Menschen. Die *Trauer* stellt eine bestimmte Form der Trennungsreaktion dar, die durch den tatsächlichen Verlust eines geliebten Menschen ausgelöst wird. Die meisten jungen Säugetiere zeigen Trennungsangst, wenn man sie von einer vertrauten Gestalt trennt.

Die erste Bindung bei Säugetieren ist meist die zwischen Mutter und Jungtier. Sie halten sich gewöhnlich nahe beieinander auf und versuchen wieder zusammenzukommen, sobald sie getrennt werden. Der Versuch, ein eng verbundenes Paar zu trennen, stößt auf Widerstand, und der Stärkere der Partner greift den Eindringling an, während der Schwächere flieht oder sich am Stärkeren festhält. Wenn solche eng verbundenen Partner getrennt werden und einander nicht wieder finden können, leiden sie unter diesem Zustand und zeigen Trennungsangst. Sobald ein junges Lebewesen Anhänglichkeit zur Mutterfigur entwickelt hat, zeigt es in ihrer Gegenwart ein anderes Verhalten als in ihrer Abwesenheit. Ist sie bei ihm, so zeigt es sich entspannt und unternehmenslustig, ist sie weg, so wird es unruhig und mag nichts mehr unternehmen. Beim Menschen ist Bindungsverhalten oft von einem Gefühl der Liebe oder Abhängigkeit begleitet.

Kinder, die ins Krankenhaus gebracht werden müssen, sind einigermaßen zu beruhigen, wenn sie in der fremden Umgebung ihre Lieblingsspielzeuge bei sich haben dürfen. Nach der Rückkehr nach Hause kann es vorkommen, daß Personen und Ereignisse, die das Kind an die Zeit seines Wegseins erinnern, in ihm von Neuem die Angst auslösen.

Wenn Kinder älter werden, lernen sie allmählich, Trennungen von ihren Eltern immer besser auszuhalten. Wenn sie die ersten paar Male mit ihren Freunden in die Ferien fahren, haben sie vielleicht noch ein bißchen Heimweh und vergießen ein paar Tränen, aber sie vergessen ihren Kummer bald und werden in zunehmendem Maße unabhängig. Solche Zeiten der vorübergehenden Abwesenheit von zu Hause scheinen im Prozeß des Heranwachsens wichtig zu sein als Vorbereitung für die spätere Trennung vom Elternhaus. Wird die Trennung dagegen nicht auf diese Weise immer wieder vorübergehend geprobt, kann dies beim Erwachsenen Trennungsangst zur Folge haben.

In extremer Form trat diese Trennungsangst bei einer 20jährigen verheirateten Frau auf, die noch nie länger als einen Tag von ihrer Mutter getrennt gewesen war, wenn man von einem zweiwöchigen Auslandsaufenthalt der Mutter absieht, während dessen die Patientin immer wieder versucht hatte, mit ihr zu telefonieren. Von Kindheit an hatte sie übermäßige Angst von ihrer Mutter getrennt zu werden, wollte möglichst ständig in ihrer Nähe sein und wenn dies einmal nicht möglich war, häufig angerufen werden. Selbst bei ihrem Besuch in der Ambulanz des Krankenhauses wollte sie wissen, wo ihre Mutter am Ende der Behandlungsstunde sei. Als Zwölfjährige war sie mit einer Freundin an einen etwa 160 km entfernten Ferienort gefahren, aber ihr Heimweh war so stark, daß sie mehrmals am Tage zu Hause anrufen mußte; bereits nach ein paar Tagen hielt sie es nicht mehr aus und fuhr zurück. Sie mochte auch nicht allein zu Hause bleiben; außerdem mied sie Fahrstühle. Nach ihrer Heirat lebte sie mit Ehemann und zwei Kindern bei der Mutter.

Zum Glück ist die Trennungsangst in dieser extremen Form selten.

3 Normale Reaktionen auf Todes- und Unglücksfälle

Angst vor dem Tod

Die Angst vor dem Tod gibt es in den meisten Kulturen. Sie bezieht sich nicht notwendigerweise auf den Prozeß des Sterbens selbst, sondern darauf, daß mit dem Tod allen Möglichkeiten des Menschen, seine Ziele zu erreichen und sein Dasein zu genießen, ein Ende gesetzt wird.

Kinder sprechen im allgemeinen ohne besondere Hemmungen vom Tod, ohne das Thema zu vermeiden. Jugendliche sind in dieser Beziehung schon vorsichtiger, und Erwachsene in westlichen Ländern behandeln den Tod oft wie ein Tabu. Man spricht gewöhnlich nicht über den möglichen Tod eines anderen, wenn dieser anwesend ist. Wenn über das Sterben gesprochen wird, neigen wir dazu, dies in mehr oder weniger schöne Worte zu fassen: »hinübergehen«, »aus dem Leben scheiden«, »in den Himmel gehen«, »draufgehen«, »ins Gras beißen« oder »den Geist aufgeben«. Die Trauerzeremonien vieler religiöser Gemeinschaften mildern den Verlust durch die Betonung eines weiterbestehenden Kontakts mit dem Verstorbenen im Himmel oder im Reich der Geister. Die amerikanische Art, mit dem Tod umzugehen, leugnet die Endgültigkeit des Verlustes weitgehend. Dieses Ableugnen dient dazu, die Angst zu mildern, die der Tod auslösen kann.

Wenn Menschen älter werden, ist die Angst vor dem Tode seltener, als man gemeinhin annimmt. In einer Untersuchung mit sterbenden Patienten ergab sich, daß von den über 60jährigen weniger als ein Drittel große Angst hatte, während zwei Drittel der unter 50jährigen sich ängstigten. Dies ist verständlich, da durch einen frühen Tod so viel mehr Hoffnungen und Erwartungen vorzeitig abgeschnitten werden. Junge Mütter und Väter, deren Kinder noch von ihnen abhängig waren, zeigten mehr Besorgnis im Hinblick auf ihr drohendes Ende.

Die größere Angst bei jüngeren Sterbepatienten mag zum Teil eine Folge der Umstände sein, unter denen das Sterben sich hier anbahnt. Anhaltende Schmerzen, Übelkeit, Erbrechen und Atemnot können für den Sterbenden außerordentlich belastend sein, und diese Krankheitserscheinungen treten häufiger bei jüngeren Erwachsenen auf, bei denen die Erkrankung von längerer zeitlicher Dauer und mit größerem physischem Leiden verbunden ist als bei Älteren.

Trotzdem ist das Sterben häufig ein wirklich angenehmer Vorgang. Als William Hunter, ein bekannter Arzt, im Sterben lag, sagte er: »Wenn ich noch genug Kraft hätte, die Feder zu halten, würde ich niederschreiben, wie leicht und angenehm das Sterben ist.« Auf Zuschauer wirkt das Leiden eines Sterbenden oft stärker, als es tatsächlich ist. Viele Sterbende sind nur halb bei Bewußtsein und erfassen nicht, was mit ihnen geschieht. Im allgemeinen ist der Vorgang des Sterbens qualvoller für die Angehörigen, die ihn mit ansehen, als für denjenigen, der stirbt.

Sobald jemand gestorben ist, wird sein Körper Gegenstand einer neuen Angst. In etlichen Kulturen besteht ein strenges Tabu gegen des Berühren von Leichen, da böse Kräfte von ihnen ausgehen sollen. Es herrscht die

Vorstellung, daß die Leiche und später auch das Grab von bösen Geistern umgeben sind.

Auch die Veränderungen, die beim Tod während der Verwesung eintreten, tragen zur Angst vor Toten bei. Für Menschen, die an ein späteres Weiterleben glauben, stellen sie eine Bedrohung dieser Verheißung dar. In verschiedenen Kulturen werden sehr sorgfältige Maßnahmen getroffen, um alles, was einer Wiederauferstehung im Wege stehen könnte, auszuschalten. Die Leiche wird einbalsamiert, um sie vor dem Zerfall zu schützen; Nahrungsmittel, Wertgegenstände und Gefolgsleute werden mitbegraben; das Grab wird mit bequemen Ausstiegsöffnungen versehen. Die großen Pyramiden von Ägypten belegen den Glauben der Pharaonen an das Leben nach dem Tode. Solcherlei Vorsichtsmaßnahmen zeigen eindrucksvoll den Zusammenhang, der zwischen der Angst vor dem Tode und dem durch den Tod erzwungenen jähen Abbruch aller begonnenen Unternehmungen und Aktivitäten besteht. Die Aussicht auf das Weiterleben nach dem Tode in irgendeiner Form ist von großer Bedeutung für die Menschen.

Religiöser Glaube kann die Angst vor dem Tode verringern. Wichtiger als die Glaubensvorstellungen als solche ist jedoch die zuversichtliche Überzeugung, mit der man ihnen anhängt, gleich welcher Art sie sind. Überzeugte Agnostiker sind weniger ängstlich als lauwarme Kirchgänger.

Ungewißheit erhöht die Angst. Patienten, die im Sterben liegen, haben vielleicht schon eine Ahnung oder den Verdacht hinsichtlich ihres Schicksals und sind solange besorgt darüber, bis man ihnen die Wahrheit sagt. Dann kann es vorkommen, daß die Angst nachläßt, daß sie vorübergehend durch Depression abgelöst wird, die aber auch allmählich verschwindet. Diese Schwermut gleicht einer Trauerreaktion, in der der Patient den Verlust seiner Zukunft verwinden muß.

Es gibt jedoch Menschen, die sich vor dem Tode so sehr fürchten, daß sie um keinen Preis das Fortschreiten ihrer Krankheit zur Kenntnis nehmen wollen. Selbst wenn man sie über ihren Zustand aufklärt, vergessen sie dies sofort wieder oder leugnen die Wahrheit. Oft kann diese Ableugnung nicht lange aufrechterhalten werden, und es kommt bei dem Patienten zu einem Zusammenbruch in übermächtigem Schmerz. Es gibt daher keine goldene Regel dafür, ob man Sterbenden die Wahrheit sagen soll oder nicht. Bei dieser Entscheidung sollte man sich leiten lassen von der Art und Weise, in der der Betroffene früher auf Belastungen reagiert hat, von der Stärke seiner Persönlichkeit und davon, ob er wirklich den Wunsch hat, über seinen Zustand die Wahrheit zu wissen, oder ob er eher im Unklaren gelassen werden möchte.

Trauerreaktionen

Trauerreaktionen stellen eine besondere Form der Trennungsangst dar. Im allgemeinen dauert es eine Weile, bis sich ein Mensch mit dem Tod eines ihm Nahestehenden abfinden kann, und bis er so weit ist, herrscht bei ihm die Trennungsangst vor, die sich in der Sehnsucht nach dem Verstorbenen äußert und in bohrendem, qualvollem Schmerz. Weinend und immer auf der Suche nach dem Menschen, den man verloren hat, härmt man sich ab. Der Trauernde ist in ruheloser Bewegung, denkt immer wieder an den, den er verloren hat und ist anfällig für diejenigen Reize, die die Erinnerung an ihn wachhalten, während ihn andere Dinge gleichgültig lassen. Manchmal überkommt ihn die Sehnsucht so, daß er nach dem Verstorbenen ruft. Wenn der Versuch, den Verschiedenen wiederzufinden, immer wieder vergeblich war, läßt die

Intensität der Suche langsam nach, bis am Ende die Bindung an den Verlorenen zerbricht.

Die Qual der Trauer resultiert auch zum Teil aus dem Wegfall der Rollenfunktion, die sich zwischen dem Zurückbleibenden und dem Verstorbenen eingespielt hatte. Die Hausfrau trauert um ihren verstorbenen Mann besonders heftig zu der Stunde, zu der er von der Arbeit nach Hause zu kommen pflegte. In den Morgenstunden rufen Trauernde sich immer wieder in Erinnerung, was sie alles gemeinsam mit dem Verstorbenen taten. Diese Erinnerungen sind qualvoll. Nach einer gewissen Zeit gibt der Trauernde diese erfolglosen Versuche, seine Beziehungen zu dem Verstorbenen weiter aufrecht zu erhalten, auf und knüpft stattdessen die Verbindung zu anderen Menschen an.

Obwohl fast jeder Erwachsene irgendwann einen nahen Verwandten oder einen Freund durch den Tod verliert, gibt es nur relativ wenige systematische Untersuchungen über die Trauerreaktion. Eine der besten Untersuchungen dieser Art wurde von dem Londoner Psychiater Dr. Colin Parkes durchgeführt; seine Ergebnisse sind wert, ausführlich angeführt zu werden. Er befragte 22 Witwen unter 65 jeweils mindestens fünfmal während der ersten 13 Monate nach dem Tod ihrer Männer. Die meisten dieser Frauen hatten vorausgegangene Warnzeichen, die auf das drohende Ableben ihrer Ehemänner hindeuteten, übersehen, weil sie einfach nicht in der Lage waren, sie zur Kenntnis zu nehmen. Als der Tod des Ehemannes dann schließlich eintrat, war die häufigste Reaktion eine Gefühlsleere oder -taubheit, wenn auch in einigen Fällen ein qualvoller Schmerz voranging:

»Plötzlich brach alles auseinander. Ich hörte ein schreckliches Wehklagen und wußte, daß es von mir kam. Ich sagte, daß ich ihn liebte und ähnliches in der Art. Ich wußte, daß er nicht mehr da war, aber ich fuhr fort, mit ihm zu sprechen« Sie ging ins Badezimmer und erbrach sich, dann setzte das Gefühl der Betäubung ein. »Ich fühlte mich eine Woche lang gefühlskalt und wie versteinert. Es ist eine Wohltat... alles in einem wird ganz hart und schwer.« Eine andere Witwe fühlte es so: »Wie in einem Traum... ich konnte das alles einfach nicht begreifen... ich konnte es nicht glauben.«

Sechzehn der Frauen konnten es zunächst nicht wahrhaben, daß ihre Männer wirklich tot waren.

»Es gab so viel zu tun, aber es kam mir gar nicht so vor, als ob ich es täte, jedenfalls nicht für ihn – für irgendjemand anderes höchstens, wenn Sie verstehen, was ich meine. Ich konnte es einfach nicht fassen.« »Das muß ein Irrtum sein!« »Ich konnte es nicht glauben, bis ich ihn am Montag (vier Tage später) sah.« »Ich reagierte überhaupt nicht... es erschien so unwirklich.«

Diese Gefühlsleere oder Betäubtheit hielt zwar im allgemeinen nicht lange an, aber auch ein Jahr später kam es bei 13 dieser Witwen noch vor, daß sie zeitweilig nicht glauben konnten, daß ihre Männer wirklich tot waren.

In der ersten Zeit der Trauer weinten die Frauen viel, gelegentlich waren sie aber auch wütend oder sogar in gehobener Stimmung. Eine der Witwen war zuerst ganz ruhig. »Ich sah ihm in die Augen, und da, während er mich anstarrte, passierte etwas mit uns. Es war, als ob etwas in mich hineingegangen wäre. Mir wurde innerlich ganz warm, ich bin an dieser Welt nicht mehr interessiert. Es ist eine Art religiöses Gefühl... Ich fühlte mich groß wie ein Haus. Ich fülle den ganzen Raum aus.« Sie weinte des öfteren und machte einen nicht ganz ernsthaften Selbstmordversuch. Eine der Frauen reagierte mit Zorn und sagte: »Warum hat er mir das angetan?« Während der nächsten paar Tage war sie außerordentlich betriebsam. Dann, vier Tage später, im Morgengrauen: »Irgendetwas ergriff mich plötzlich, drang in mich ein, ein Etwas, das gegenwärtig war, stieß mich beinahe aus dem Bett.

Das war mein Mann – ungeheuer überwältigend. Dann tauchte eine Folge von Bildern auf, wie fotografische Platten mit Gesichtern.« Sie war sich damals nicht sicher, ob sie vielleicht geträumt hatte. Sie hatte ein Benommenheitsgefühl, das zwei Wochen andauerte.

Während des ersten Monats nach dem Verlust und auch noch später waren Panik-Anfälle an der Tagesordnung. Im ersten Monat lief Frau Jones mehrere Male aus ihrer Wohnung und suchte Zuflucht bei Freunden in der Nachbarschaft. Sie kam sich selbst so zerbrechlich vor, daß sie meinte: »Wenn mich jemand fest anstoßen würde, fiele ich in tausend Stücke.« Sie vermied es, daran zu denken, daß ihr Mann tot war. »Wenn ich den Gedanken daran aufkommen lasse, daß Bob tot ist, wirft es mich um. Ich brächte es nicht fertig, dieser Tatsache ins Auge zu sehen und bei Verstand zu bleiben.« Als aber die äußere Situation es möglich machte, daß sie den Tod ihres Mannes vergessen konnte, fühlte sie Verzweiflung. Diese Panikanfälle ließen im Laufe des Jahres langsam nach, aber selbst am Ende dieses Jahres geriet sie noch »von Zeit zu Zeit« in panische Stimmung. Die Reaktionen auf den Tod eines geliebten Menschen waren individuell sehr verschieden. Phasen quälenden Schmerzes wechselten mit solchen der Gefühlstaubheit oder Zeiten rastloser Geschäftigkeit. Sie versuchten, den Schmerz oder das Gefühl des Verlusts zu verdrängen, aber wenn es dann durchbrach, erschien es erdrückend.

Im allgemeinen endete die Gefühlsleere oder Betäubung nach etwa einer Woche. Mit diesem Zeitpunkt wurde die *Qual* größer. Man nimmt vielfach an, daß der Gram nicht auf Dauer zurückgedrängt werden kann und daß er am Ende mit um so größerer Qual hervorbricht, wenn man versucht, ihn zu unterdrücken.

Wenn die Betäubung nachläßt, setzt der bohrende Schmerz der Trauer ein, in dem sich der Betroffene nach dem Toten qualvoll sehnt. Die Witwen wurden beherrscht von Gedanken an den Verstorbenen, sie schauten ständig solche Stellen und Gegenstände in ihrer unmittelbaren Umgebung an, die sie mit dem verstorbenen Ehemann in Verbindung bringen konnten und richteten immer wieder ihre Aufmerksamkeit auf Dinge, die ihnen die optische oder akustische Illusion seiner Anwesenheit und Gegenwart verschaffen konnte. In dieser Zeit kam es auch vor, daß sie weinend nach ihm riefen, und sie wurden ruhelos. Der amerikanische Psychiater Lindemann gibt in Boston folgenden Bericht über diese Phase der Trauer:

»Es besteht ein starkes Mitteilungsbedürfnis, besonders wenn sich das Gespräch um den Toten dreht. Auffällig ist auch die Ruhelosigkeit, die Unfähigkeit stillzusitzen, das ziellose Sich–umher–Bewegen, immer auf der Suche nach irgendeiner Beschäftigung. Gleichzeitig macht sich jedoch in peinsamer Weise die Unfähigkeit bemerkbar, auf ganz normale Art irgendwelche Tätigkeiten aufzunehmen und entsprechend zu Ende zu führen.«

Die Londoner Witwen waren in ihren Gedanken unaufhörlich bei dem verstorbenen Mann und stellten sich vor, er hielte sich an seinem gewohnten Platz in der Wohnung auf. »Es ist fast so, als könne ich seine Haut fühlen oder seine Hände berühren.« Nachts oder auch während einer ruhigen Stunde am Tage ließen sie immer wieder Begebenheiten an ihrem inneren Auge vorüberziehen, an denen ihr Mann teilhatte. Dies war so besonders während der ersten Monate und dann wieder, als der Todestag sich jährte. Die Erinnerung an die letzte Krankheit des Mannes verfolgte die Frauen und ließ sie nicht los: »Ich ertappe mich dabei, daß ich das Ganze im Geist noch einmal durchlebe.«

Fast die Hälfte der Witwen fühlte sich von Örtlichkeiten angezogen, die sie an ihren Ehemann erinnerten.

Sie suchten alte Stammplätze auf oder gingen zum Friedhof oder zum Krankenhaus, »um ihm nahe sein«. Die meisten der Frauen hüteten die Gegenstände, die früher ihrem Mann gehört hatten, wie Schätze, zugleich zeigten sie aber oft auch ein Vermeidungshalten gegenüber einzelnen Dingen, wie Kleidungsstücken oder Fotos, die ein zu starkes Schmerzgefühl in ihnen hervorriefen. Im Laufe des Jahres nahm diese Neigung, Erinnerungsstücke zu meiden, langsam ab. Gewissse vertraute Gegenstände und Orte, die während der ersten Zeit eine tröstliche Wirkung ausgeübt hatten, verloren ihre besondere Bedeutung, und es wurde nun möglich, ein Zimmer, das stark an den Mann erinnert hatte, neu zu tapezieren und mit neuen Möbeln auszustatten. Gleichzeitig begann man, solche Gegenstände wieder hervorzuholen, deren Anblick unmittelbar nach dem Todesfall schmerzhafte Trauerqualen auslösten; so wurden zum Beispiel Fotografien wieder an die Wand zurückgehängt.

Es kam oft vor, daß die Witwen ihren Ehemann in ihrer Nähe »sahen«, »hörten« oder »fühlten«; dies gilt besonders für die ersten Monate nach dem Tod. Leise Geräusche im Haus deuteten sie als Hinweis auf die Anwesenheit des Mannes, oder es passierte ihnen, daß sie in irgendeinem Vorübergehenden auf der Straße plötzlich ihren Mann zu erkennen glaubten, bis ihnen ihr Irrtum bewußt wurde.

Weinen gilt mit solcher Selbstverständlichkeit als Ausdruck der Trauer, daß man geradezu annimmt, es müsse sein. Bei der ersten Befragung ein Monat nach dem Verlust weinten 16 Witwen mehr oder weniger oft. Während der späteren Interviews dagegen weinten sie seltener. Man geht zwar davon aus, daß das Weinen in engstem Zusammenhang mit der schmerzhaften Qual der Trauer steht, dennoch ist eine Witwe unter Umständen nicht imstande zu sagen, warum sie weint.

Es ist weniger bekannt, daß die Trauer auch Züge der *Reizbarkeit* und des *Zorns* aufweist. Sie kamen bei 13 der Witwen zum Vorschein, die das Gefühl hatten, die Welt sei unsicherer und gefährlicher geworden. Manchmal richtete sich der Zorn auch auf den toten Ehemann. Mit der Zeit verloren sich diese irrationalen Zorngefühle. Eine Witwe, die unmittelbar nach dem Verlust sehr erbost war über das Krankenhauspersonal, gab am Ende des Jahres an, keine solchen Gefühle des Zorns mehr zu haben. Sie fügte jedoch hinzu: »Ich wollte, es gäbe irgendetwas, auf das ich die Schuld schieben könnte.«

Schuldgefühle und Selbstvorwürfe sind während der Trauerzeit an der Tagesordnung. Bezeichnenderweise machten die Frauen Bemerkungen wie: »Ich denke darüber nach, was ich hätte tun können.« »Ich denke bei mir: ›Habe ich es richtig gemacht‹.« Die Selbstvorwürfe können sich um ganz unbedeutende Dinge drehen. Ein Jahr nach dem Tode ihres Mannes erwähnte eine der Witwen, daß sie Schuldgefühle habe, weil sie ihrem Mann nie einen Brotpudding gemacht habe. Allerdings ging es öfter um schwerwiegendere Dinge, wobei es jedoch zweifelhaft war, ob die Witwe wirklich eine Schuld traf. So hatte zum Beispiel eine der Frauen ihren Mann darin unterstützt, eine lindernde Operation auszuschlagen, und eine andere machte sich Vorwürfe, daß sie die literarischen Talente ihres Mannes zu dessen Lebzeiten nicht genügend unterstützt hatte, und versuchte dies dadurch gutzumachen, daß sie seine Gedichte nach seinem Tod veröffentlichen ließ.

Mehrere Frauen hatten das Gefühl, ihren Mann während der letzten Phase seiner Erkrankung im Stich gelassen zu haben. »Es schien, als ob ich mich von ihm entfernte. Er war nicht mehr der Mensch, mit dem ich verheiratet gewesen war. Wenn ich den Versuch machte, seine Schmerzen zu teilen, war dies so schrecklich, daß ich nicht durchhalten konnte. Ich wollte, ich hätte mehr tun können. Er war so hilflos, daß ich überhaupt nicht genug hätte tun können.« Ein paar Frauen machten sich Vorwürfe für ihr Verhalten nach dem Tod des Mannes. Eine Frau äußert im Hinblick auf ihre Reizbarkeit: »Ich werde richtig wütend auf mich selbst.«

Ruhelosigkeit und übermäßige Betriebsamkeit sind weitere Grundzüge der Trauerreaktion. Die Witwen klagten über »nervöse Spannung«, »Aufgeregtheit«, das Gefühl eines »inneren Aufruhrs«, sie sagten: »Ich bin ständig auf dem Sprung«, »ich bin am Ende meiner Kräfte«, »ich kann mich auf nichts konzentrieren«, »blöde Kleinigkeiten regen mich auf«. Wenn die Frauen sehr stark unter dieser Spannung standen, begannen sie auch zu zittern und fingen manchmal an zu stottern. Während dieser Zeiten der Ruhelosigkeit drohte den Frauen von Zeit zu Zeit ein heftiger emotionaler Ausbruch, oder aber sie mußten die ganze Zeit mit ununterbrochener Tätigkeit ausfüllen. »Ich glaube, wenn ich nicht ständig arbeiten würde, bekäme ich einen Nervenzusammenbruch«, sagte eine der Witwen. Auch während der Befragungen war sie ständig in Bewegung, von einer Hausarbeit zur nächsten übergehend. Sie machte einen zerstreuten, reizbaren und gespannten Eindruck. Nach Ablauf des Jahres konnte sie nichts mehr sehen, »wofür es sich zu leben lohnte, es ist alles so sinnlos, scheint mir.«

Trauerreaktionen fluktuieren. Die durch den Verlust entstehenden Qualen sind nicht ununterbrochen anhaltend, sondern hören zeitweilig auf. Dann kann es sein, daß der Trauernde – selbst nach Aufwallungen stärkster Trauerqual – verhältnismäßig ruhig wird. Bis zu einem gewissen Grade kann der Schmerz eingedämmt werden durch die Vermeidung von Menschen und Örtlichkeiten, die mit dem Verstorbenen assoziiert werden, ferner dadurch, daß man einfach nicht glaubt, was geschehen ist und dadurch, daß man sich ablenkt. Nehmen wir als Beispiel Frau Smith, deren Ehemann plötzlich an einer Gehirnblutung gestorben war. Es fiel ihr schwer zu glauben, daß er tot war, und während der ersten Woche weinte sie sehr viel. Über diesen Zustand kam sie hinweg, indem sie sich mit anderen Dingen beschäftigte. Sie mied das Zimmer ihres Mannes und brachte ihren Sohn dazu, seine Hinterlassenschaften zum größten Teil wegzuschaffen. Bei der Befragung, die einen Monat nach dem Tod ihres Mannes stattfand, mußte sie mehrere Male unterbrechen, weil sie Angst hatte, weinen zu müssen. Ein Jahr darauf war sie schon viel ruhiger, aber sie vermied es immer noch, mit den persönlichen Dingen ihres Mannes in Berührung zu kommen und hatte eine Abneigung dagegen, sein Grab zu besuchen. »Wenn bei mir die Erinnerung an ihn auftaucht, versuche ich an etwas anderes zu denken.«

Eine allgemein übliche Erscheinung ist die *Idealisierung* des Toten. Frau White, eine 59jährige Frau, hatte sich mit ihrem Mann, einem Alkoholiker, häufig gestritten. Während der Ehe hatte sie ihn einige Male verlassen, und beim Interview äußerte sie sich so: »Ich sollte das ja wirklich nicht sagen, aber seit er nicht mehr da ist, ist doch alles viel friedlicher.« Während ihres ersten Jahres der Witwenschaft heirateten ihre beiden jüngsten Töchter, zogen aus und ließen sie in der Wohnung allein zurück. Sie fühlte sich sehr einsam und deprimiert und sprach in nostalgischer Sehnsucht von den vergangenen Zeiten. Beim letzten Interview hatte sie ihre Eheprobleme bereits vergessen und äußerte den Wunsch, »wieder so einen netten, gütigen Mann, wie meinen Ehemann« zu heiraten.

Wenn sie einen Menschen verloren haben, beginnen recht viele Leute, sich mit dem Verstorbenen zu *identifizieren,* und zwar in einem viel größeren Maße, als sie das zu dessen Lebzeiten taten. »Ich habe Freude daran, das zu tun, was mein Mann immer tat...mir fällt immer wieder ein, was er wohl sagen oder tun würde«, sagte Frau Black, die es nach ihrer Angabe von ihm übernommen hatte, Pokal-Endrunden und Rennen im Fernsehen zu verfolgen. »Das macht mir Spaß, weil er es gern mochte. Es ist ein ganz komisches Gefühl...Meine jüngere Schwester sagte: ›Du wirst in jeder Beziehung immer mehr wie Fred.‹...Sie erwähnte irgendeine Speise – ich sagte: ›Ich könnte das nicht anrühren.‹ Und sie antwortete: ›Sei doch nicht albern, Du verhältst Dich jetzt genau wie Fred.‹ Ich tue jetzt viele Dinge, die ich sonst nie getan hätte...Ich nehme an, daß er mich die ganze Zeit anleitet.«

Manche Menschen entwickeln Symptome, die denen des Verstorbenen während seiner letzten Krankheit ähneln. Allerdings kommt dies seltener vor. Der Mann von Frau Brown war an einer Koronarthrombose gestorben, die ihm eine Woche lang Schmerzen in Brust und Atemnot bereitet hatte. Später bekam seine Frau Ohnmachtsanfälle, Herzklopfen und panische Attacken, in denen sie nach Luft rang und das Gefühl hatte, daß ihr das Herz zerspringe. »Ganz so wie bei meinem Mann«, sagte sie. Im Laufe des Jahres entwickelte sie unkontrollierbare Zuckungen und Schmerzen in der linken Gesichtshälfte und im linken Bein. Die Diagnose ihres Arztes lautete: Imitation des Schlaganfalls, den ihr Mann vor fünf Jahren gehabt hatte.

In selteneren Fällen haben Witwen das Gefühl, als ob ihr verstorbener Mann tatsächlich in ihrem eigenen Körper stecke. »Mein Mann ist in mir, und zwar durch und durch. Ich bin ganz wie er geworden...Ich kann fühlen, wie er in mir ist und alles tut. Er sagte immer: ›Tu dies bitte, wenn ich nicht mehr da bin, tust Du's auch?‹ Er lenkt einfach mein ganzes Leben. Ich kann fühlen, daß er in mir ist, weil ich ihn sprechen höre und merke, wie er handelt. Es ist nicht nur ein Gefühl seiner Gegenwärtigkeit, er ist wirklich hier in mir drin. Deshalb bin ich immer so glücklich. Als ob zwei Menschen eins wären... wenn ich auch allein bin, sind wir doch in gewisser Weise zusammen, wenn Sie verstehen, was ich meine... Ich glaube nicht, daß ich die Kraft habe, allein weiter zu machen, deshalb muß er dahinter stecken.«

Manchmal wird der tote Ehemann in den Kindern gesehen. Eine Witwe sagte im Hinblick auf ihre Tochter: »Manchmal habe ich das Gefühl, als wäre Diane mein Mann... sie hat seine Hände – mir ist das immer ganz unheimlich.«

Die Hälfte der Witwen träumte vom verstorbenen Ehemann. Diese Träume waren lebendig und wirklichkeitsnah und endeten oft damit, daß die Träumende beim Aufwachen überrascht und enttäuscht war, wenn sie feststellen mußte, daß ihr Mann doch nicht da war. »Er versuchte mich zu trösten und legte seine Arme um mich. Ich wandte mich ab und weinte. Selbst im Traum wußte ich, daß er tot ist... aber ich fühlte mich so glücklich, und ich weinte, und er konnte nichts dagegen tun... Wenn ich sein Gesicht berührte, war es, als ob er wirklich da wäre – ganz echt und lebendig.« Ein weiterer typischer Traum war so: »Er lag im offenen Sarg, und ganz plötzlich erwachte er wieder zum Leben und stieg heraus... Ich sah ihn an, und er öffnete den Mund. – Ich sagte: ›Er lebt, er lebt!‹ Ich dachte: ›Gott sei Dank, jetzt kann ich mit ihm sprechen‹«.

Körperliche und andere Probleme machen sich während der Trauer bemerkbar. In dieser Zeit des Schmerzes schenken die Menschen den für sie weniger wichtigen Dingen wie Schlafen und Essen wenig Aufmerksamkeit. Schlaflosigkeit ist am Anfang die Regel, und die Hälfte der Witwen nahmen im ersten Monat nach dem Todesfall Beruhigungsmittel. Viele konnten nicht einschlafen oder wachten in der Nacht auf oder sehr früh am Morgen. Während der Nacht fühlten sie sich am einsamsten. Einige konnten nicht in dem Bett schlafen, das sie mit dem Ehemann geteilt hatten, und einige lagen den größten Teil der Nacht über wach und dachten an ihn. Im allgemeinen aßen sie wenig und nahmen während der ersten paar Monate ab. Ein paar Frauen verloren sogar die Zuneigung zu ihren Kindern, brachen die Verbindung zu ihren Freunden ab und vergruben sich in ihrer Wohnung. Sieben der Frauen waren berufstätig; sie blieben im Durchschnitt knapp zwei Wochen von der Arbeit fern, dann erwachte in ihnen neues Interesse und sie fanden neue Freunde.

Das alles kam bei ihnen schneller als bei denjenigen Witwen, die nicht durch ein Beschäftigungsverhältnis dazu veranlaßt wurden, außer Haus zu gehen. Die meisten Leute kommen nach angemessener Zeit über ihre Trauer hinweg. Ein Beispiel dafür ist Frau Green, die eine sehr enge Beziehung zu ihrem Mann hatte. Nach dem Tode ihres Mannes fühlte sie sich ein paar Tage lang benommen, war dann ängstlich und deprimiert, ihre Gedanken kreisten ständig um den Verstorbenen, und das Gefühl seiner Gegenwart war bei ihr stark. Ihre Familie half ihr über diese Zeit hinweg, und nach drei bis vier Monaten ließ ihr Kummer nach. Im siebten Trauermonat fuhr sie zu Besuch zu ihrer Schwester nach Amerika. Sie hatte das Gefühl, gebraucht zu werden und kam von dieser Reise zuversichtlich und erholt zurück, bereit und willens, sich um eine kränkelnde Verwandte zu kümmern und selbst der Mittelpunkt einer eng verbundenen Familie zu sein.

Die Trauer hält bei den einzelnen Menschen unterschiedlich lange an, und selbst nach einem Jahr ist der Schmerz noch nicht in allen Fällen überwunden. In gewissem Sinne endet die Trauer nie, und auch nach langer

Witwenschaft kann man von den Frauen noch hören, daß sie »nie darüber hinweg kommen.« Bei bestimmten Anlässen, etwa zum Todestag, oder wenn unerwartet ein alter Freund zu Besuch kommt, oder wenn man in einer Schublade plötzlich auf ein Foto stößt, werden immer wieder die Gefühle des akuten Schmerzes und der Trauer in aller Heftigkeit aufgewühlt, und die Betroffene erlebt die Qual des Verlusts aufs Neue, wenn auch in abgeschwächter Form. Mit der Zeit jedoch werden diese Aufwallungen des Kummers seltener und ihre Intensität nimmt ab; zugleich leben Interessen und Neigungen, die nach dem Tod verlorengegangen waren, allmählich wieder auf.

Wenn wir über den Verlust eines geliebten Menschen oder auch über eine verpaßte Gelegenheit trauern, müssen wir unsere Gefühle, die durch den Verlust ausgelöst worden sind, »bearbeiten«. Wir sollten darüber sprechen können, was uns der verlorene Mensch bedeutet hat, was wir mit ihm oder ihr zusammen gemacht haben, oder wir sollten ohne Schamgefühl weinen können. In vielen Kulturen hat man Verständnis dafür, daß Menschen trauern müssen, wenn ihre Angehörigen gestorben sind, und es gibt eine zeremonielle Trauerzeit, die den Hinterbliebenen dabei helfen soll, über ihren Verlust hinwegzukommen. In einigen Kulturkreisen wird von den Hinterbliebenen erwartet, daß sie wehklagen und öffentlich ihren Schmerz kundtun. Bei der Bewältigung von Trauer ist es jedoch nicht nur wichtig, über die Vergangenheit zu trauern, sondern auch nach neuen Wegen für die Zukunft zu suchen und den erlittenen Verlust durch neue Beziehungen und Tätigkeiten zu ersetzen.

Das Ereignis, vor dem wir uns vielleicht am meisten fürchten und mit dem wir eines Tages alle konfrontiert werden, ist das unseres Todes. Wir neigen dazu, unter einer erfolgreichen Behandlung Besserung zu verstehen, aber die Betreuung von Sterbenden schließt den Gedanken ein, daß das Unvermeidliche eintreten wird, und versucht, den Weg zum Sterben so leicht wie möglich zu machen. In vielen Ländern ist die Erkenntnis gewachsen, daß Sterbende besondere Betreuung benötigen, um ihre Ängste zu lindern. Sterbenden, etwa auf einer Station für unheilbare Kranke, kann dabei geholfen werden, ihren bevorstehenden Abschied ruhig hinzunehmen, auch wenn es lange Zeit in Anspruch nimmt. Eine ältere Dame in einer solchen Abteilung sah 6 ihrer Zimmergefährtinnen im Lauf mehrerer Monate sterben. Als sie gefragt wurde, ob sie irgendeinen Sinn oder Zweck in diesen vielen Tagen des Leidens hatte sehen können, überlegte sie eine Weile und sagte dann: »Ja, ich habe das Gefühl, daß ich den anderen Patientinnen in meinem Zimmer, die gestorben sind, habe helfen können.« Es ist möglich, trotz Schmerzen in Würde und Frieden zu sterben, vorausgesetzt, daß entsprechende Vorbereitungen für das Ereignis stattgefunden haben.

Katastrophen und Unglücksfälle

Unglücksfälle, wie Brand- und Sturmkatastrophen oder Flugzeugabstürze lösen komplexe Reaktionen aus. Während der kurzen Zeitspanne, in der sich die Gefahr zusammenbraut, ergreift die Menschen akute Angst, und sie versuchen, der Gefahr zu entrinnen. Wenn die Gefahr dann längst vorüber ist, sind sie immer noch schreckhaft, nervös und in Alarmbereitschaft gegenüber Dingen, die nur einen so geringfügig bedrohlichen Charakter haben, daß sie normalerweise gar nicht beachtet werden. Beim Hereinbrechen der Katastrophe und auch noch unmittelbar danach fühlen sich die Menschen gelähmt, versteinert und bewegungsunfähig; doch hält dieser Zustand im allgemeinen nur kurze Zeit an. Es kommt allerdings auch vor, daß einzelne in wirrer Verfassung und wie betäubt stundenlang ziellos umherirren. Kurze Zeit, nachdem die sichtbare Gefahr vorüber ist, stellt sich bei den Betroffenen ein Zustand der Depression und Apathie ein; sie sind teilnahmslos, ohne Tatkraft und Initiative, neigen aber im allgemeinen nicht zum Selbstmord. Es zeigt sich eine gewisse Tendenz, sich passiv an eine Autorität zu klammern und jedem, der die Führung übernehmen will, blindlings zu gehorchen. Wenn nach der Ausführung der allerdringendsten Hilfs- und Rettungsarbeiten eine Erholungsphase einsetzt, werden die Menschen häufig aggressiv und reizbar.

Unter extremer Belastung sind nicht Angst und Panik die Hauptprobleme bei der Rettung und Hilfe für das betroffene Gemeinwesen. Das Problem besteht vielmehr darin, daß keine ausreichende Koordination der vielen Menschen zustande kommt, die jeder auf eigene Faust und entsprechend ihrer persönlichen Beurteilung der Lage handeln. Trennung von Familie und enge Berührung mit Toten oder Verletzten tragen dazu bei, die durch das Unglück ausgelösten emotionalen Reaktionen zu verschärfen. Panik ist eine überraschend seltene Reaktion auf Katastrophen. Sozialpsychologen definieren Panik als akute Angstreaktion, die gekennzeichnet ist durch verminderte Selbstkontrolle, die eine irrationale Flucht zur Folge hat, ohne Rücksicht auf soziale Aspekte. Sie tritt dann auf, wenn in einer Situation unmittelbarer Bedrohung eine Entkommenschance gegeben scheint, aber nur für ganz kurze Zeit. Panik bringt jede organisierte Gruppenaktivität in Gefahr auseinanderzubrechen und führt dazu, daß die üblichen sozialen Beziehungen außer acht gelassen werden. In diesem Sinne unterscheidet sich die Panik vom kontrollierten Rückzug, bei dem – auch wenn einige Verwirrung herrschen mag – doch die konventionellen Reaktionsformen erhalten bleiben. Panik kommt nur dann auf, wenn die Möglichkeit zur Flucht noch offensteht, jedoch nicht mehr dann, wenn sie bereits abgeschnitten ist. Hand in Hand mit der Panik geht das Gefühl der Hilflosigkeit, Ohnmacht und Verlassenheit, und sie bricht eher aus, wenn Kontakt zu anderen Individuen besteht, die ebenso erregt sind und sich in gleicher Weise gefährdet fühlen. Panik ist gekennzeichnet durch blinde Flucht ohne jeden Versuch, sich der Gefahr zu stellen und sich mit ihr auseinanderzusetzen.

Bei den amerikanischen Flugzeugbesatzungen war während Luftgefechten im Zweiten Weltkrieg die Gefahr als solche der hauptverantwortliche Faktor für das Zustandekommen seelischer Zusammenbrüche. Je mehr Flugzeuge verloren gingen, um so größer waren die emotionell bedingten Verluste unter den Besatzungsmitgliedern schwerer Bomber. Die Angst wuchs beträchtlich, wenn die Verluste hoch waren und die Wahrscheinlichkeit wuchs, Zeuge einer Katastrophe zu werden. Zufallsfaktoren spielten eine sehr große Rolle in der Weise, daß es von ihnen entscheidend mit abhing, ob ein Trauma zum Zusammenbruch führte oder nicht. Es hing von der Position eines Piloten in der fliegenden Formation ab, welche schrecklichen Geschehnisse er zu Gesicht bekam. Es hing viel davon ab, ob sich der Fallschirm eines abgesprungenen Freundes zuverlässig öffnete oder ob er Feuer fing oder in ein anderes Flugzeug hineingetrieben wurde. Es machte einen Unterschied, ob die Flak direkt die Bombenablage eines Flugzeugs traf, so daß es mitsamt der Besatzung in alle Richtungen auseinanderexplodierte oder ob man den Gesichtsausdruck eines Verwundeten oder eines mit dem Fallschirm Abspringenden deutlich sehen konnte. Der unmittelbar deutliche Anblick eines Menschen in Gefahr oder wie gut man ihn kannte, wie sehr man ihn mochte, das alles spielte eine Rolle dabei, ob der

Soldat, der ein solches Erlebnis hatte, hinterher zusammenbrach oder nicht.

Extreme Gefahr kann selbst bei dem tapfersten Mann Furcht auslösen, so daß er mit ungläubigem Erstaunen feststellen muß, daß sich bei ihm eine Phobie entwickelt. Ein neunzehnjähriger amerikanischer Fliegerkadett, der im zweiten Weltkrieg eine Flugphobie entwickelt hatte, sagte: »Ich bin jetzt ein solcher Feigling, daß ich ständig vor Angst bibbere. Dabei habe ich keine Ahnung, woher das plötzlich kommt: Ich habe mich noch nie im Leben gefürchtet.«

Wenn die Flugzeugbesatzungen Angst bekamen, fingen sie an, sich über Luftkrankheit zu beklagen, hatten Schwindelanfälle und wurden beim Fliegen übervorsichtig. Oft begannen Flugphobien, wenn sich irgendetwas ereignete, das den betreffenden Mann daran erinnerte, in welch gefährlicher Lage er sich befand. Dieser Auslöser kann ein Bagatell-Unfall sein, eine unerwartete Windbö oder ein vorübergehendes Aussetzen der Kontrollanzeige. Oft setzte die Furcht mit dem Beginn einer höheren Ausbildungsphase ein: beim ersten Nachtflug, beim ersten Flug ohne Instrumente oder in Formation oder beim ersten Flug mit einem komplizierten oder neuen Flugzeugtyp.

Nach drei- bis sechswöchiger Flugpause waren fast alle so Betroffenen wieder in der Lage, ihren Dienst aufzunehmen, der allerdings Kampfeinsätze ausschloß. Einige von ihnen hatten dabei weiterhin hartnäckige Alpträume. Ein paar der Unfäller konnten sogar wieder Kampfeinsätze fliegen. Bei einem Mann hatte sich die psychische Reaktion entwickelt, als während eines Einsatzes sein Flugzeug zweimal schwer getroffen und zwei Männer an Bord getötet worden waren. Er kam in ein Erholungsheim, wo er in den ersten zwei Wochen mit dem Gesicht nach unten seine Tage im Gras liegend verbrachte. Er war sehr deprimiert, sprach mit niemandem, war von Schuldgefühlen besessen und machte sich Gedanken darüber, ob er überhaupt noch am Leben sei. Am Anfang konnte er weder essen, schlafen, noch mit anderen zusammensein. Er konnte nicht über das Fliegen sprechen, noch Gespräche anderer über dieses Thema mitanhören. Außerdem war er extrem geräuschempfindlich. Er hatte eine sehr heftige Phobie vor seinem Flughafen. Sein Zustand besserte sich zunächst nur zögernd, machte dann aber sehr schnelle Fortschritte. Nach sechs Wochen war er soweit wieder hergestellt, daß er Bodendienst tun konnte.

Anhaltende extreme Belastung

Je länger eine schwere Belastung andauert, um so umfangreicher und hartnäckiger werden die Störungen, die durch sie ausgelöst werden. Nur allzuoft ist eine solche Situation bedingt durch Unmenschlichkeit, zum Beispiel, wenn Menschen gefoltert oder in Konzentrationslager gesperrt werden. Man hat Untersuchungen mit früheren Insassen von Konzentrationslagern durchgeführt, und zwar vom Zeitpunkt der Befreiung an gerechnet mindestens zwölf Jahre lang. Selbst nach dieser langen Zeit litt etwa die Hälfte der Überlebenden noch unter Ängsten, während die übrigen sich mit irgendwelchen anderen Problemen herumschlagen mußten. Die Angst ging einher mit Alpträumen und anderen Schlafstörungen. Gräßliche Erinnerungen aus der Vergangenheit tauchten immer wieder auf, über die man auch mit den engsten Freunden oder Verwandten nicht sprechen konnte. Diese Erinnerungen konnten durch die harmlosesten Vorkommnisse ausgelöst werden. Es brauchte zum Beispiel nur jemand seine Arme ausstrecken, und schon brach die

Erinnerung an einen Mitgefangenen wieder hervor, der an den Armen aufgehängt und gefoltert worden war; der Anblick einer von Bäumen gesäumten Straße weckte die Assoziation an eine Reihe von Galgen, an denen, wie es im Lager an der Tagesordnung war, Leichen hin und her schwangen; friedlich spielende Kinder konnten plötzlich die Erinnerung an andere Kinder wachrufen, die ausgehungert, gequält und ermordet worden waren.

Zwei Drittel der Überlebenden gaben an, im Lager unter psychischen Störungen gelitten zu haben – schwere chronische Angst, Spannung, innere Ruhelosigkeit, Verzweiflung und schwere Depression. Unter Angst hatten besonders jene zu leiden, die längere Zeit in der Todeszelle gesessen hatten, oder die illegalen Organisationen angehört hatten, deren Auffliegen die Hinrichtung anderer Mitglieder zur Folge hatte. Je schwerer die Anklage war, die zur Verhaftung geführt hatte, mit um so größerer Wahrscheinlichkeit trat Angst auf. Bombenangriffe waren besonders schrecklich für solche Gefangene, die in ihren Zellen eingeschlossen blieben, während rund um sie die Bomben fielen und die Häuser einstürzten.

Ängste, die im Gefängnis oder im Lager entstanden waren, bestanden fortgesetzt auch noch nach der Befreiung. Je schwerer die physische oder psychische Qual im Lager gewesen war, desto stärker waren die Folgestörungen. Angstsymptome stellten eine Störung dar, die diese Menschen noch 25 Jahre nach dem traumatischen Erlebnis begleiteten.

Zusammenfassung

Fassen wir kurz zusammen, was wir bisher behandelt haben, und sehen, wie es weitergeht. Wir haben festgestellt, daß Angst und Furcht jeden betreffen. Es sind normale Antworten auf Alltagssorgen. Leichte Angst kann uns dabei helfen, Aufgaben besonders aufmerksam auszuführen. Anspannung wird nur beschwerlich, wenn sie extrem ist. Im schlimmsten Fall kann Anspannung zu vielen Einschränkungen oder Behinderungen führen und dies ist der Zeitpunkt, zu dem eine Behandlung in Form von Selbsthilfe oder medizinischer Hilfe notwendig wird. Obwohl Menschen mit schweren Ängsten oder Sorgen Hilfe brauchen, bedeutet das nicht, daß sie verrückt sind, sondern nur, daß sie ein besonderes Problem haben.

Phobiker geben sich große Mühe, die gefürchteten Situationen zu vermeiden. Es besteht ein grobes Mißverhältnis zwischen der offensichtlich trivialen Natur des phobischen Reizes und der extremen Gefühlsreaktion, die er hervorruft. Diese Diskrepanz macht es Laien schwer, das Problem zu verstehen oder mit dem Betroffenen mitzufühlen. Das Ergebnis ist, daß viele Phobiker sich schämen, ihre Angst verbergen, und es sich auf diese Weise erschweren, das Überwinden ihrer Schwierigkeiten zu lernen.

Wie andere Lebewesen sind auch Menschen vorprogrammiert, bestimmte Ängste sogar ohne jegliche traumatische Erfahrung sehr schnell zu entwickeln. In einem bestimmten Alter entwickeln kleine Kinder gewöhnlich Angst vor plötzlichen Geräuschen, Bewegungen, Fremden und Tieren. Die meisten von uns mögen es nicht, angestarrt zu werden, nahe am Abgrund zu stehen, oder von einem Arzt oder Zahnarzt gepiesackt oder operiert zu werden. Niemand mag von seinen Liebsten getrennt sein, und der Tod ist ein Schmerz, den wir irgendwann einmal alle ertragen müssen. Viele Menschen müssen auch Katastrophen wie Brände, Wirbelstürme oder Überschwemmungen mitmachen. Glücklicherweise verfügt der Mensch über beträchtliche Fähigkeiten zur Bewältigung eines solchen Unglücks.

Bis jetzt haben wir uns mit Sorgen befaßt, die die meisten Menschen betreffen. Im nächsten Abschnitt werden wir uns schwereren Ängsten zuwenden, die nur eine Minderheit betreffen und die oft eine Behandlung brauchen. Es gibt nichts, wofür Phobiker sich schämen müßten. Angst vor Schmutz oder Dunkelheit bedeutet nicht, daß sie schmutzige Gedanken oder dunkle Geheimnisse haben, die man entdecken muß, bevor es ihnen besser gehen kann. Man muß nicht in der Vergangenheit herumstöbern, um jemandem bei der Bewältigung seiner Sorgen zu helfen. Normalerweise verlangt ein erfolgreiches Therapiekonzept von einem Patienten die Annäherung an die gefürchtete, bisher vermiedene Situation und die Konfrontation mit ihr, bis er sich daran gewöhnt hat. Langsam aber sicher wird die Angst dann nachlassen. Um diese Methode auszuführen, muß man manchmal erfindungsreich sein.

4 Depressive Störungen und Angsterkrankungen

Mancher Leser wird die hier beschriebenen Probleme in der einen oder anderen Form bereits kennengelernt haben. Bei keinem dieser Probleme ist es erforderlich, fachkundige Hilfe zu suchen, solange sie nicht ein solches Ausmaß annehmen, daß man nicht mehr allein mit ihnen fertig werden kann. Es mag schon eine große Hilfe sein, zu wissen, daß grundsätzlich eine Behandlung möglich ist, und daß Sie mit Ihrer Last nicht allein sind. Bei den angeführten Beispielen handelt es sich vielfach um Fälle, in denen meine Kollegen oder ich selbst eine erfolgreiche Behandlung durchführen konnten. Der Beschreibung eines jeden Problemtyps folgt die Skizzierung der entsprechenden Behandlungsmöglichkeit. Im Schlußkapitel erfolgt eine Zusammenfassung dieser verschiedenen Strebungen zu einer allgemeinen Erklärung der heute üblichen Behandlungsmethoden.

Wir haben bereits darauf hingewiesen, daß Angst und Furcht erst dann als abnorm erachtet werden, wenn sie eine Form annehmen, die das Maß der in der jeweiligen Kultur üblichen Reaktion auf Belastungssituationen deutlich überschreitet und die die normale Lebensführung ernsthaft beeinträchtigt. Wenn das Problem eine solche Form angenommen hat, ist im allgemeinen der Zeitpunkt gekommen, zu dem sich unter Angst Leidende zur Behandlung entschließen. Ihre Probleme sind dann schon so viel ausgeprägter und machen ihnen so häufig oder gar anhaltend zu schaffen, wie das weder bei ihnen selbst zuvor der Fall war noch bei ihren Bekannten die Regel ist. Ängste und Phobien treten im Zusammenhang mit vielen psychiatrischen Problemen auf. Wenn bestimmte Symptomkombinationen zusammentreffen, nennen wir sie *Syndrome*. Ein Syndrom ist einfach eine Anordnung von Störungen, die gleichzeitig und zusammen auftreten. Jedes Störungsmodell hat ganz bestimmte Implikationen in bezug auf die Ursache und die Art der Behandlung, so daß es sinnvoll erscheint, ihnen Namen zu geben.

Die verschiedenen Syndrome unterscheiden sich hinsichtlich ihres Auftretens bei Männern und Frauen, ihrer Häufigkeit und dem Alter zu Beginn der Erkrankung. In psychiatrischen Kliniken klagen mehr Frauen als Männer über schwere Depressionen. Angstzustände, soziale Phobien und Zwangsprobleme werden jedoch bei beiden Geschlechtern gleich häufig gefunden. Die Depression ist wahrscheinlich die am häufigsten vorkommende psychiatrische Störung, gefolgt von Angstzuständen. Schwere Phobien und Zwänge kommen seltener vor. Angstzustände wurden bei 3% der Bevölkerung von Amerika und Europa festgestellt. In Vermont (USA) kamen schwere Phobien nur bei 0,2 % der Einwohner vor. Fast 8 % der Befragten litten jedoch unter leichteren Phobien. Depressive Störungen beginnen eher im Alter und nehmen dann an Häufigkeit zu – ein ernüchternder Gedanke. Im Gegensatz dazu beginnen Angstzustände, Phobien und Zwänge häufiger bei jungen Erwachsenen.

Ursachen nervöser Spannung

Depressionen haben mehrere Ursachen, die in verschiedenen Kombinationen zusammenwirken. Es gibt eine klare genetische Beteiligung bei schweren Depressionen, besonders bei der manisch-depressiven Form. Der Verlust einer geliebten Person, der Verlust des Arbeitsplatzes oder von Idealen ist eine normale Ursache für Trübsinn. Dieser gibt sich schließlich bei den meisten Menschen wieder, führt bei einigen jedoch zu einer depressiven Erkrankung. Wer als junger Mensch seine Eltern verloren hat oder eine gefühlsarme Kindheit hatte, kann gegenüber solchen Verlusten besonders empfindlich reagieren. Andere Faktoren, die für Depressionen empfänglich machen, sind schwere Belastungen im Leben, Isolation, Armut oder Krankheit.

Dieses Buch konzentriert sich auf die Formen der Angst, die nicht mit schweren Depressionen assoziiert sind, zum Beispiel Angstzustände, Phobien und Zwänge, soziale und sexuelle Störungen. Bei diesen Zuständen ist die genetische Komponente weniger klar als bei der Depression. Die Zwillingsforschung hat ergeben, daß die Gene zwar eine Rolle spielen, aber nicht von entscheidender Bedeutung sind. Einige der unterschiedlichen Phobien treten häufiger erstmals in einer bestimmten Altersgruppe auf. Die Anzahl der Angstauslöser, die bei Phobien beteiligt sind, ist eher begrenzt. Wie wir gesehen haben, sind viele Phobien grobe Übertreibungen von normalen Ängsten, die bei uns allen auftreten.

Warum normale, leichte Ängste sich zu Phobien entwickeln, bleibt oft ein Geheimnis. Manchmal kann eine Depression als Auslöser von Phobien oder Zwängen in Frage kommen. Gelegentlich kann ein Trauma die Entwicklung einer Phobie in Gang setzen. Eine überbehütete Kindheit kann das Risiko einer Phobie erhöhen oder begünstigen, so daß normale Ängste mit der Zeit nicht auf natürliche Weise ausgelöscht werden. Eltern und andere Verwandte mit Phobien und Zwängen können ihre Störung beispielhaft an andere Familienmitglieder weitergeben. Das Übertragen einer Phobie von einer Person auf eine andere kommt seltener vor als man denkt. Bestimmte Kulturen geben Tabus und Ängste weiter. Wir wissen z. B. von sexuellen Ängsten verschiedener religiöser und ethnischer Gruppen, die weitergegeben werden.

Der jüngsten Forschung ist ein wichtiger Aspekt zu entnehmen: Man muß nicht nach versteckten Ursachen von Phobien und Zwängen suchen. Es müssen keine dunklen, unbewußten Geheimnisse entdeckt werden, damit die Behandlung Erfolg hat. Die Ängste können beseitigt werden, indem man mit der Annahme arbeitet, daß sich der Betroffene an die schwierige Situation gewöhnen kann, ohne seine Persönlichkeit zu ändern.

Schauen wir uns die verschiedenen Störungen oder Erkrankungen an, bei denen Angst im Erwachsenenalter eine wichtige Rolle spielt.

Depressive Störungen

Bei depressiven Zuständen tritt häufig auch Angst auf, deren Intensität in gleichem Maße stärker oder schwächer ist, wie auch andere charakteristische Merkmale der Depression mehr oder weniger ausgeprägt sind. Depressive Patienten tendieren zu pessimistischer Lebenseinstellung, sie weinen oft, neigen zu Schlaflosigkeit und Appetitlosigkeit, zu Schuldgefühlen, zu grundlosen Selbstanklagen, zu Selbstmordgedanken und können keine Freude mehr am Leben finden. Depressive bilden sich oft ein, Krebs, Herzerkrankungen oder andere Leiden zu haben. Es kommt vor, daß sie in heller Aufregung im Zimmer auf und ab laufen und vor Angst die Hände ringen.

Angsterkrankungen

Mit Angsterkrankungen bezeichnet man verschiedene Syndrome, die auch unter dem Begriff Angstneurose zusammengefaßt werden. Hinsichtlich ihrer Verbreitung stehen die Angsterkrankungen in der Psychiatrie an zweiter Stelle. Dazu gehören im wesentlichen die Agoraphobien mit oder ohne Panikattacken, spezifische Phobien, soziale Phobien und die Zwangsstörungen. Sie stellen eine Anhäufung von Symptomen dar, in deren Mittelpunkt die Angst steht. Die Ursache der Angst ist dem Patienten jedoch nicht einsichtig. Diese Angst kann chronisch sein und ständig erlebt werden, häufiger jedoch tritt sie anfallsweise auf, wobei die einzelnen Episoden Minuten, Stunden oder Tage dauern können. Die Hauptbeschwerden sind unregelmäßig auftretende Attacken panischer Angst, Erstickungsanfälle, Atembeklemmung, Herzklopfen, beschleunigter Puls, Schmerzen in der Brust, Nervosität, Schwindelgefühle, Mattigkeit, leichte Ermüdbarkeit, Reizbarkeit oder die Überzeugung, Herzfunktionsstörungen zu haben. Je nachdem, welche der genannten Beschwerden im Vordergrund stehen, wird der Betroffene irgendeinen Facharzt aufsuchen.

Charakteristisch ist die episodisch auftretende Angst, die den Patienten ohne erkennbare Ursache überfällt. Er fühlt sich ganz plötzlich krank und schwach, hat Angst, fühlt, wie sein Herz klopft, und es wird ihm merkwürdig leer und schwindlig im Kopf. Er spürt einen Kloß im Hals, seine Beine werden schwach, und ihm ist, als schwanke der Boden unter ihm. Er kann dabei das Gefühl haben, nicht mehr richtig atmen zu können, oder aber er atmet so heftig, daß es ihm in Händen und Füßen zu prickeln und zu stechen beginnt. Er fürchtet, daß er in Ohnmacht fällt, stirbt, laut herausschreit oder »die Kontrolle über sich verliert und verrückt wird«. Er kann in solche Panik geraten, daß er minutenlang wie gelähmt ist, bis die Spannung nachläßt.

Der einzelne Angstanfall kann Minuten bis Stunden dauern. Nach dem Abklingen des Anfalls kann sich der Betroffene entweder gleich wieder ebenso wohl fühlen wie vorher – bis zum nächsten Angstausbruch –, oder aber er fühlt sich für den Rest des Tages schwach und zittrig, wobei das periodische Auftreten der Angstanfälle diesen Zustand noch verschlimmert. Solche Attacken können alle paar Tage einmal auftreten, sie können aber auch in Minutenabständen aufeinander folgen und dem Patienten so zusetzen, daß er ans Bett gefesselt ist. Wenn diese Symptome einige Zeit bestanden haben, beginnen sie zu fluktuieren. Zeiten, in denen der Betroffene sich besser fühlt, wechseln dann ab mit solchen der Verschlechterung.

Die bestehende Nervosität schwankt, was ihre Intensität anbelangt, zwischen lähmender Panik und einem leichten Gefühl der Gespanntheit. Manchen Menschen kommt nicht einmal zu Bewußtsein, daß sie Angst haben, sie klagen lediglich über gewisse körperliche Veränderungen, die aber eine Folge der Angst sind. So geben sie zum Beispiel an, daß sie schwitzen, daß sie Herzflattern haben oder daß sie nicht tief durchatmen können. So können Angstzustände lange Zeit vorhanden sein, ohne daß es dabei zu ausgeprägten einzelnen Panikanfällen kommt. Die Angst kann vermischt sein mit einer leicht depressiven Stimmung, dem Wunsch zu weinen, und es können dabei gelegentlich sogar Selbstmordgedanken aufkommen, aber im Gegensatz zu den depressiven Störungen gehört ernsthafter Suiziddrang nicht zu den charakteristischen Merkmalen dieser Beschwerden.

Schwierigkeiten mit der Atmung sind ein ziemlich regelmäßig vorkommendes Symptom in diesem Zusammenhang. Sie kommen zum Ausdruck in Klagen wie: »Ich bekomme nicht genügend Luft!«, »Ich muß dauernd nach Luft schnappen«, und man kann unter Umständen beobachten, daß der Betreffende tatsächlich öfter krampfhaft Luft holt. Es kann natürlich auch vorkommen, daß bei ihm gerade das Gegenteil, nämlich überstarkes Atmen, auffällt. Er leidet möglicherweise unter der Empfindung, würgen und schlucken zu müssen, die sich verstärkt, wenn er sich in überfüllten Räumen aufhält, so daß er das Fenster öffnen muß.

Weiter können unangenehme Beschwerden im Brustraum auftreten. Hierher gehören Schmerzen in der Herzgegend, das Fühlen des eigenen Herzschlags, Druckgefühl im Oberbauch und das Gefühl von Aufblähungen in der Herzgegend. Bei intensiver Angst kann ein stärkerer Drang zum Harnlassen oder Stuhlgang vorhanden sein, der den Betroffenen veranlaßt, sich ständig in Toilettennähe aufzuhalten. Die überstarke Spannung kann auch Übelkeit und Erbrechen hervorrufen. Daraus kann sich sekundär die Furcht vor dem Erbrechen in der Öffentlichkeit entwickeln, was schließlich zur Vermeidung der entsprechenden Situationen führen kann. Angst kann auch Appetitlosigkeit, Nahrungsverweigerung und dementsprechende Gewichtsabnahme zur Folge haben. Gelegentlich besteht dabei eine gewisse Neigung zu leichten Durchfällen. Menschen, die unter diesen Beschwerden leiden, fühlen sich matt und schwindelig, was sich besonders beim Gehen und Stehen bemerkbar macht. Der Betroffene kann sich dadurch so verunsichert fühlen, daß er sich am nächsten Stuhl festhält oder sich beim Gehen ganz dicht an der Hauswand hält. Ein Mann sagt dazu: »Mir ist, als ob ich auf schwankendem Grund ginge, der sich ständig hebt und senkt, oder als ob ich auf einem stampfenden und rollenden Schiff wäre.« Eine Frau hatte das Gefühl: »Meine Beine sind aus Gallerte und ich gehe auf Watte.« Wenn dann noch akute Würgegefühle, Herzklopfen und Unbehagen in der Brustgegend dazu kommen, entsteht leicht die Angst vor Ohnmacht, vor dem Umfallen und vor tödlichen Herzattacken. Ganz bestimmte Situationen können ein verstärktes Auftreten dieser Empfindungen zur Folge haben und werden daher gemieden. Solche Menschen sehen sich häufig gezwungen, überfüllte Räume oder Kaufhäuser zu meiden; sie gehen nicht ins Kino, ins Theater, zum Frisör oder in die Kirche. Wenn sie dies doch einmal tun, achten sie darauf, daß sie ans Ende des Gangs zu sitzen kommen, damit sie die Sicherheit haben, jederzeit schnell und ohne Aufsehen zu erregen, den Raum verlassen zu können. Überfüllte Straßen, Busse und Züge können ihnen zur reinen Hölle werden, weil hier die Angstanfälle gehäuft auftreten. Die Folge davon ist, daß der Betroffene seinen Aktionsradius immer mehr einengt, bis er schließlich praktisch ans Haus gefesselt ist. Eigenartigerweise können solche Leute oft noch Auto fahren, wenn sie auch schon alle anderen Transportmittel meiden und sich nicht mehr imstande sehen, allein auf der Straße zu gehen. Von der Anwesenheit eines verläßlichen erwachsenen Menschen geht oft eine so beruhigende Wirkung aus, daß die Ängste soweit gemildert werden, daß der Betroffene in entsprechender Begleitung etwas unternehmen kann, wozu er allein nicht imstande wäre. Es kommt auch vor, daß unter Angst Leidende selbst zu Hause ständig einen Menschen um sich haben müssen, und daß Ehemänner oder Ehefrauen ihre Arbeit aufgeben müssen, um bei ihrem Partner zu bleiben.

Viele Menschen, die derartige Probleme haben, glauben an einer Herzerkrankung oder an Krebs zu leiden. Sie neigen dann dazu, immer wieder ihren Arzt aufzusuchen, um sich beruhigende Auskünfte über ihren Gesundheitszustand einzuholen. Aber auch die beruhigenden Versicherungen des Arztes haben meistens keine länger anhaltende Wirkung, und auch die Durchführung noch so vieler Untersuchungen können den Leidenden nicht davon überzeugen, daß da kein tödliches Unheil auf ihn lauert. Es ist kennzeichnend für Menschen mit schweren Angstzuständen, daß sie sehr reizbar sind, leicht aus der Fassung geraten und Ehepartner und Kinder anschnauzen. Sie sind leicht ermüdbar, und es fällt ihnen schwer, ihre tägliche Arbeit zu bewältigen.

Man kann in diesem Zusammenhang auch Klagen hören über gewisse Gefühle der Fremdheit und Unwirklichkeit und darüber, daß man sich von der nächsten Umgebung irgendwie abgesondert fühlt. Diese Empfindungen können ebenso auf dem Höhepunkt eines Panikanfalles auftreten als auch zu Zeiten, in denen sich keinerlei Angstgefühl bemerkbar macht.

Im folgenden Beispiel werden eine Reihe von charakteristischen Merkmalen deutlich, wie sie für Angstanfälle ganz typisch sind. Es handelt sich um einen Mann, der bis kurz vor diesem Zeitpunkt noch ein ganz normales Leben geführt hatte.

Der 35jährige Mathematiker klagte über episodische Palpitationen (verstärkte Empfindungen des Herzschlags) und Mattigkeit, die schon seit 15 Jahren bestanden. Es hatte in dieser Zeit zwar beschwerdefreie Perioden gegeben, die maximal fünf Jahre angedauert hatten, aber im letzten Jahr hatten sich die Symptome verstärkt, und vor ein paar Tagen hatte er aufhören müssen zu arbeiten, weil seine Erschöpfung zu groß geworden war. Zu ganz beliebigen Zeiten und ohne Vorwarnung pflegte ihn das Gefühl zu überfallen, daß er gleich ohnmächtig würde und zu Boden fiele, oder er begann zu zittern, fühlte sein Herz wie wild schlagen und mußte sich, wenn er gerade stand, niederkauern oder an der nächsten Wand oder einem Stuhl festklammern. Wenn er in diesem Augenblick gerade Auto fuhr, hielt er am Straßenrand an und setzte die Fahrt erst fort, wenn diese Gefühle wieder vergangen waren. Traten sie auf, während er gerade mit seiner Frau verkehrte, so brach er den Beischlaf sofort ab. Überkamen sie ihn während einer Vorlesung, so fühlte er sich stark abgelenkt, konnte sich nicht mehr konzentrieren und hatte Schwierigkeiten, die Vorlesung fortzusetzen. Jetzt begann bei ihm auch die Angst, allein durch die Straßen zu gehen oder im Auto zu fahren, da er befürchtete, dadurch würden neue Anfälle ausgelöst. Außerdem haßte er es, öffentliche Verkehrsmittel zu benutzen. In Begleitung fühlte er sich zwar etwas sicherer, aber auch nicht frei von seinen Beschwerden. In den Zeitspannen zwischen den einzelnen Anfällen fühlte sich dieser Patient niemals vollkommen wohl, sondern war immer etwas zittrig. Die Anfälle konnten zu jeder Tages- oder Nachtzeit auftreten. Er spürte, daß seine Tatkraft geschwächt war, fühlte sich aber nicht deprimiert und bestritt, daß bei seinen Anfällen Angst oder gar Panik aufträte.

Kulturelle Aspekte der Angst

Angstzustände scheinen in einigen Kulturkreisen häufiger zu sein als in anderen. In Malaysia und Thailand suchen mehr Chinesen als Angehörige anderer Volksgruppen wegen derartiger Beschwerden den Psychiater auf. Dies mag teilweise daran liegen, daß die Chinesen in dieser Gesellschaft nur wenig Ansehen genießen.

Die jeweilige Kultur ist auch bestimmend für die Erscheinungsweisen der Angst. Unter Südchinesen herrscht der Glaube vor, daß den Genitalien eine unabdingbar lebenswichtige Bedeutung zukomme, und der Samen hat einen hohen Wert. Ein volkstümlicher Ausspruch lautet: »Hundert Körner Reis wiegen einen Tropfen Blut auf und hundert Blutstropfen einen Tropfen Samen.« Übermäßige sexuelle Betätigung wird als ungesund angesehen. Unter Angstzuständen leidende Chinesen klagen über Samenverlust, während malayische Patienten keine derartigen Sorgen haben. Wir sollten in diesem Zusammenhang nicht vergessen, daß die Masturbation bis vor kurzem in vielen westlichen Ländern noch als Ursache der Geisteskrankheit galt, und daß zahllose Jugendliche von schweren Sorgen gequält wurden, wenn sie an die möglichen Konsequenzen ihres Masturbierens dachten.

In vorindustriellen Gesellschaften spielt die Angst, unter einem Zauberspruch zu stehen, eine große Rolle. Sie äußert sich in ganz extremer Form im Voodo-Tod: In der Annahme, durch den von einem anerkannt mächtigen Medizinmann über ihn verhängten Todesspruch verzaubert zu sein, stellt das Opfer die Nahrungsaufnahme ein, überläßt sich der Abzehrung, legt sich zum Sterben nieder, und der Tod tritt tatsächlich innerhalb weniger Tage ein. Es ist immer noch nicht bekannt, wie dieser mysteriöse Vorgang zustande kommt.

Angst ist offensichtlich nicht ein Privileg der Menschen im Westen. Eine jüngere Untersuchung, die an unter primitiven Bedingungen lebenden australischen Eingeborenen durchgeführt wurde, ergab, daß sie unter zahlreichen körperlichen Beschwerden litten, die sich mit denen decken, die üblicherweise in Verbindung mit der Angst auftreten. So kamen vor: leichte Ermüdbarkeit, Schlaflosigkeit, Rückenschmerzen und Atemstörungen. Ich selbst bin überall in der Welt, in so verschiedenen Ländern wie Indien, Israel, Europa, Nord- und Südamerika immer wieder auf die gleiche Art von Störungen gestoßen, ob es sich nun um Agoraphobie, sexuelle Ängste oder Zwangsneurosen handelte. Den Hauptunterschied scheint die Sprache darzustellen, in der die Ängste jeweils beschrieben werden.

Im Zeitalter der Atomkraftwerke ist es naheliegend, daß es Phobien im Zusammenhang mit atomaren

Katastrophen gibt. Kleinere Unfälle, über die wir immer wieder aus der Presse erfahren, aber auch große Unfälle wie z. B. Tschernobyl zeigen, daß es mit einer gewissen Wahrscheinlichkeit zu Zwischenfällen kommen kann. Es ist notwendig, die Gefahr realistisch einzuschätzen, um die Politiker zu veranlassen, Vorsorgemaßnahmen zu treffen. Trotz dieser permanenten Bedrohung können die meisten Menschen unbeeinträchtigt davon ein ganz normales Leben führen. Phobiker dagegen fürchten sich fortwährend vor einer atomaren Katastrophe. Wie bei anderen Phobien besteht auch hier eine übermäßige unangemessene Angst, die die Lebensqualität herabsetzt und im Alltagsleben zu Behinderungen führen kann. Dieses Beispiel verdeutlicht, wie aktuelle Themen der Zeit zum Gegenstand einer Phobie werden können. Noch vor 100 Jahren war eine Atomphobie nicht denkbar.

Epidemien akuter Angstzustände

Von Zeit zu Zeit treten kurzwährende Angstepidemien in Gemeinden auf. Diese Epidemien gehen schnell und ohne bleibende Nachwirkungen zu hinterlassen, vorüber. Im allgemeinen läßt sich nachweisen, daß irgendein bestimmtes Geschehnis als Auslöser der Epidemie vorausging. Die Ausprägungsform der Angst hängt dann zum Teil von der jeweiligen Kultur ab.

Eine Angstepidemie, die in Singapur ausbrach, stand unter dem Zeichen des Koro (der Vorstellung des schrumpfenden Penis). Im Juli 1967 brach zunächst das Schweinefieber aus, und unter starker Anteilnahme der Öffentlichkeit wurden die Schweine geimpft, um die Ausbreitung der Seuche einzudämmen. Im Oktober wurden unter den Einwohnern die ersten Klagen über Koro laut. Zugleich breitete sich das Gerücht aus, Koro könne durch den Genuß von Fleisch infizierter oder geimpfter Schweine ausgelöst werden. In den nächsten Tagen hatten die städtischen Krankenanstalten täglich mit bis zu hundert Korofällen zu tun, und darüber hinaus waren es noch erheblich mehr Menschen, die die einzelnen Ärzte der Stadt aufsuchten. Sie alle waren in größter Sorge darüber, daß ihre Genitalien in ihrem Körper verschwinden könnten, und gingen teilweise soweit, hölzerne Zangen an ihrem Penis zu befestigen, um dadurch die so sehr gefürchtete Störung zu verhindern. Am siebenten Tag, auf dem Höhepunkt der Epidemie, wandte sich ein Expertenausschuß über Fernsehen und Rundfunk an die Öffentlichkeit und klärte sie darüber auf, daß Koro eine rein psychische Erscheinung sei, und daß ein Zurückweichen des Penis in den Bauch unmöglich sei. Schon am folgenden Tag gab es nur noch wenige Klagen über Koro, und bald darauf klang die Epidemie vollends ab. Die Erscheinung hatte zumeist Chinesen betroffen und unter ihnen wiederum in der Mehrzahl Männer. Nahezu alle waren bald völlig wiederhergestellt, ohne daß sich irgendwelche ernstere Folgeerscheinungen bemerkbar machten.

In Europa und Amerika treten zuweilen Angstepidemien auf, bei denen Hyperventilation (übermäßig starkes Atmen) und Schwächezustände im Vordergrund stehen, und die besonders junge weibliche Personen wie Schulmädchen und Krankenschwestern ergreifen, die in irgendwelchen Institutionen in engem Kontakt miteinander leben. Im Verlauf einer derartigen Epidemie zeigten zwei Drittel der 500 Schülerinnen einer britischen Mädchenschule Angstsymptome; ein Drittel mußte sogar ins Krankenhaus eingeliefert werden. Bei vielen wiederholten sich die Angstepisoden.

Unmittelbar vor Ausbruch der Angstepidemie nahmen die Schulmädchen an einer Feier teil, zu der ein Mitglied der königlichen Familie erwartet wurde. Der Beginn der Zeremonie verzögerte sich um drei Stunden, da die Ehrengäste nicht rechtzeitig eintrafen, und die Mädchen mußten die ganze Zeit lang in Paradeaufstellung vor dem Haus warten. Dabei erlitten zwanzig von ihnen Schwächezustände, die sie zwangen, sich hinzulegen. Am nächsten Morgen waren diese Ohnmachtsanwandlungen Tagesgespräch. Beim Antreten in der Schule gab es den ersten Ohnmachtsanfall; bald darauf klagten drei weitere Mädchen, daß ihnen flau werde. Als ein viertes Mädchen aufgefordert wurde, für sie ein Glas Wasser zu holen, sagte sie, ihr werde auch schlecht. Während der nächsten beiden Unterrichtsstunden wurden immer mehr Mädchen von diesem Unwohlsein ergriffen, so daß man sie veranlaßte, auf Stühlen im Hauptgang zu sitzen. Dann kam einer der Lehrerinnen der Gedanke, daß sie lieber liegen sollten, für den Fall, daß die Ohnmachtsanwandlung sich wiederholte und die Mädchen in Gefahr brächte, vom Stuhl zu fallen. So kam es, daß sie dann bis zur Hauptpause für jeden sichtbar auf dem Boden des Gangs lagen. Daraufhin begann die Epidemie. Als Hauptbeschwerden wurden genannt: starke Erregung und Furcht, die zur Hyperventilation führte, deren Folgen wiederum Schwäche- und Schwindelgefühle, feines Stechen in Händen und Füßen sowie endlich Krampfanfälle in Armen und Beinen. Viele Mädchen machten einen besorgniserregend kranken Eindruck. Täglich, während sich die Mädchen zum Schulbeginn aufstellten, traten neue Fälle auf. Am zwölften Tag hatte man endlich die Ursache der Epidemie erkannt und war damit auch in der Lage, ihr mit der nötigen Festigkeit so zu begegnen, daß ihr Einhalt geboten wurde. Die Epidemie hatte bei den Vierzehnjährigen begonnen und sich dann auch unter den Jüngeren ausgebreitet. Am ersten Tag wurde ein Viertel aller Mädchen davon ergriffen. Während der Schulpausen traten die Anfälle doppelt so häufig auf wie zu anderen Zeiten. Im Verlauf weniger Tage klangen die Symptome allmählich wieder ab.

▮ Zusammenfassung

Wenn Angst und Furcht die normale Reaktion auf Streß übersteigen und zum Handicap werden, wird im allgemeinen Hilfe gesucht. Angst erscheint als ein Teil vieler verschiedener psychiatrischer Störungen, die wir als Syndrome oder Erkrankungen bezeichnen. Depressionen sind wahrscheinlich das häufigste Problem, gefolgt von Angstzuständen. Schwere Phobien und Zwänge sind seltener.

Nervöse Anspannung hat viele Ursachen, die gewöhnlich in unterschiedlichem Ausmaß zusammenwirken. Diese sind Vererbung, der Verlust geliebter Menschen, der Verlust der Stellung oder von Idealen und schwere Belastungen im Leben. Die Form der Störung hängt teilweise vom Alter ab. Traumatische Erlebnisse, übermäßige Behütung durch die Eltern und kulturelle Tabus beeinflussen die Entwicklung der Angst.

Depressionen können von leichten Verstimmungen bis zu schweren Krankheiten und Selbstmord reichen. Sie können bei einer speziellen Variante der Depression auch mit einem Hochgefühl abwechseln. Depressive Erkrankungen bessern sich normalerweise mit der Zeit. Sie sind einer Behandlung in hohem Maße zugänglich. Angstzustände können in ähnlicher Weise fluktuieren und von leichter Anspannung bis zu lähmenden Anfällen variieren. Die Betroffenen neigen dazu, diese auf körperliche Probleme zurückzuführen. Vielleicht werden Sie durch die typischen Berichte von Betroffenen an Ihre eigenen Schwierigkeiten erinnert. Ängste sind nicht nur auf moderne Gesellschaften beschränkt, sondern sind auch bei Völkern der Dritten Welt häufig. Gelegentlich fegen kurze Epidemien akuter Angst durch Gemeinden. Zum Beispiel bei südasiatischen Chinesen die Angst, daß der Penis schrumpfen könnte (Koro) oder Episoden von Hyperventilation und Ohnmacht bei jungen Frauen in westlichen Kulturen. Diese kulturellen Wellen der Panik können durch ruhiges und besonnenes Handeln überwunden werden.

Die bisher behandelten Ängste haben keine schnell identifizierbaren Auslöser. In den nächsten Kapiteln wenden wir uns den Phobien und ähnlichen Problemen zu, die durch spezifische Ereignisse ausgelöst werden.

5 Agoraphobien

Phobien sind Ängste, deren Auftreten durch ganz bestimmte Situationen ausgelöst wird. Diese situative Angst unterscheidet sich beträchtlich von der Angst, die ohne ersichtlichen Auslöser auftreten kann und deshalb als frei flottierende Angst bezeichnet wird. Phobien können in fast jeder Situation auftreten, doch gibt es besondere Situationen, die allgemein mehr gefürchtet werden als andere. Phobien können als geringfügige Beschwerden wie auch als schwer behindernde Störungen auftreten. Wie wir bereits gesehen haben, kommen sie sowohl bei depressiven Erkrankungen als auch im Rahmen eines Angstzustandes vor. Stellen sie unter den Beschwerden eines Patienten das Hauptproblem dar, sprechen wir von einer Phobie oder einer phobischen Störung. Phobische Störungen können viele verschiedene Formen annehmen, angefangen von einer isolierten Angst bei einer sonst gesunden Person bis hin zu ausgedehnten diffusen Angstzuständen, die mit vielen anderen psychiatrischen Problemen zusammen auftreten können.

Was ist eine Agoraphobie?

Die Agoraphobie stellt wahrscheinlich das am meisten verbreitete und belastende phobische Syndrom dar, unter dem Erwachsene leiden. Der Name stammt aus dem Griechischen: »agora« bedeutet »Versammlung« oder »Marktpatz«. Der Begriff »Agoraphobie« wurde vor etwa hundert Jahren zum ersten Mal von einem deutschen Psychiater namens Westphal zur Umschreibung der »Unmöglichkeit, durch bestimmte Straßen oder über bestimmte Plätze zu gehen oder die Gewißheit, dies nur unter Angst tun zu können«, gebraucht. Im heutigen Sprachgebrauch ist Agoraphobie die Angst vor dem Betreten öffentlicher Straßen, Plätze, Läden oder Fahrzeuge sowie einer beliebigen Kombination dieser Situationen. In ihrer mildesten Form ist sie nichts weiter als eine leichte Reisephobie oder Furcht vor geschlossenen Räumen. In ausgeprägt schweren Fällen dagegen besteht sie *neben* anderen Phobien, die auch noch von frei flottierender Angst, Depression und einer Vielzahl weiterer Schwierigkeiten begleitet sein können.

Die Hauptkennzeichen der Agoraphobie sind folgende: Angst, ins Freie zu gehen, Angst vor Menschenmengen, Straßen, Läden, geschlossenen Räumen wie Aufzüge, Theater, Kinos, Kirchen sowie vor U-Bahnen, Zügen, Bussen, Schiffen oder Flugzeugen (aber gewöhnlich nicht Personenwagen); Furcht über lange Brücken oder durch Tunnels zu gehen, sich die Haare schneiden oder frisieren zu lassen und schließlich die Furcht davor, allein zu Hause zu bleiben oder aus dem Haus zu gehen. Diese Angstzustände treten in vielerlei Kombinationen und über einen nicht festlegbaren Zeitraum hinweg auf. Im allgemeinen sind sie keine isolierte Störung, sondern es bestehen neben ihnen andere Schwierigkeiten, wie Panikattacken, Depression, Zwänge und Gefühle der Irrealität.

Agoraphobie tritt im allgemeinen im Erwachsenenalter auf, und zwar zwischen 18 und 35 Jahren; in der Kindheit kommt sie – aus unbekannten Gründen – selten vor. Etwa zwei Drittel der Agoraphobiker sind Frauen. Angstzustände dagegen kommen bei beiden Geschlechtern ungefähr gleich häufig vor.

Bei vielen Agoraphobikern beginnt das Leiden, nachdem ihr Leben von einem umwälzenden Ereignis erschüttert wird. Oft sehen Agoraphobiker in einem ganz trivialen Vorfall den Auslöser ihrer Störung, und das, obwohl sich Ähnliches durchaus schon früher abgespielt hatte, ohne daß es die Betroffenen damals übermäßig bekümmert hätte. Natürlich können nach irgendeiner Lebenskatastrophe auch andere Störungen auftreten, die mit Agoraphobie nichts zu tun haben. Depression, Schizophrenie und sogar ein Herzinfarkt können durch drastische Veränderungen im Leben eines Menschen ausgelöst werden. Zahlreiche Agoraphobien entwickeln sich aber auch, ohne daß irgendeine offensichtliche Veränderung in den Lebensumständen der Betroffenen nachgewiesen werden kann.

Recht lehrreich sind in diesem Zusammenhang Autobiographien von Menschen, die derartige Probleme beschreiben. Eine solche Niederschrift stammt aus dem Jahre 1890, und zwar von einem amerikanischen Patienten, dessen Agoraphobie mit seiner Heirat im Alter von 22 Jahren begonnen hatte.

»Starke nervöse Reizbarkeit, Schlaflosigkeit und Appetitlosigkeit waren die ersten Symptome, die sich bemerkbar machten. Jede kleinste Aufregung brachte mich so vollkommen aus der Fassung, daß ich fast in Raserei geriet. Am auffälligsten waren dabei: schneller Herzschlag, stoßartiges verkrampftes Atmen, weit aufgerissene Augen und Nasenlöcher, krampfartige Muskelbewegungen und erschwertes Sprechen. Ich hatte das Gefühl, daß sich eine drohende Gefahr über mir zusammenbraute, und dies nahm mir alle Freude am Leben und den Willen etwas zu leisten. Die Furcht vor einem plötzlichen Tod, die zuerst sehr ausgeprägt war, schwand zwar langsam, an ihre Stelle trat jedoch die Angst, zwar nicht plötzlich, aber unter seltsamen Umständen oder nicht zu Hause zu sterben. Ich entwickelte eine krankhafte Überempfindlichkeit gegen eine größere Ansammlung von Menschen. Befand ich mich doch einmal in einer Menschenmenge, überfiel mich panische Angst, von der ich mich nur befreien konnte, indem ich so schnell wie möglich das Weite suchte. Dieser Impuls hat mich veranlaßt, Kirchen und Theater zu verlassen und selbst von Beerdigungen wegzulaufen, einfach, weil ich auch unter Aufbietung all meiner Willenskraft nicht bleiben konnte. Seit zehn Jahren meide ich nun schon die Kirche, das Theater, politische Versammlungen und jede Art populärer Veranstaltungen, es sei denn, es ist mir möglich, mich ganz im Hintergrund zu halten, daß heißt einen schnell begehbaren Fluchtweg offen zu haben. Selbst bei der Beerdigung meiner Mutter, einem Anlaß also, bei dem man hätte annehmen sollen, daß alles andere meinen Gefühlen natürlicher Zuneigung untergeordnet sei, konnte ich mich beim besten Willen nicht dazu bringen, mit den anderen Familienmitgliedern vorn in der Kirche zu sitzen. Ich habe wegen meiner unglückseligen Eigenart nicht nur auf eine Menge Vergnügungen und Annehmlichkeiten verzichten müssen, sondern sie hat mich auch schon Unsummen an Geld gekostet: Mehr als einmal bin ich auf halbem Weg zum Zielort aus einem überfüllten Zug ausgestiegen, einfach weil ich das Durcheinander und Herumgestoßenwerden, das in diesen Situationen ja unvermeidlich ist, nicht länger ertragen konnte. Ich weiß nicht mehr, wie oft ich mir schon in einem Restaurant oder einem Speisesaal ein Essen bestellt und dann unberührt stehen gelassen habe, weil mein Drang, die Menge zu verlassen, zu stark wurde.

»...(eine Furcht vor freien Plätzen) war zeitweilig besonders ausgeprägt. Oft genug bin ich durch Seitengäßchen geschlichen, anstatt mich auf den breiten Hauptstraßen zu halten, oder habe ich riesige Umwege gemacht – mehr als einen Kilometer weit – um die Überquerung einer großen Rasenfläche oder eines freien Platzes zu vermeiden. Ich habe das selbst dann getan, wenn ich so in Eile war, daß es mir auf jede Minute ankam. Ausschlaggebend für dieses Verhalten ist bei mir immer das zwingende Bedürfnis, ständig etwas in Reichweite zu haben, woran ich mich festhalten kann, falls mir schwindlig wird. Dieses Gefühl ist manchmal so stark, daß ich es selbst, wenn ich in einem Dampfer oder einem anderen großen Schiff fahre, nicht ertragen kann, über die weite Wasserfläche zu schauen. Die reine Verzweiflung treibt mich nämlich sonst fast dazu, über Bord zu springen.... Diese Krankheit... hat jeden Ehrgeiz in mir abgewürgt, hat meinen persönlichen Stolz getötet, hat mir jegliches Vergnügen verdorben...«

»...mit dem Willen scheint man dagegen nichts ausrichten zu können. Unter dem Einfluß eines besonderen Antriebs oder vorübergehenden Anreizes konnte ich gelegentlich solchen Situationen die Stirn bieten, die mich normalerweise hätten vor Angst erzittern lassen; in der Regel jedoch bin ich gezwungen zu passen, oder ich müßte die Konsequenzen tragen. Worin diese Konsequenzen bestehen könnten, weiß ich nicht.«

Eine weitere Selbstbeschreibung veranschaulicht die allmählich fortschreitende Einengung des Lebens, die dadurch zustande kommt, daß die Agoraphobie auf verschiedene Lebensbereiche übergreift. Abgesehen von der Phobie selbst bestand in diesem Fall eine Angst, die sich nicht nur immer wieder in akuten Attacken äußerte, sondern kontinuierlich vorhanden war.

»Ich habe jetzt schon den mittleren Lebensabschnitt erreicht und seit meinem zwölften Lebensjahr noch keinen einzigen guten Tag erlebt. Bevor irgendwelche agoraphobischen Symptome auftraten, daran kann ich mich noch gut erinnern ... bekam ich plötzlich eine Art ›Anfall‹, der ungefähr eine halbe Stunde andauerte. Für diese Attacken war ich besonders anfällig, wenn ich sehr aufgeregt war. Einen der schlimmsten Anfälle, die ich je hatte, bekam ich zum Beispiel während ich auf der Beerdigung eines Verwandten war...

Am Anfang ängstigte mich meine seltsame Krankheit sehr, weil ich fürchtete, während einer dieser Attacken zu sterben ... (Nachdem ein Junge im Dorf ermordet worden war,) fürchtete ich mich vor dem Alleinsein, hatte selbst am Tage Angst, in die Scheune zu gehen und litt Qualen, wenn ich abends zu Bett gehen und im Dunkeln liegen mußte ... In den folgenden Monaten ... erlebte ich an mir die ersten Symptome der Agoraphobie. Nicht weit von dem Haus auf dem Lande, wo wir wohnten, gab es einen großen Hügel, wo die Burschen im Winter rodelten. Eines Abends nun, als ich zusammen mit ein paar Nachbarjungen dort beim Rodeln war, mußte ich feststellen, daß mich jedesmal, wenn wir wieder auf dem Gipfel des Hügels anlangten, ein sehr unangenehmes Gefühl überkam. Es war noch kein sehr ausgeprägtes Symptom dieser ... Krankheit, doch aus meinen späteren Erfahrungen weiß ich jetzt, daß es schon von der Art war, wie sie dafür unverwechselbar und typisch ist. Im Laufe der nächsten Monate entwickelte sich bei mir eine Furcht vor höheren Erhebungen, besonders wenn sie von Weideland überzogen waren und die Wiesen so kurz abgeweidet waren, daß sie einem gutgepflegten Rasen glichen. Gleichzeitig begann ich alles zu fürchten, was eine gewisse Höhe hatte, und hatte besondere Angst davor, selbst irgendwo hinaufzusteigen. Ich fürchtete mich sogar vor Menschenmengen und dann später auch vor breiten Straßen und großen Parks. Die Furcht vor Menschenmengen habe ich inzwischen weitgehend überwunden, aber mir schaudert immer noch beim Anblick eines sehr hohen Gebäudes oder eines schroffen Felsens ... Häßliche Architektur verstärkt diese Furcht noch beträchtlich.«

Die meisten Agoraphobien fluktuieren beträchtlich, und zwar ganz ohne erkennbaren Grund. Ein Patient schreibt.:

»Zu manchen Zeiten sind meine Phobien sehr viel ausgeprägter als zu anderen. Manchmal, nach einem besonders anstrengenden Tag, fürchte ich mich am nächsten Morgen schon fast davor, nur durch ein Zimmer zu gehen; ein anderes Mal dagegen kann ich die Straße überqueren, ohne daß ich auch nur ein besonderes Unbehagen spüre...«

»Gewöhnlich geht es mir abends besser als am Morgen, was wohl zum Teil daran liegt, daß die Dunkelheit einen beruhigenden Einfluß auf mich auszuüben scheint. Ich liebe Schneestürme, besonders einen richtigen Blizzard, und an solchen Tagen fällt es mir viel leichter, durch die Stadt zu gehen oder mit dem Zug zu fahren, vermutlich wegen der Sichtbehinderung. Stürmische Tage habe ich wirklich gern ... und ich lege es darauf an, an diesen Tagen draußen zu sein und in der Stadt umherzulaufen...«

»Ich fürchte mich vor Bootsfahrten, besonders wenn die Wasseroberfläche glatt ist; da sind mir hohe rollende Wellen viel lieber. Der erholsamste Platz der Welt ist für mich ein Wald mit sehr verschiedenem Baumwuchs und einer Menge Unterholz, dazu hier und da kleine Hügel und Täler und dazwischen ein schlängelnder Bach ... Ich liebe ruhige friedvolle Landschaften ... Dagegen erfüllen mich Landschaften, die schroff, zerklüftet oder öde sind, mit Angst...«

»Ich kann ohne größeres Unbehagen mit dem Fahrrad durch Straßen fahren, in denen ich fürchterliche Qualen leiden würde, müßte ich dort zu Fuß gehen. Ich kann leichter eine Straße entlanggehen, wenn ich einen kleinen Koffer oder eine Reisetasche bei mir habe, die ich festhalten kann...«

Viele Agoraphobiker leiden lange Zeit im Verborgenen, da sie ihren Zustand lange verheimlichen können, sofern sie noch in der Lage sind, dabei ihrer Arbeit nachzugehen. Die biographischen Aufzeichnungen eines anderen Agoraphobikers wurden veröffentlicht, als dieser schon 48 Jahre unter seiner Störung gelitten hatte. Daß es sie überhaupt gab, wußten nur seine engsten Verwandten und Freunde. Der Betroffene war Englisch-Professor an einer Universität, lebte ganz in der Nähe des Universitätsgeländes und war all die Jahre über in der Lage, seinen Beruf auszuüben. Auch die Autobiographie läßt erkennen, daß der Leidende wegen seiner Angstzustände nie ärztliche Hilfe gesucht hat, und daß er ein aktives Leben in der Öffentlichkeit unter Verschleierung seiner Störung führte.

Viele Menschen zeigen vorübergehend Symptome der Agoraphobie, die aber nach einigen Wochen oder Monaten ohne besondere Behandlung wieder abklingen. Die Agoraphobie setzt entweder ganz plötzlich und innerhalb weniger Stunden ein, oder sie entwickelt sich allmählich im Laufe einiger Wochen oder sogar ganz langsam im Verlauf mehrerer Jahre aus einem Anfangsstadium unbestimmter intermittierender Angst heraus. Manchmal beginnt es mit anhaltender akuter panischer Angst, der dann Phobien folgen, die die Betroffenen schon innerhalb weniger Wochen in einen Zustand versetzen, der sie praktisch ans Haus fesselt. Bei anderen tritt zuerst eine unbestimmte fluktuierende Angst auf, die ganz allmählich, im Verlauf vieler Jahre die Form der Agoraphobie annimmt. Viele Patienten haben jahrzehntelang Angst davor, allein auszugehen, verstehen es aber, ihre Angstzustände geschickt zu verbergen, bis sie eines Tages infolge irgendeiner Veränderung der Situation schnell so zunehmen, daß die Betroffenen sich in Behandlung begeben müssen, weil das Problem ihrer Familie über den Kopf wächst. Zwischen diesen Extremen sind alle denkbaren Variationen möglich.

Agoraphobie mit Panikattacken

Die Agoraphobie beginnt typischerweise mit Angstepisoden, die jeweils außer Haus auftreten und die den Attacken gleichen, die bereits im Zusammenhang mit den Angstzuständen beschrieben wurden. Der Betroffene kann dabei in einen Zustand so intensiver Panik geraten, daß er sich minutenlang nicht vom Fleck rühren kann. Wenn die akute Angst dann nachläßt, hat er nur noch den Wunsch, so schnell wie möglich einen sicheren Zufluchtsort aufzusuchen, d. h. etwa zu einem Freund oder nach Hause zu laufen. Eine Frau gab eine sehr klare Beschreibung ihres Panikzustandes:

Wenn die panische Angst ihren Höhepunkt erreicht hatte, wollte ich einfach nur irgendwohin laufen. Gewöhnlich schlug ich die Richtung zu zuverlässigen Freunden ein... egal, wo ich gerade herkam. Ich meinte jedoch, diesem Impuls davonzulaufen, widerstehen zu müssen, deshalb erlaubte ich mir nur dann, mich in Sicherheit zu begeben, wenn ich wirklich in äußerster Not war. Einer meiner Kunstgriffe, der mich daran hindern sollte, mich ganz aufzugeben, bestand darin, daß ich nach Möglichkeit vermied, meine letzte Chance zu nützen. Ich wagte nämlich gar nicht daran zu denken, was passieren würde, wenn ich hier einen Fehlschlag erleben müßte. So ging ich also einfach nur in die Nähe meines Unterschlupfs und malte mir den freundlichen Empfang aus, der mir dort zuteil würde. Oft reichte das schon aus, um meine Angst soweit zu besänftigen, daß ich meinen Weg wieder fortsetzen konnte oder daß ich meinen Freunden zumindest nicht zur Last fallen brauchte und damit auch ihren Vorrat an gutem Willen und Hilfsbereitschaft nicht unnötig aufzehre. Manchmal jedoch mußte ich mich geschlagen geben und voll Scham und Verzweiflung jemanden bitten, mir Gesellschaft zu leisten. Ich fühlte mich auch dann beschämt, wenn ich bei solchen Gelegenheiten die Dringlichkeit meines Bedürfnisses gar nicht einzugestehen brauchte.«

Wenn der Angstanfall vorüber ist, mag der Betroffene oft monatelang nicht mehr den Ort aufsuchen, an dem er sich ereignet hat.

Solche Anfälle panischer Angst können minuten- oder stundenlang andauern. Wenn der Anfall vorüber ist, kann sich der Betroffene unter Umständen wieder ebenso wohl fühlen wie zuvor, und zwar monatelang, bis dann wieder eine Episode dieser Art einsetzt. Auch diese kann wieder gefolgt sein von einer Zeit der normalen und unbeeinträchtigten Lebensführung. Auf diese Weise können sich diese Episoden über einen längeren Zeitraum verteilen, und Jahre mögen vergehen, bevor der Betroffene anfängt, seine Aktivitäten einzuschränken. Wenn er dann schließlich einen Arzt aufsucht, wird dieser – abgesehen von gewissen Anzeichen der Angst – nichts Abnormes feststellen können. Nach und nach wird der Agoraphobiker nun alle die Situationen meiden, die möglicherweise angstauslösend wirken könnten – aus Furcht vor einem neuerlichen Ausbruch der Panik. Gerät ein Agoraphobiker z.B. in einem Schnellzug in einen Panikzustand und kann diesen nicht sofort verlassen, wird er nur noch langsamere Züge nehmen. Erlebt er hier dieselbe Situation, beschränkt er sich darauf, mit dem Bus zu fahren. So geht es dann weiter: Man geht nur noch zu Fuß, dann geht man auch zu Fuß nur noch von seiner Haustür über die Straße und zurück, und schließlich verläßt man sein Grundstück überhaupt nur noch in Begleitung. In seltenen Fällen werden die betroffenen Personen auch für eine Weile bettlägerig, weil ihr Bett der einzige Platz ist, an dem die Angst sich noch in erträglichen Grenzen hält.

Umstände, die die Agoraphobie beeinflussen

Agoraphobien fluktuieren nicht nur im zeitlichen Verlauf, sondern auch in Abhängigkeit von gewissen Veränderungen in dem Patienten selbst wie auch in seiner Umgebung. Als das Problem vor hundert Jahren zum ersten Mal ausführlich beschrieben wurde, hat man besonders erwähnt, daß »die tödliche Angst sich speziell in den Stunden sehr verstärkte, wenn die besonders gefürchteten Straßen menschenleer und die Geschäfte darin geschlossen waren. Für die betroffenen Personen war es beruhigend, in Begleitung anderer zu sein oder wenigstens ein Fahrzeug oder einen Stock zu haben. Auch Bier- oder Weingenuß machten es dem Patienten möglich, halbwegs ruhig zu bleiben, wenn sie durch die gefürchtete Gegend gingen. Ein Mann bemühte sich, frei von jedem unmoralischen Motiv, sogar um die Begleitung einer Prostituierten, die ihn bis zu seiner Tür brachte…Manche Örtlichkeiten machen dem Patienten größere Schwierigkeiten als andere; er macht große Umwege, um sie zu meiden… In einem Fall hatte man weniger Angst vor der freien Landschaft als vor lückenhaft bebauten Straßen in der Stadt. In einem anderen Fall bestand eine starke Abneigung dagegen, über eine bestimmte Brücke zu gehen, gleichzeitig stand bei diesem Patienten auch die Angst, den Verstand zu verlieren, im Vordergrund.«

Ganz allgemein kann man sagen, daß Agoraphobiker sich ruhiger fühlen, wenn sie einen Begleiter haben, dem sie vertrauen, sei dies nun ein Mensch, ein Tier oder ein lebloses Objekt. Um sich ihre Seelenruhe einigermaßen zu erhalten, werden sie dann abhängig von einem Verwandten, einem Haustier oder einem Gegenstand. Viele Agoraphobiker fürchten sich davor, allein gelassen zu werden oder in eine Situation zu geraten, aus der sie sich nicht schnell und ohne das Gesicht zu verlieren in »Sicherheit« bringen können. In schwereren Fällen bedeutet das Bedürfnis nach ständiger Gesellschaft und Begleitung eine starke Belastung für Verwandte und Freunde. Nur in Ausnahmefällen fällt es solchen Patienten leichter, allein zu reisen. Agoraphobiker entwickeln zahlreiche Tricks, um die Angst niederzuhalten. Dazu gehören: einen Spazierstock, Regenschirm oder Koffer in der Hand zu halten, Einkaufswagen, Kinderwagen oder Fahrrad mit sich zu führen, eine zusammengefaltete Zeitung unter dem Arm zu tragen. Manche können sich etwas von ihrer Angst ablenken, indem sie sehr würzige Bonbons lutschen. Meist werden leere Straßen und Verkehrsmittel bevorzugt. Bahnfahrten sind leichter zu bewältigen, wenn der Zug an vielen Stationen hält und wenn er einen Gang und einen Waschraum hat. Fahrten werden auch dadurch erleichtert, daß die Strecke am Haus eines Freundes, eines Arztes oder einer Polizeistation vorbeiführt, denn dies gibt den Patienten das beruhigende Gefühl, Hilfe finden zu können für den Fall, daß die Panik sie überfällt. Wenn die *Möglichkeit,* Hilfe zu finden, gewährleistet scheint, so hilft ihnen das schon, mit der akuten Reiseangst fertig zu werden. Im allgemeinen fällt es Agoraphobikern leichter, mit dem Auto zu fahren als mit irgendwelchen anderen Verkehrsmitteln. In ihrem Auto können sie unter Umständen viele Meilen weit fahren, während sie im

Bus nicht von einer Haltestelle zur nächsten fahren können.

Oft finden Agoraphobiker die Dunkelheit wohltuend, und sie bewegen sich nachts viel freier als am Tage. Auch das Tragen von dunklen Brillen kann als Erleichterung empfunden werden. Bei manchen läßt die Furcht an regnerischen und stürmischen Tagen nach und verschlimmert sich bei Wärmeperioden.

Im Kino, im Theater oder in der Kirche fühlen sich Agoraphobiker sicherer, wenn sie einen Seitenplatz nahe des Ausgangs haben, der es ihnen ermöglicht, sofort das Haus zu verlassen, wenn sie die Angst überkommt. Eine Erdgeschoßwohnung, nahe dem Haupteingang des Wohnblocks, wird einer Wohnung vorgezogen, die in einem der oberen Stockwerke liegt und nur mit dem Aufzug oder über den Treppenaufgang erreicht werden kann. Ein Phobiker-Briefklub schuf aus all diesen Eigenarten eine populäre Witzfigur mit dem Namen »Aggie Phobia«: Eine Frau, die – eine dunkle Brille auf der Nase – in einer Regennacht durch dunkle Hintergassen schleicht und dabei wie wild an einem Bonbon lutscht. Mit einer Hand führt sie einen Hund an der Leine und mit der anderen zerrt sie einen Einkaufskorb mit Rädern hinter sich her.

Es gibt noch eine Menge anderer Kniffe, die einzelnen Leuten halfen. Ein agoraphobischer Mann mußte immer seinen Gürtel abschnallen, wenn ihn die Angst befiel; eine Frau hatte immer, wenn sie in Panik geriet, das dringende Bedürfnis, sich aller Kleidung zu entledigen und konnte deshalb nur Kleider tragen, die vorn einen Reißverschluß hatten; außerdem mußte sie immer, wenn sie das Haus verließ, eine Schere und eine Flasche Bier in ihrer Handtasche haben. Bei einem Offizier des Heeres war die Furcht vor dem Überqueren eines Platzes besonders groß, wenn er Zivil trug, und es fiel ihm leichter in Uniform und mit seinem Säbel an der Seite. Ein Mann, der Angst vor Menschenmengen hatte, konnte sich zuweilen ins Gedränge wagen, wenn er eine Flasche Ammoniak umklammert hielt für den Fall, daß er ohnmächtig werden sollte. Ein Verkäufer, der ebenfalls Menschenansammlungen fürchtete, hatte immer ein Gläschen Beruhigungspillen in der Tasche, obwohl er seit Jahren keinen Gebrauch davon gemacht hatte; es wirkte eben wie ein magischer Talisman.

Auch geringfügige räumliche Veränderungen im Blickfeld können schon einen Einfluß auf die Intensität der Agoraphobie haben. Die Angst wächst im allgemeinen mit der Ausgedehntheit und Höhe des Raums, durch den man sich bewegt. Wenn der Ausblick unterbrochen oder eingeschränkt wird durch Bäume, Regen oder Unebenheiten in der Landschaft, schwächt sich die Phobie ab. Ein Agoraphobiker fühlte sich unbehaglich während einer Party, die auf dem Rasen eines Privatgrundstücks stattfand; für ihn wäre es eine große Erleichterung gewesen, wenn er den Einfassungszaun hätte niederreißen können. Einem Geistlichen wurde regelmäßig schwindlig, sobald er ins Freie kam. Es brachte ihm in diesem Zustand Linderung, wenn er an Hecken und Bäumen entlangschleichen oder – als äußerstes Mittel – seinen Schirm aufspannen konnte.

Gewisse Agoraphobiker hassen es, auf dem Stuhl eines Frisörs oder Zahnarztes festzusitzen, weil von dort kein augenblickliches Entkommen möglich ist. Jemand nannte das sogar das »Frisörstuhl-Syndrom«. Aus dem gleichen Grund können manche Leute nicht nackt ein Bad nehmen. Auf der Straße oder auf einem Bahnsteig fühlen sich Agoraphobiker manchmal dazu hingerissen, sich unter einen herannahenden Bus oder Zug zu werfen, und müssen schnell wegschauen. Dies ähnelt dem Impuls hinabzuspringen, den normale Menschen oft haben, wenn sie von großen Höhen herunterschauen. Auch diese

Angst findet sich bei etlichen Agoraphobikern, weshalb sie vom Rand des Abgrunds zurückweichen oder solche Höhen überhaupt meiden. Ähnlich ist es mit der Angst vor besonders langen, schmalen Brücken, die an den Seiten offen sind und sich hoch über einen Fluß spannen. Schon eine hüfthohe Brüstung zwischen dem Agoraphobiker und dem Abgrund hat die Wirkung, daß seine Angst sich verringert.

Die Angst vor der Angst kann außerordentlich lähmend wirken. In den Wochen vor einer geplanten Reise läßt die Erwartungsangst manche Agoraphobikerin schon tausend Tode sterben. Muß sie aber die gleiche Reise ganz plötzlich und unerwartet antreten, so bringt sie Dinge zustande, zu denen sie sonst nie fähig wäre. Sie kann es fertig bringen, in einen Bus einzusteigen, vorausgesetzt, daß er schon an der Haltestelle steht und sie nicht auf ihn warten muß, denn jede Verzögerung beim Fahrtantritt bewirkt, daß schnell wieder panische Angst aufkommt, die sie dann daran hindert, in das Fahrzeug einzusteigen, wenn es schließlich kommt.

Jede Form der Belastung kann die Agoraphobie verstärken. Häufig ist es ein Depressionszustand, während dessen die Phobien so intensiv werden, daß sie den Patienten geradezu lähmen. Mit dem Abklingen der Depression bessern sich auch die Phobien wieder so weit, daß sie ihren früheren Grad der Behinderung erreichen. Auch Übermüdung und körperliche Erkrankungen haben einen negativen Einfluß auf die Agoraphobien. Ist der Patient schließlich wegen einer Erkrankung längere Zeit ans Bett gefesselt, fällt es ihm jetzt um so schwerer, seine früheren Aktivitäten wieder aufzunehmen.

Wie bei jeder Form der Angst kann man sich mit Beruhigungsmitteln und Alkohol für ein paar Stunden beträchtliche Erleichterung verschaffen. Mit der Hilfe entsprechender Pharmaka können die Betroffenen sich vorübergehend hervorwagen und etwas Neues zustande bringen, doch läßt dieser Auftrieb im allgemeinen sofort wieder nach, wenn das Medikament aus dem Körper ausgeschieden ist. Oft ist es den Patienten eine Hilfe, einen kleinen Vorrat an Beruhigungsmitteln bei sich zu haben, die sie dann kurz vor dem Antritt einer Fahrt oder dem Eintritt in eine andere gefürchtete und belastende Situation einnehmen können. Nur eine kleine Minderheit entwickelt eine Tabletten- oder Alkoholsucht, die meisten können sowohl auf Medikamente als auch auf Alkohol wieder verzichten, sobald die Angst vorüber ist.

Unter dem Einfluß starker Emotionen entwickelt der Agoraphobiker zuweilen vorübergehend größere Aktivität. In großer Wut oder in einer akuten Notlage kann er dann auch allein das Haus verlassen. Wenn zum Beispiel das Haus in Flammen steht, wird er eher aus dem Fenster springen, als drinnen verbrennen.

Einfluß der Agoraphobie auf die Familie

Die meisten Agoraphobiker leben bei ihren Familien. In dem Maße, in dem das Leiden sie selbst beeinträchtigt, wird auch ihre Familie in Mitleidenschaft gezogen, z.B. kann eine Frau nur noch unter der Bedingung einer ständigen Begleitperson für den Weg zu und von der Arbeitsstätte ihrem Beruf nachgehen; Ehemann und Kinder müssen die Einkäufe erledigen; sie schränkt ihre gesellschaftlichen Aktivitäten ein oder gibt sie ganz auf. Vielleicht muß sie auch zu Hause ständig einen Menschen um sich haben, damit sie keinen Angstanfall bekommt. Das kann dann sogar dazu führen, daß sie ein Kind vom Schulbesuch abhält, nur damit es ihr Gesellschaft leistet. Oder der Ehemann muß einen Teil seiner Arbeitszeit opfern, um bei seiner Frau zu bleiben. Eine Frau hatte ihren täglichen Lebensablauf so sorgfältig organisiert, daß sie in 16 Ehejahren noch nie länger als ein paar Minuten hatte allein bleiben müssen, was natürlich für Mann und Tochter eine große Belastung war.

Wenn der Patient ein Auto zur Verfügung hat, kann seine Behinderung lange verborgen bleiben, denn oft fühlen sich selbst hochgradige Agoraphobiker bei allen Schwierigkeiten, die sie mit anderen Beförderungsmitteln haben mögen, im Auto immer noch sicher. Auch wenn der Agoraphobiker seiner Arbeit zu Hause nachgehen kann und dabei noch Hilfe hat, kann er seinen Zustand jahrelang verschleiern. Die Beschränkungen, die die Agoraphobie dem Betroffenen in seiner Lebensführung auferlegt, können der Anlaß zu vielen Streitereien zwischen den Ehepartnern werden.

Die Rolle der Willenskraft

Alle motivationsstärkenden Anreize können das Toleranzniveau eines Phobikers heben – solange sie eben wirksam sind. Die Toleranzgrenze ändert sich schnell in Abhängigkeit von vielerlei Begleitumständen. In akuten Notsituationen, zum Beispiel bei einem Unfall, können die Patienten vorübergehend ihre Phobien überwinden und über sich hinauswachsen. Ist dann die Katastrophe gebannt, kommen auch die Phobien in ihrer ursprünglichen Gestalt und Stärke wieder zum Vorschein.

Eine in Wien lebende Jüdin konnte sich von ihrer Wohnung nie weiter als ein paar Straßenlängen entfernen; als dann die Nazis an die Macht kamen, sah sie sich vor die Wahl gestellt, entweder zu fliehen oder in einem Konzentrationslager zu landen. Sie begab sich auf die Flucht und reiste zwei Jahre lang in der Welt umher, bis sie schließlich in den Vereinigten Staaten eintraf. Sobald sie nun in New York City wieder seßhaft geworden war, entwickelte sie die gleiche Reisephobie, die sie schon in Wien gehabt hatte.

Die Tatsache, daß die Agoraphobie in solchen Wellenbewegungen auftritt, ihr Fluktuieren, macht es der Familie und den Freunden der Betroffenen so schwer anzuerkennen, daß es sich hier um eine echte Störung handelt und nicht um einen Ausdruck der Faulheit, um Willensschwäche oder einen billigen Vorwand, um sich vor unangenehmen Dingen und schwierigen Situationen zu drücken. Oft hört man dann das Argument, man könne von einem Patienten, der in einer Notsituation seiner Phobien Herr wird, doch wohl erwarten, daß er sich auch unter normalen Umständen ein bißchen mehr zusammenreiße; man müsse ihn eben zwingen, außer Haus zu gehen. Tatsächlich kann man aber von keinem Menschen erwarten, daß er anläßlich jeden kleinen Gangs zum nächsten Krämer seine Energien in dem Umfang aufbietet, wie er es vielleicht bei einer Feuersbrunst täte. In akuten Krisensituationen können nicht nur Agoraphobiker unerwartete Heldentaten vollbringen, sondern jeder x-beliebige ist in solchen Ausnahmesituationen dazu in der Lage. Es wäre aber sehr unrealistisch, deshalb zu verlangen, daß nun jedermann ständig und routinemäßig auf der Höhe dieser Leistung bliebe, und einem Agoraphobiker, der unter großer Angst leidet, verlangt schon jeder kleine Gang aus dem Haus eine solche Anstrengung ab, daß sich der Durchschnittsmensch gar keine Vorstellung davon machen kann.

Sobald ein Agoraphobiker sich einigermaßen wohl fühlt, wenn er nur die öffentlichen Plätze meidet, die seine Angst auslösen, lohnt es die Anstrengung, immer wieder hinauszugehen und die Bewältigung der phobischen Situation zu versuchen. Manchmal entdeckt ein Agoraphobiker durch Zufall, daß er tatsächlich wieder ausgehen kann.

Eine Frau hatte sich wegen schwerer Agoraphobie einer hirnchirurgischen Operation unterzogen und fühlte sich seitdem entspannter, doch blieb sie nach der Operation aus reiner Gewohnheit noch ein Jahr lang im Haus. Eines Nachmittags ließ eine Freundin zufällig ein Taschentuch bei ihr liegen. Ganz impulsiv lief sie ihr nach, auf die Straße hinaus, um ihr das Tuch zu geben und stellte dabei zu ihrer Überraschung fest, daß sie sich jetzt ganz ohne Spannung in der früher so gefürchteten Straße aufhalten konnte. Daraufhin begann sie das Ausgehen systematisch zu üben, und es ging ihr relativ gut, als ihr Zustand vier Jahre später überprüft wurde.

Es steht zwar fest, daß starke Motivation oder Willenskraft allein nicht ausreichen, um sich von dieser Störung zu befreien, doch stellen sie für einen Agoraphobiker wie für jeden anderen Behinderten einen wichtigen Aktivposten dar, dessen großer Wert besonders dann zur Geltung kommen kann, wenn bei dem Patienten die Angst und die Depression abgeklungen sind. Der Kunstgriff des Fachmanns ist es, die Angst des Patienten auf ein Ausmaß zu reduzieren, welches ihm ermöglicht, durch seine Willenskraft die eigene Behandlung fortzuführen.

Behandlung von Agoraphobien

In den letzten Jahren wurden wirksame Behandlungsmethoden zur dauerhaften Bekämpfung der Agoraphobie entwickelt. Dabei wird der Phobiker in den meisten Fällen überredet, sich in die phobische Situation hineinzugeben und darin so lange auszuharren, bis er sich wieder besser fühlt. Diese Prozedur ist solange zu wiederholen, bis er sich an die entsprechende Situation so gründlich gewöhnt hat, daß sie für ihn jeden Schrecken verloren hat. All diese verschiedenen Methoden basieren also auf dem Grundprinzip, den Phobiker so lange seinem phobischen Problem *auszusetzen*, bis Gewöhnung eintritt. Die allgemeine Vorgehensweise wird im Schlußkapitel dieses Buchs ausführlicher besprochen, es mag aber an dieser Stelle schon von Interesse sein, am Beispiel zweier Agoraphobiker den Ablauf einer solchen Behandlung zu verfolgen.

Jill, eine vierzigjährige verheiratete Frau hatte ihre Agoraphobie bereits seit 15 Jahren. Seit einem Jahr war sie nicht mehr imstande, ohne ihren Ehemann Jack das Haus zu verlassen. Vor Behandlungsbeginn traf sie mit ihrem Therapeuten eine Übereinkunft hinsichtlich der zwei Hauptziele, die durch die Behandlung erreicht werden sollten. Diese Ziele waren: die Fähigkeit, eine nicht übermäßig belebte Straße allein zu überqueren und in der Hauptstraße des Stadtviertels einkaufen zu gehen, ohne daß sie dabei Straßen zu überqueren hatte.

    Die Behandlung begann damit, daß ihr Therapeut sie auf die Straße vor dem Krankenhaus brachte und sie hinüberführte. Während sie das etliche Male wiederholten, zog sich der Therapeut ganz allmählich immer weiter zurück. Zunächst blieb er nur ein paar Meter hinter ihr, dann vergrößerte er den Abstand immer weiter, bis er sie schließlich allein über die Straße gehen ließ, wobei er nur zuschaute. Nach dieser ersten Behandlung, die eineinhalb Stunden gedauert hatte, zeigte sich Jill freudig überrascht durch ihre eigene Leistung und darüber, daß sie sich jetzt soviel ruhiger fühlte als bei der ersten Straßenüberquerung. Sie wurde aufgefordert, bis zur nächsten Behandlungsstunde das Straßenüberqueren zu üben, und zwar an Straßen mit ähnlicher Verkehrsdichte in der Nähe ihrer Wohnung. Beim nächsten Behandlungstermin standen ähnliche kleine Ausflüge auf dem Programm, die sie aber diesmal mehr auf sich allein gestellt und weiter weg vom Krankenhaus unternehmen mußte. Sie berichtete, daß sie auf der Straße immer noch Anwandlungen panischer Angst ausgesetzt sei, so daß sie auf die Begleitung anderer angewiesen sei, und während der Mittagspause an ihrem Arbeitsplatz mußte ihr eine Freundin helfen, wenn sie über die Straße gehen wollte. Sie wurde nun aufgefordert, allein zur Arbeit zu gehen und ebenfalls allein im Bus zurückzufahren, anstatt sich immer darauf zu verlassen, daß andere sie im Auto mitnahmen. Zusammen mit dem Therapeuten arbeitete sie ein Übungsprogramm aus, das zwischen den einzelnen Sitzungen durchgeführt werden sollte und aus Spaziergängen und Busfahren über immer größer werdende Entfernungen hinweg bestand. Am Ende der achten Sitzung ging Jill regelmäßig und angstfrei allein in der Hauptstraße einkaufen und hatte auch Fortschritte im Überqueren mäßig belebter Straßen gemacht. In diesem Stadium wurde sie aus der Behandlung entlassen mit dem Rat, sich selbst weitere Ziele zu setzen und an deren Erreichung zu arbeiten. Außerdem sollte sie nach Ablauf von sechs Monaten wieder zur Nachuntersuchung kommen. Zu diesem Termin hatte sie sich weiter gebessert und konnte noch mehr allein unternehmen.

John, 58 Jahre alt, litt seit 25 Jahren an seiner Agoraphobie. Er sah seine leitende Position gefährdet, da ihn seine Ängste zum Trinken trieben. Es war ihm unmöglich, ohne Begleitung auch nur bis zu den Ausgangstoren des Krankenhauses zu gehen, und immer wenn er sich irgendwo im Freien bewegen mußte, schleppte er eine schwere Tasche mit sich, um sich »am Boden zu verankern«. Es machte ihm sehr große Schwierigkeiten, mit der U-Bahn oder im Bus zu fahren, irgendwohin zu gehen, wo viel Verkehr oder Gedränge herrschte, mit dem Auto über eine Straßenüberführung zu fahren, auf dem Gehweg zu gehen, wenn der Verkehr an ihm vorbeirauschte sowie Treppen zu steigen. All dies bedeutete ein starkes Hemmnis für seine akademische Arbeit, die Klientenbesuche und Vorlesungen beinhaltete.

John wurde von einer in Verhaltenstherapie speziell ausgebildeten Krankenschwester behandelt. Zunächst einigten sie sich auf fünf Behandlungsziele: Treppenbenutzung bis jeweils zum dritten Stockwerk eines Hauses, Zugfahren, Besuch jeglicher Art belebter Örtlichkeiten, durch eine enge, autobefahrene Straße gehen und schließlich das Befahren einer Straßenbrücke. Zu Beginn der Behandlung ging die Krankenschwester mit John durch die Tore des Krankenhauses auf eine angrenzende Straße hinaus. Auf diesem Weg hielt er sich immer wieder an Geländern fest oder lief ins Buschwerk; dabei war er schweißüberströmt. Allmählich gewöhnte er sich jedoch an diese Aufgabe, und die Grenzen seiner Spazierwege konnten immer weiter gezogen werden, bis schließlich hin zum nächsten Dorf. Die ersten neun Behandlungsstunden waren diesen Gängen zum Dorf hin und um das Dorf herum gewidmet, und er schaffte sie nach und nach auch ohne die Begleitung der Schwester und mit abnehmender Angst.

Dann wurde sein Höhenproblem behandelt. Zunächst mußte er im Krankenhaus oberhalb einer Treppe stehen bleiben. Dies verursachte ihm beträchtliches Unbehagen, aber die Krankenschwester überredete ihn, in dieser Position auszuharren. Nachdem er gelernt hatte, diese Situation zu ertragen, wurde er mit viel gutem Zureden dazu gebracht, im Nachbargebäude eine noch höhere und steilere Treppe zu bewältigen. Nach und nach stärkte sich sein Selbstvertrauen im Umgang mit Höhen. In der 17. Behandlungsstunde ging er weitere Treppen in öffentlichen Gebäuden hinauf und über eine Straßenüberführung, die eine besonders belebte Straße überspannte. Dies war fast zuviel für John, und einmal mußte die Übung abgebrochen werden, weil er sich in panischer Angst an die Krankenschwester klammerte und dabei befürchtete, daß die Straßenpassanten auf ihn aufmerksam würden. Beim nächsten Mal brachte die Schwester ihn mit freundlicher Hartnäckigkeit dazu, sich an die Treppe zu gewöhnen. Nach diesem Erfolg erklärte sich John dazu bereit, auf einer Fußgängerbrücke über die Themse zu gehen. Beim ersten Anlauf schaffte er allerdings noch nicht einmal 10 Meter. In der Anfangsphase der Behandlung war John sehr nachlässig in der Ausführung der »Hausaufgaben«, die ihm die Krankenschwester zwischen den einzelnen Sitzungen gegeben hatte, aber später wurde seine Mitarbeit immer besser. Gemäß dem Übungsplan fuhr er zweimal täglich über eine Straßenbrücke, machte eine Zugfahrt und ging allein in belebte Straßen und Einkaufszentren. Zwar war er wiederholt der Versuchung ausgesetzt, wieder beim Alkohol seine Zuflucht zu suchen, blieb aber stark und wurde von der Krankenschwester wie von seiner Familie für seine Leistungen entsprechend mit Lob bedacht.

Nach 39 Sitzungen ging es ihm so gut, daß er aus dem Krankenhaus entlassen werden und sich zu Hause selbst weiterbehandeln konnte. John setzte sich allein in leere Vorlesungsräume. Dann wohnte er Vorlesungen bei, und zwar zunächst so, daß er sich einen Platz aussuchte, von dem aus er leicht den Saal verlassen konnte, dann auf anderen Plätzen und zum Schluß sogar auf einem der Vordersitze, wo die Flucht am allerschwierigsten war. Zuerst beunruhigte ihn der Gedanke an die Blamage, der er sich aussetzen würde, falls er die Vorlesung unterbräche. Aber diese Angst verlor sich bald. Schließlich nahm er auch wieder an den Arbeitssitzungen teil, die seine eigene Tätigkeit erforderte und berichtete, daß er dabei nahezu ganz frei von Unbehagen sei. Mit seiner Therapeutin blieb er in regelmäßigem Telefonkontakt. Ein Jahr nach der Entlassung hatte sein Zustand sich beträchtlich gebessert. Er leistete wieder fruchtbare Arbeit in seinem Beruf, hatte alle seine früheren Verantwortlichkeiten wieder übernommen und keinen Alkohol mehr angerührt. Er war inzwischen viele Hundert Meilen mit dem Zug gefahren, hatte zusammen mit seiner Frau regelmäßig Parties, Kinos, Theater, Konzerte und Tagungen besucht und hielt Vorlesungen an der Abendschule. Seine Frau war mit seinen Fortschritten sehr zufrieden.

Mit Hilfe dieser Konfrontationsmethoden, die wir später noch ausführlicher besprechen wollen, ist es möglich, Agoraphobikern und ihren Freunden durch vier bis vierzehn Behandlungsstunden zu einem normaleren Leben zu verhelfen. Zwar kann die Behandlung unter Umständen dem Patienten wie dem Therapeuten einen beträchtlichen Einsatz abverlangen, doch lohnt sich diese Anstrengung gewöhnlich, da die Besserung bedeutend und von dauerhaftem Charakter ist, auch wenn ein wenig Angst weiter bestehen bleibt.

Zusammenfassung

Wenn spezifische Situationen Angst auslösen, sprechen wir von einer Phobie. Manche Phobien sind sehr leicht ausgeprägt, während andere einen Menschen zum gesellschaftlichen Krüppel machen. Das von Psychiatern am häufigsten gesehene phobische Syndrom ist die Agoraphobie, die sich durch Angst vor Orten des öffentlichen Lebens auszeichnet. Sie beginnt gewöhnlich im frühen Erwachsenenalter. Zwei Drittel der Betroffenen sind Frauen. Regelmäßig wiederkehrende Kennzeichen der Agoraphobie sind fluktuierende Ängste auf die Straße oder in Geschäfte zu gehen, vor Menschenmengen, öffentlichen Transportmitteln und Orten der Geselligkeit. Das Hineinbegeben in diese Situationen führt zu extremen Panikanfällen ähnlich denen bei Angstzuständen; die Betroffenen vermeiden dann diese Situationen und können völlig ans Haus gefesselt sein. Dies hat oft zur Folge, daß das Familienleben stark beeinträchtigt ist. Die

Agoraphobie kann aus heiterem Himmel zuschlagen. Sie kommt jedoch häufiger in Etappen. Sie ändert sich sowohl in Abhängigkeit von der Zeit als auch von der Situation. Zum Beispiel ist die Angst in Begleitung einer vertrauten Person oder an Orten, von denen der Betroffene ohne Aufsehen schnell verschwinden kann, weniger ausgeprägt.

Wir haben Beispiele gesehen, wie Agoraphobiker behandelt werden können, indem sie sich der gefürchteten Situation aussetzen und darin verbleiben, bis sie sich daran gewöhnt haben. Dies ist das zentrale therapeutische Prinzip der Konfrontation. Es ist in gleicher Weise bei allen Formen der Phobie anzuwenden.

6 Soziale Phobien und Krankheitsphobien

Soziale Phobien

Die meisten Menschen fühlen sich im sozialen Kontakt gelegentlich etwas ängstlich. Dies ist vollkommen normal, und auch viele prominente Persönlichkeiten fühlen sich vor einem wichtigen öffentlichen Auftritt nicht ganz wohl in ihrer Haut. Man ist sogar vielfach der Ansicht, ein bißchen ängstliche Spannung sei in solchen Fällen gar nicht schlecht, da sie die Sinne schärft und die Reaktionsfähigkeit wachhält. Nur wenn die Furcht vor öffentlichem Auftreten und im sozialen Kontakt zu stark wird, beginnt sie für den Betroffenen eine Behinderung darzustellen.

Schon Hippokrates soll einen Mann beschrieben haben, den man »wegen seiner Schüchternheit, wegen seines Argwohns und seiner Furchtsamkeit kaum zu sehen bekam; der die Dunkelheit wie sein Leben liebte und weder Helligkeit ertragen noch an beleuchteten Plätzen sitzen konnte; der – den Hut über die Augen gezogen – weder andere sehen noch von ihnen angeschaut werden wollte. Er mied jeden Kontakt aus Angst, schlecht behandelt zu werden, sich zu blamieren oder in seinen Gebärden oder durch sein Reden aus dem Rahmen zu fallen, oder sich übergeben zu müssen. Er glaubte sich von jedermann beobachtet...«

Viele Menschen klagen über Phobien, die eine Vielzahl sozialer Kontakte betreffen. Gefürchtet werden die Menschen oder deren Gedanken, mit denen man jeweils zu tun hat. Die Menschenmenge als Ganzes, die die Einzelpersonen, aus der sie sich zusammensetzt, mehr anonym erscheinen läßt, ist dagegen weniger bedrohlich. Agoraphobiker fürchten sich oft vor Menschenansammlungen, geben dabei aber im allgemeinen an, daß sich ihre Furcht eher darauf bezieht, durch die Masse eingeengt oder erstickt zu werden, als darauf, daß man sie anschaut oder beobachtet. Bei den meisten sozialen Phobien ist das Problem ein wenig anders gelagert, insofern als sich die Phobiker gerade durch das Gefühl, beobachtet zu werden, gehemmt fühlen und gewisse Dinge nur tun können, wenn ihnen niemand zuschaut. Schon ein zufälliger Blick kann sie in panische Verlegenheit bringen.

Soziale Phobien dieser Art sind nicht ungewöhnlich. Die betroffenen Personen fürchten sich davor, in Gegenwart anderer zu essen und zu trinken. Sie haben dann etwa Angst, ihre Hände könnten zittern, wenn sie die Gabel oder eine Tasse halten, oder sie werden von Übelkeit geplagt, oder sie sind unfähig zu schlucken, solange man ihnen zuschaut. Am größten ist die Angst gewöhnlich in eleganten, dicht besetzten Restaurants. In der Sicherheit der eigenen vier Wände dagegen verringert sie sich am meisten; doch gibt es Leute, die nicht einmal in Gegenwart ihres Ehepartners essen können.

Aus Angst zu zittern, zu erröten, zu schwitzen oder lächerlich zu wirken, setzen sich manche Leute im Bus oder in der Bahn anderen Mitreisenden nicht direkt gegenüber und vermeiden es auch, an einer Menschenschlange vorbeizugehen. Sie werden von der Vorstellung gepeinigt, sie könnten sich ungeschickt benehmen oder gar in Ohnmacht fallen. Es gibt Phobiker, die aus diesen Gründen ihr Haus nur verlassen, wenn es so dunkel oder nebelig ist, daß man sie kaum sehen kann. Wer unter einer sozialen Phobie leidet, vermeidet es, mit Vorgesetzten zu sprechen, und Lampenfieber hält ihn davon ab, sich einem größeren Kreis von Menschen zu präsentieren. Phobiker gehen womöglich nicht mehr zum Schwimmen, weil es dabei unvermeidlich wäre, daß sie ihren Körper fremden Blicken aussetzten. Sie meiden Parties und Gespräche mit anderen Menschen, weil sie das Reden zu sehr in Verlegenheit bringen würde. »Ich kann keine normale Unterhaltung führen. Ich fange dann einfach an zu schwitzen; das ist mein ganzes Problem, selbst mit der Frau«, sagte ein Mann, der nichtsdestoweniger ganz normale sexuelle Beziehungen zu seiner Frau unterhielt. In seltenen Fällen tritt diese Furcht nur in Gegenwart des anderen Geschlechts auf, doch ist dies nicht die Regel.

Soziophobiker fürchten sich auch häufig, vor anderer Menschen Augen zu schreiben. Sie mögen dann die Bank oder einen Laden nicht betreten, weil sie Angst haben, ihre Hand könne zittern, wenn sie den Scheck ausstellen oder mit dem Geld hantieren. Die Furcht zu zittern, kann eine Sekretärin außerstande setzen, ein Stenogramm aufzunehmen oder Schreibmaschine zu schreiben, eine Lehrerin kann sie dazu bringen, daß sie vor der Klasse nicht mehr weiter an die Wandtafel schreiben oder ihr Diktat fortsetzen kann, und auch eine Näherin in der Fabrik oder ein Fließbandarbeiter werden durch sie daran gehindert, ihre Arbeit fortzusetzen und die notwendigen Handgriffe auszuführen. Ganz harmlose und alltägliche Verrichtungen, wie stricken oder den Mantel zuknöpfen, können schreckliche Gefühle der Panik auslösen, wenn sie vor anderen Leuten vollzogen werden sollen.

Die Angst bezieht sich im allgemeinen darauf, daß Kopf oder Hände zittern *könnten*. Dagegen kommt es nur selten vor, daß diese Patienten tatsächlich zittern oder sogar dermaßen beben, daß ihre Schrift zum Gekritzel wird, daß die Tasse auf der Untertasse klappert, daß sie die Suppe verschütten, wenn sie den Löffel zum Munde führen oder daß sie beim Sprechen in auffälliger Weise mit dem Kopf nicken. Sie unterscheiden sich auffallend von Patienten, die infolge von Hirnerkrankungen wirklich sehr heftig zittern, ohne deshalb aber irgendwie befangen zu sein. Menschen, die unter der Parkinsonschen Krankheit leiden, sind zum Beispiel oft von anhaltendem Kopfnicken und Händezittern betroffen, haben jedoch trotz dieser Behinderung keinerlei Furcht davor, in der Öffentlichkeit zu agieren.

Angst vor Erbrechen

Manche Leute fürchten sich davor, sie könnten sich in der Öffentlichkeit übergeben müssen oder in die Lage kommen, anderen beim Erbrechen zusehen zu müssen. Man sollte annehmen, daß dies im allgemeinen keine große Behinderung darstellt, aber bei manchen sozialen Phobien erreicht diese Angst solche Ausmaße, daß die Betroffenen sorgfältig jede Situation meiden, die auch nur entfernt dazu angetan sein könnte, bei ihnen selbst oder bei anderen Brechreiz zu erregen. So würden sie zum Beispiel nicht in einem holpernden Bus oder Eisenbahnwagen fahren, kein Schiff benutzen und keine Zwiebeln essen. Der folgende Bericht gibt ein recht typisches Beispiel einer sozialen Phobie ab.

Eine 34jährige unverheiratete Sekretärin wurde seit 13 Jahren von der Furcht vor dem Erbrechen geplagt. »Als ich noch klein war, konnte meine Mutter uns Kindern nie zu Hilfe kommen, wenn uns schlecht wurde und mußte immer den Vater bitten, das Erbrochene wegzuwischen. Ich kann mich erinnern, daß es mich schon als Fünfjährige ungeheuer aufregte, wenn sich andere Kinder erbrechen mußten, aber die Phobie entwickelte sich erst viel später, nämlich als ich 21 war. Damals bekam ich Angst, ich selbst oder andere würden sich im Zug übergeben müssen, und ich begann gewisse Fahrten zu vermeiden. In den letzten fünf Jahren hat sich diese Furcht verschlimmert. Ich sorge dafür, daß ich jeden Morgen um 5.15 Uhr wach werde, damit ich vor dem Stoßverkehr in mein Büro in der Innenstadt komme. Nur mit größter Anstrengung schaffe ich es gelegentlich, während des Berufsverkehrs wieder nach Hause zu fahren. Während der letzten beiden Jahre habe ich wöchentlich eine Flasche Schnaps gebraucht, um meine Furcht vor diesen Fahrten etwas zu dämpfen, außerdem nehme ich ab und zu Beruhigungspillen. Es beunruhigt mich sehr, daß ich immer größere Mengen Schnaps brauche. Seit fünf Jahren vermeide ich es auch schon, in Restaurants oder bei fremden Leuten zu essen. Ich gehe nach Möglichkeit auch nicht mehr in Begleitung von Freunden ins Theater, weil es einfacher ist, allein die Vorstellung zu verlassen, wenn mich diese gräßliche Furcht vor dem Erbrechen überkommt. Der Witz daran ist, daß ich mich noch niemals in der Öffentlichkeit habe erbrechen müssen, und ich habe auch schon seit Jahren keinen anderen dies tun sehn.«

Wenn diese Patientin allein war, hatte sie weder Angstgefühle noch war sie deprimiert. In ihrem Beruf leistete sie gute Arbeit.

Psychiatrische Behandlung bewirkte, daß sie sowohl allein als auch in Begleitung in Restaurants essen konnte, ohne dabei übermäßig beunruhigt zu sein. Sie fühlte sich auch wieder imstande, in überfüllten U-Bahnen zu fahren und gewann größeren Gefallen am Zusammensein mit anderen Menschen.

Schüchternheit und mangelnde Selbstsicherheit

Während die meisten anderen Phobien gewöhnlich häufiger bei Frauen auftreten, tendieren die sozialen Phobien seltsamerweise dazu, bei Männern genauso oft in Erscheinung zu treten wie bei Frauen. Die meisten beginnen im Alter von 15–25 Jahren. Im allgemeinen entwickeln sie sich langsam über Monate und Jahre hinweg ohne offenkundigen Anlaß. Nur wenige beginnen plötzlich mit auslösenden Ereignissen, wie beispielsweise im Falle eines jungen Mannes, dem auf einer Tanzveranstaltung übel wurde und der erbrach, bevor er die Toilette erreichen konnte, und dadurch eine peinliche Verschmutzung verursachte. Danach fürchtete er sich, Bars, Parties oder Tanzveranstaltungen zu besuchen.

Gefühlsbetonte Situationen können bei einem Menschen die Entwicklung einer solchen Furcht begünstigen. So trat auch die Angst einer jungen Frau, in der Öffentlichkeit zittern zu müssen, erstmalig bei ihrer Trauungszeremonie auf, als sie von ihrem Vater zum Altar geführt wurde und ihr noch einmal die Frage durch den Kopf ging, ob ihr zukünftiger Ehemann wirklich zu ihr passen würde. Als ihr Ehemann wegen einer Tetanie im Krankenhaus lag und sie nach einem Besuch bei ihm allein in einem Restaurant aß, steigerte sich die Angst noch mehr.

Einige soziale Phobien richten sich nicht nur auf soziale Situationen. Menschen, die darunter leiden, sind häufig auch zu anderen Zeiten ängstlich und deprimiert. Einige ähneln einer starken Agoraphobie wie im folgenden Fall:

Eine 20jährige ledige Stenotypistin litt seit 3 Jahren unter sozialen Ängsten, die ihre sozialen Aktivitäten stark einschränkten. Seit einem Jahr war sie nur noch zur Arbeit gegangen, und seit sie diese vor 2 Monaten aufgegeben hatte, war sie nirgends mehr allein hingegangen. Sie mußte mit ihrer Mutter in die Klinik gehen. Sie fürchtete sich vor den Blicken der Leute, auch davor, zu zittern, wenn sie in Gesellschaft etwas trank, wie überhaupt davor, sich in die Öffentlichkeit oder soziale Situationen zu begeben. Zusätzlich zu diesen sozialen Ängsten war sie auch daheim ständig nervös, zittrig und ruhelos und hatte gelegentlich im Hintergrund ihrer Angst eingelagerte Panikanfälle, ohne offensichtliche Auslöser. Sie war nur dann entspannt, wenn sie Alkohol trank oder sedierende Medikamente einnahm. Sie war in den vergangenen zwei Jahren zeitweilig sehr depressiv und Tränenausbrüchen nahe.

Auch wenn man sich anhand von Fernseh- oder Zeitungsberichten das Ausmaß dieser Beschwerden kaum vorstellen kann, ist das Fehlen von *Selbstsicherheit* ein weitverbreitetes Leiden, auch bei Menschen, die im allgemeinen gut angepaßt sind. Daraus entstehen dann Probleme, daß sich Menschen fürchten, in ihrer Arbeit eine Beförderung anzunehmen, oder daß sie ihren Lebensbereich mehr als notwendig einschränken.

Ein junger Mann beispielsweise war schon seit seiner Kindheit etwas schüchtern. Negativ wirkte sich für ihn dieses Verhalten im Alter von 18 Jahren aus, als er sich in einer Streiterei mit Jugendlichen nicht zur Wehr setzte und zusammengeschlagen wurde. Auch lehnte er eine Beförderung bei seiner Arbeitsstelle ab, da er sich kein Durchsetzungsvermögen zutraute. Dessen ungeachtet war er zu Hause lebhaft geartet und konnte sich seiner Frau mehr als anderen Menschen gegenüber behaupten. Auch in sexueller Hinsicht führte er ein zufriedenstellendes Leben.

Es ist schwer, den Punkt zu bestimmen, an welchem die Scheu vor sozialen Situationen als soziale Phobie bezeichnet werden kann. Wenn diese Scheu in ganz bestimmten Situationen besonders stark in Erscheinung tritt, scheint die Bezeichnung »Phobie« gerechtfertigt.

Eine *extreme* Schüchternheit kann Menschen davor abhalten, sich einen Freundeskreis zu schaffen, und statt dessen empfinden sie das Alleinsein und die soziale Isolierung als angenehm. Viele Menschen schränken ihren Lebensbereich ein, weil sie Angst haben, dumm oder lächerlich zu erscheinen und können daher nie den ersten Schritt zu einer Bekanntschaft machen. Sie führen ein einsames Leben zwischen ihrer Arbeitsstelle mit einer uninteressanten Tätigkeit, bei der sie aber sich selbst überlassen sind, und in ihrem Untermieterzimmer, wo sie mit niemandem sprechen müssen und ihre Freizeit mit Lesen, Fernsehen und einsamen Spaziergängen verbringen. Bei einigen Menschen kann die Furcht vor anderen Menschen oder der Mangel an sozialen Umgangsformen zu einem völligen Einsiedlerleben führen; sie isolieren sich unbeschäftigt in einem dunklen Raum und leben von dem bißchen Sozialfürsorge. Die Beunruhigung durch den Kontakt mit anderen Menschen kann sie veranlassen, ihre Fenster mit undurchsichtigen oder dunklen Vorhängen zu verhängen, damit niemand hereinschauen kann. Die Unfähigkeit zu sozialen Kontakten ist in diesem Ausmaß manchmal auch bei Schizophrenen mit Wahnvorstellungen zu beobachten, die im Gefühl, verfolgt zu werden, ihre Zeit damit verbringen, sich vor vermeintlichen Verfolgern zu verbergen.

Sorgen über die äußere Erscheinung

Angstzustände in Bezug auf die *eigene Erscheinung* können zu ähnlichen Handicaps führen wie andere soziale Ängste. Viele halten sich für zu dick oder zu dünn, zu klein oder zu groß, manche betrachten voller Sorge ihre Ohren oder ihren beginnenden Haarausfall, Frauen mögen sich für zu dünn oder großbusig halten. Was es auch immer sein mag – man muß lernen, mit seinem Körper, wie Gott ihn gegeben hat, zu leben, und manche bekannte Künstler machen sogar aus ihrer riesigen Nase oder ihrer grotesken Fettleibigkeit eine Tugend, indem sie diese in eine komische und profitable Handelsmarke verwandeln, auf die sie stolz sind. Lediglich eine unglückliche Minderheit scheint nicht in der Lage zu sein, das eigene Aussehen zu akzeptieren. Statt dessen verbringen sie endlose Zeit damit, sich mit ihren Minderwertigkeiten oder auch nur eingebildeten Defekten zu beschäftigen.

Ein junger Mann war beispielsweise der Ansicht, seine Nase sei zu krumm; eine Tatsache, die nicht einmal dem schärfsten Beobachter aufgefallen wäre. Er war in dieser Hinsicht so empfindsam, daß er ein Jahr lang weder ein öffentliches Verkehrsmittel benutzte, noch eine Urlaubsreise unternahm und sogar seine Freundschaften aufgab. Dieser Gedanke beunruhigte ihn so sehr, daß ihm nur mit großer Mühe das Sprechen oder Schreiben eines Satzes »meine Nase ist häßlich« abverlangt werden konnte.

Einen anderen Mann verunsicherten seine ausfallenden Haare, und allmählich entwickelte sich bei ihm die unsinnige Idee, daß er den Haarausfall verhindern könnte, wenn er sich nicht mehr im Spiegel betrachten würde. Daraus entstand dann die Furcht, in den Spiegel zu sehen oder Fotografien von sich selbst anzuschauen; schließlich war er nicht mehr fähig, seine Hand auf seinen Kopf zu legen, weil er glaubte, andere Menschen würden seine Erscheinung verspotten. Er zog sich mehr und mehr aus der Gesellschaft zurück und wurde schließlich ein Einzelgänger.

Fachärzte für plastische Chirurgie haben lange Wartelisten von Patienten, die ihre Nase schmaler, größer oder gerader, ihre abstehenden Ohren anliegend gestaltet oder ihre Fettpolster entfernt haben wollen. Wenn derartige Defekte anderen Beobachtern auffallen, sind von kosmetischen Eingriffen, die das äußere Erscheinungsbild normalisieren, sicher positive Wirkung für den Betroffenen zu erwarten. Allzu oft aber ist der physische Defekt entweder so unauffällig oder gering, daß er keinen Grund zur Verunsicherung geben sollte; in diesen Fällen kann keine kosmetische Operation helfen. Statt dessen muß der Patient lernen, sich selbst, wie er wirklich ist, zu akzeptieren. Besorgnisse, die sich auf den eigenen Körper richten, können sich auch auf den Körpergeruch beziehen. Gelegentlich taucht bei einigen Menschen der Gedanke auf, daß sie einen abstoßenden Körpergeruch ausstrahlen, auch wenn sie sich laufend waschen und Deodorants anwenden würden. Allmählich meiden sie die Gesellschaft mit anderen Menschen und sondern sich mehr und mehr ab.

Andere Angstzustände, die mit dem eigenen Körper in Verbindung stehen, beziehen sich auf Krankheiten. Ein kleiner roter Punkt an der Hand kann beispielsweise den Gedanken auslösen, an Krebs erkrankt zu sein, es kann auch eine auffallende Stelle am Penis zu der Furcht vor einer Geschlechtskrankheit führen. Solche Krankheitssorgen werden wir noch behandeln.

Eine andere Variante sozialer Phobie besteht in der Angst vor dem Hören anderer Menschen. Phobiker dieser Art haben Angst, durch eine Tür zu gehen, wenn sie Stimmen auf der anderen Seite hören, oder sie haben Angst, die Tür zu öffnen, wenn es klopft.

Gelegentlich fürchten sich einige Menschen davor, ein *Telefon* zu benutzen. Hier gibt es Äußerungen wie: »Ich fürchte mich so sehr davor, am Telefon antworten zu müssen, so daß ich mit meinem Mann und meinen Kindern ein Klingelzeichen vereinbart habe, an dem ich deren Anruf erkenne. Wenn es irgendjemand anderes ist, kann ich nicht antworten. Ich konnte noch telefonieren, so lange ich arbeitete, weil ich wußte, daß es geschäftlich notwendig war, aber zu Hause fürchte ich mich«.

Manche Menschen, die unter dieser Angst litten, waren gezwungen, ihre Arbeitsstätte in einem Sekretariat aufzugeben. Die Furcht besteht darin, daß man am Telefon stammeln könnte.

Behandlung von sozialen Ängsten

Wie bei der Agoraphobie wird auch in diesen Fällen die Behandlung ambulant durchgeführt. Eine Hospitalisierung ist nicht notwendig. Die Behandlungsmethode ist ähnlich wie bei Agoraphobie: der Phobiker wird ermutigt, sich mit der gefürchteten Situation zu konfrontieren und sie so lange auszuhalten, bis er sich von ihr unbelastet fühlt. Als Beispiel dafür der folgende Fall.

Emma war eine 26jährige Sekretärin, die sich bereits seit 7 Jahren davor fürchtete, in Gesellschaft anderer zu essen oder zu trinken. Die Angst begann, als Emma in einem Geschäft arbeitete. Kurz nachdem eine Kollegin ihr erzählt hatte, wie sie sich fürchtete, ihrem Chef Tee zu bringen, wurde sie gebeten, einigen Buchhaltern Tee zu servieren. Emma geriet in Panik und wurde ausgelacht. Danach vermied sie es, in der Öffentlichkeit zu essen, insbesondere aber zu trinken. Es war ihr sogar unangenehm, im Büro oder gemeinsam mit ihren Freundinnen Tee oder Kaffee zu trinken. Bei sozialen Anlässen, etwa wenn sie mit ihrem Freund essen gehen sollte, wurde die Angst nur dann erträglich, wenn sie vorher einen gehörigen Schluck Wodka nahm. Während eines solchen Essens oder einer Party pflegte sie mal eben mit einer halben Flasche zu den »Damen« zu gehen. Sofern von ihr nicht erwartet wurde, daß sie etwas in der Öffentlichkeit trank, wie z.B. im Kino, bereitete ihr der Aufenthalt unter anderen Menschen keine Schwierigkeiten.

Die Behandlung erstreckte sich auf 6 Sitzungen, in denen sie dazu aufgefordert wurde, eben die Handlungen auszuführen, vor denen sie sich fürchtete. Im Beisein des Therapeuten trank sie zunächst für eine halbe Stunde Kaffee in einem gut besuchten Café, dann nichtalkoholische Getränke in einer mäßig besuchten Kneipe und schließlich ebensolche Getränke in einer voll besetzten Kneipe. Am Ende dieser Sitzung erlaubte ihr der Therapeut schließlich ein alkoholisches Getränk.

Zwischen den Sitzungen mußte Emma jeden Tag in einem Restaurant zu Mittag essen und nachmittags ein Café aufsuchen, und zwar so lange, bis ihre Angst verschwand. Bei der letzten Behandlungssitzung mußte Emma in einer ambulanten Abteilung des Krankenhauses viele Töpfe Tee und Kaffee zubereiten und dem Personal und den Patienten in allen Abteilungen servieren. Sie empfand dies anfangs als sehr schwierig, aber es fiel ihr mit der Zeit immer leichter. Kurze Zeit später gelang es ihr denn auch, Lokale oder Parties mit Freunden zu besuchen, ohne dabei von Angst befallen zu werden. Ihr Selbstvertrauen stieg, ihr Mut nahm zu, und es gab keine besonderen Situationen mehr, die sie mied. Die

Besserung war auch bei einer Kontrolle 6 Monate nach Abschluß der Behandlung noch festzustellen.

Manchmal werden Behandlungen dadurch etwas komplizierter, daß »Rollenspiel-Techniken« angewandt werden müssen, wie z. B. im Fall von Pat.

Sie war eine 19jährige Verkäuferin, die seit über 4 Jahren unter sozialen Angstzuständen litt. Auffallend ängstlich war sie, wenn sie Menschen in deren Wohnungen besuchte oder gemeinsam mit anderen essen sollte. Sie konnte zwar in einem Restaurant oder in einer Cafeteria essen, solange sie allein war, aber nicht mehr, wenn jemand mit am Tisch saß. Sie war in sozialer Hinsicht schon immer scheu und reserviert. Mit ihrem Freund traf sie sich einmal in der Woche entweder in seiner oder in ihrer Wohnung, aber sie aßen dort nie gemeinsam.

    Vor der Behandlung vereinbarte Pat mit ihrem Therapeuten als Therapieziel ein Essen in Gesellschaft dreier Freundinnen in der Wohnung ihres Freundes. In der ersten Behandlungssitzung aß Pat allein mit ihrem Therapeuten; zu Beginn der Mahlzeit fühlte sie sich noch ängstlich, was sich aber gegen Ende der Mahlzeit, etwa 1 Stunde später, gelegt hatte. Beim nächsten Essen mit ihrem Therapeuten fühlte sie sich zwar gut, war aber hinterher nicht in der Lage, mit ihrem Freund zu essen. Da es nicht möglich war, ihren Freund mit in die Behandlung einzubeziehen, wurde Pat statt dessen gebeten, sich das Essen mit ihrem Freund möglichst lebhaft vorzustellen. Sie mußte dem Therapeuten detailliert beschreiben, wie sich diese Mahlzeit vollzog. Der Therapeut ermunterte ihre Erzählung, wenn ihre Kraft nachließ.

    In einer Reihe von »Spielproben« zur Bewältigung ihrer Scheu gab sich der Therapeut als Verkäufer aus, während Pat die Rolle eines Kunden spielte, der Waren reklamierte. Dies wurde auf einem Videoband aufgezeichnet, und sie konnte bei der Wiedergabe die Art ihrer Handlungsweisen beobachten. Der Therapeut gab ihr Hinweise, was sie als verärgerte Kundin sagen könnte, und sie spielten dieselben Rollen noch einmal. Danach wurden die Rollen gewechselt; der Therapeut spielte den Kunden und Pat den Verkäufer, um ihr das Gefühl zu geben, wie der Sachverhalt von anderer Seite her angesehen werden kann. Darüber hinaus wurden andere Situationen durchgespielt, wie z. B. einen Fremden nach der Straße fragen oder es abzulehnen, eine unvernünftige Forderung eines Kollegen auszuführen. Der Therapeut zeigte Pat, was dabei zunächst zu tun war und forderte Pat dann auf, dasselbe zu tun. Sie sprach auf diese Art des Vorspielens und Anleitens gut an und brachte es fertig, mit einem fremden Mann zu essen.

Zu diesem Zeitpunkt wurde sie aufgefordert, sich einer Gruppe von 5 anderen Patienten mit ähnlichen Ängsten anzuschließen. Diese 6 Patienten nahmen an einer ganztägigen Sitzung teil, die 9 Stunden dauerte. Morgens beim Kaffee beschrieb der Therapeut das Programm des Tages. Dann wurden sie angeleitet, Gesellschaftsspiele zu machen, die ihnen den Kontakt miteinander erleichtern sollten. Dabei mußten sie einmal versuchen, aus dem Kreis auszubrechen. Ein anderesmal mußten sie im Kreis eine Apfelsine hinter dem Nacken von Partner zu Partner weiterreichen usw. Nach solchen Vorübungen wurden soziale Situationen von ansteigender Schwierigkeit gespielt. Am späteren Nachmittag kauften sie in kleineren Grüppchen Nahrungsmittel für das Abendessen ein, das sie in der Wohnung des Therapeuten kochen sollten. Dabei wurde fleißig geplaudert, und schließlich aßen sie gemeinsam die Mahlzeit. Nach einer anfänglichen Unruhe fühlten die Patienten sich offensichtlich wohl und planten, sich nach Abschluß der Gruppenstunde zu treffen.

Pat hatte das Gefühl, daß sie von dieser eintägigen Gruppensitzung viel profitierte. Alle weiteren Sitzungen wurden wieder allein mit dem Therapeuten durchgeführt. Nach insgesamt 18 Sitzungen glaubte sie, die gewünschten Ziele erreicht zu haben und wurde aus der Behandlung entlassen. Bei der Nachkontrolle nach 6 Monaten war sie in der Lage, mit ihrem Verlobten und seiner Familie zu essen und hatte inzwischen mit ihm und sogar mit einer größeren Gruppe von Bekannten in ausgewählten Restaurants gegessen.

Sie traf sich zwar noch immer nicht gern mit Fremden, aber wenn diese Situation notwendig war, konnte sie damit fertig werden und mied sie im Gegensatz zu früher nicht mehr.

Die Gruppensitzung, an der Pat teilnahm, betraf das Training *sozialer Fertigkeiten.* Dies sind Techniken, mit denen Patienten beigebracht wird, wie sie besser mit anderen Menschen umgehen können. Hier werden soziale Hemmungen dadurch überwunden, daß die Patienten in zunehmend schwierigeren sozialen Situationen nach und nach lernen, soziale Probleme zu meistern. Überaggressive Menschen können lernen, ihre Gefühle in akzeptablerer Form auszusprechen. Derartige soziale Schwierigkeiten können allein oder in der Gruppe behandelt werden. In einem Gruppentraining für soziale Fertigkeiten könnten die Instruktionen des Therapeuten folgendermaßen lauten: »Um die unangenehmen Gefühle zu verlernen, die Sie in Gesellschaft anderer überkommen, ist es notwendig, bestimmte Übungen durchzuführen. Es wird viel Bereitschaft zur Anstrengung und Zusammenarbeit von Ihnen gefordert, wenn Sie lernen, Ihr soziales Verhalten zu steuern, sich weniger betreten zu fühlen und sich von Ihrer Umgebung besser akzeptiert zu fühlen. In diesem Programm wird Ihr soziales Verhalten, wenn es sich in einfacheren Situationen als erfolgreich gezeigt hat, zunehmend in schwierigeren Situationen auf die Probe gestellt werden.«

Die Gruppe, die aufgrund ähnlicher sozialer Probleme zusammengestellt wird, spielt dann eine Reihe von Szenen durch, wie z. B. jemanden auf der Straße nach der Zeit fragen, einen Fremden nach einer Straße in der Nachbarschaft fragen oder ihn zu bitten, einen komplizierten Weg nach einer anderen Stadt zu beschreiben. Die Patienten spielen diese Rollen zuerst in der Gruppe durch und müssen dann dasselbe in der realen Situation tun. Es können auch andere Übungen durchgeführt werden, wie z. B. in einem Geschäft nach einem bestimmten Gegenstand zu fragen, der nicht genau beschrieben werden kann, oder sich als Kunde in einem Schuhgeschäft viele Paare Schuhe zum Anprobieren geben zu lassen. Eine andere Rolle könnte die sein, als Gast in einem Restaurant den Kellner um eine detaillierte Rechnung zu bitten oder sich auf einer Party einem Fremden vorzustellen und eine Unterhaltung durchzuführen.

Obwohl das Training der sozialen Fertigkeiten erst seit kurzem Bestandteil therapeutischer Programme ist, scheint die gegenwärtige Entwicklung viel Hilfe für Menschen zu versprechen, die im Umgang mit anderen Menschen schüchtern, unbeholfen oder schwierig sind.

Krankheitsphobien

Von Zeit zu Zeit hat jeder von uns Angst vor Krankheit. Wer hat nicht schon eine Stelle an seiner Hand entdeckt und überlegt, ob es nicht irgendeine Form von Krebs oder irgendeiner anderen fürchterlichen Krankheit sein könnte? Hypochondrie ist typisch für Medizinstudenten, indem sie leicht die Anzeichen jener Krankheiten an sich zu erkennen glauben, über die sie derzeit gerade unterrichtet werden. So wie sie im Studium vorankommen, erleben sie eine Abfolge von Krankheitsängsten. Diese sind jedoch kurzlebig, bedeuten kein wirkliches Handicap und erfordern keine Behandlung.

Bei einigen Menschen ist die Angst vor Krankheit jedoch so dauerhaft, daß sie einen Arzt um Rat fragen. Wenn sich die Angstzustände auf viele körperliche Symptome und viele verschiedene Krankheiten beziehen, wird von Hypochondrie gesprochen. Wenn sich die Angst aber auf ein einzelnes Symptom, auf eine einzelne Krankheit bezieht, sprechen wir von Krankheitsphobie. Die Merkmale der Hypochondrie wurden bereits im 17. Jahrhundert gut beschrieben.

»...manche haben Angst, daß sie jede dieser fürchterlichen Krankheiten bekommen werden, die sie bei anderen gesehen, von der sie gehört oder über die sie gelesen haben; deshalb trauen sie sich nicht, überhaupt von einem solchen Thema zu hören oder darüber zu lesen, weniger aus Angst vor Traurigkeit, sondern weil sie fürchten, das Gelesene oder Gehörte durch Anwendung auf sich selbst zu aggravieren und zu verstärken.«

Bis zu einem gewissen Grade reflektieren Krankheitsphobien gerade jene Krankheitsängste, die entweder in dem Kulturkreis oder in der Subkultur der Familie aktuell sind. Als vor etlichen Jahren in Amerika eine Aufklärungskampagne über Tuberkulose durchgeführt wurde, entwickelten viele Menschen eine besondere Furcht vor dieser Krankheit. Heutzutage kommt Tuberkulose selten vor und ist deshalb nur selten Gegenstand einer Phobie; statt dessen bereiten Krebs und Herzerkrankungen häufiger Sorgen.

Seit ca. 10 Jahren beziehen sich Krankheitsphobien oft auf die Angst, sich an AIDS zu infizieren. Das liegt daran, daß durch Aufklärungskampagnen und Zunahme der AIDS-Kranken in der Bevölkerung diese Krankheit an Bedeutung und an Bekanntheitsgrad gewonnen hat. Vor 1980 war die Erkrankung in Deutschland wenig bekannt. Selbstverständlich ist es richtig, sich durch entsprechendes Verhalten vor dieser Krankheit zu schützen und sich nicht leichtfertig in Gefahr zu begeben. Patienten mit einer AIDS-Phobie sorgen sich jedoch übermäßig. Sie fürchten ständig, sich zu infizieren, obwohl sie realistischerweise mit keiner Infektionsquelle in Berührung gekommen sind. Selbst mehrfache ärztliche Untersuchungen können diese Patienten nicht beruhigen. Entweder glauben sie, daß die Untersuchung fehlerhaft oder nicht sorgfältig genug ausgeführt worden ist, oder sie befürchten, sich in der Zwischenzeit infiziert zu haben. Darüber hinaus entwickeln AIDS-Phobiker oft verschiedene Vermeidungsstrategien, um etwaige Gefahrenquellen auszuschalten. Dazu gehören dann auch unnötige Vorsichtsmaßnahmen, weil unrealistische Infektionswege befürchtet werden. Im Gegensatz dazu haben Menschen, die ein erhöhtes Risiko tragen, an AIDS zu erkranken, natürlich berechtigte Ängste, wie z. B. Drogenabhängige, Homosexuelle, Personen mit häufig wechselnden Sexualpartnern oder Personen, die häufig Bluttransfusionen erhalten.

Menschen, die in sehr gesundheitsbewußten Familien aufwachsen, sind für Krankheitsängste anfälliger. Wenn jemand eine Erkrankung von irgendeinem Bereich seines Körpers überstanden hat, wird er diesen Bereich in der Folgezeit mit besonderer Aufmerksamkeit beobachten. Ein früher aufgetretenes rheumatisches Fieber kann zu unrealistischen Sorgen über das Funktionieren des eigenen Herzens führen. Einige Menschen identifizieren sich mit einem Elternteil, Bruder oder Schwester, die gerade eine bestimmte Krankheit haben. Die Angst vor einer bestimmten Krankheit kann Probleme psychologischer Art offenbaren – so kann die Angst vor Syphilis beispielsweise bei jemandem auftreten, der sich wegen sexueller Abenteuer schuldig fühlt. All diese Faktoren können durch eine Erziehung in einer Umgebung verstärkt werden, in der physischen Störungen eine übermäßige Aufmerksamkeit zuteil wurde, und wenn eine bestimmte Krankheit in den Blickpunkt der öffentlichen Aufmerksamkeit rückt. Eine junge Frau entwickelte aufgrund der Tatsache, daß viele ihrer Verwandten an Epilepsie erkrankt waren, die Angst, daß sie ebenfalls Anfälle bekommen könnte und fürchtete sich allmählich, allein auszugehen. Manchmal kann die Angst vor einer Krankheit auch die Folge eines simplen Mißverständnisses in der Kommunikation zwischen Arzt und Patient sein. So mag ein Patient das Schweigen eines ohnehin nicht sehr gesprächigen Arztes als ominöses Zeichen dafür auslegen, daß ihm beängstigende Informationen vorenthalten werden.

Menschen mit Krankheitsphobien können tatsächlich völlig gesund sein. Die Angst ist jedoch sehr beständig und engt sie in ihren täglichen Aktivitäten ein, als wenn sie die Krankheit, die sie fürchten, tatsächlich hätten. So fiel auch einmal die Äußerung: »Die Angst ist schmerzhafter als der Schmerz, der befürchtet wird« Ein Phobiker sucht seinen Körper ständig nach ersten Anzeichen einer Erkrankung ab. Keine Hautverletzung und kein Gefühl im Körper kann trivial genug sein, um für den phobischen Patienten bedeutsam zu werden. Tatsächlich vorhandene, aber normale körperliche Empfindungen werden von ihm falsch interpretiert. Seine Angst wird neue Symptome, wie Bauchschmerzen oder unangenehme Darmkrämpfe erzeugen und somit seine düsteren Vermutungen bestätigen.

Ein Krankheitsphobiker kann in seinem vergeblichen Bemühen um moralische Unterstützung hunderte von Telefongesprächen oder Besuchen bei Ärzten in seiner Umgebung durchführen. Dennoch beruhigt ihn die Auskunft, daß alles mit ihm in Ordnung sei, nur für eine kurze Dauer; bald beginnt die Suche nach einer Bestätigung seiner Krankheit von neuem.

Eine 32jährige Frau kam in den vergangenen 3 Jahren insgesamt 43mal in die Unfallstationen der Krankenhäuser und wurde dabei an nahezu jedem Teil ihres Körpers geröntgt. Niemals ergaben die Untersuchungen irgendeine Abnormität, und so wurde sie jedesmal aus dem Krankenhaus entlassen »verjüngt – als ob man zum Tode verurteilt gewesen wäre und eine Gnadenfrist erhalten hätte«. Aber schon innerhalb der darauffolgenden Woche suchte sie wieder ein neues Krankenhaus, »wo sie nicht wissen, daß ich eine Schwindlerin bin. Mich entsetzt der Gedanke, sterben zu müssen. Es ist das Ende, das völlige Ende und der Gedanke, in der Erde zu verrotten, läßt mich nicht los, ich kann die Würmer und Maden förmlich spüren«. Der Gedanke an Sexualverkehr mit ihrem Mann versteinerte sie praktisch, weil sie sich vorstellte, es könne dabei ein Blutgefäß platzen; sie stand sogar nachts um 2 Uhr auf und saß dann stundenlang vor einem Krankenhaus, nur um zu wissen, daß notfalls die Hilfe nahe war.

Die Angst vor Krankheit kann schwerwiegende Handicaps zur Folge haben. Ein 53jähriger Mann hatte derartige Ängste bereits 28 Jahre lang, in denen er die Ärzte hunderte von Malen aufgesucht hatte, um sich über seinen Gesundheitszustand zu vergewissern und in denen er sich von Fabrikinspektoren vom Wasseramt die Reinheit der Substanzen bestätigen ließ, mit denen er in Berührung kam. Er hatte insgesamt ein Drittel bis zu einer Hälfte seiner Arbeitszeit gefehlt. Er veranlaßte auch seine Frau zu endlosen Telefongesprächen mit Ärzten und verschiedenen Autoritäten, um sich seine Gesundheit bestätigen zu lassen. Als er bereits mehr als 100 Röntgenuntersuchungen über sich ergehen hatte lassen, entwickelte er die neue Vorstellung, daß diese eine Leukämie verursachen könnten! Seine Furcht vor Krankheit und Wünsche nach wiederholter Bestätigung seiner Gesundheit waren auch mit zwanghaften Ritualen verbunden. Dies ist bei Krankheitsphobien nicht selten und wird an späterer Stelle bei den Zwangshandlungen diskutiert.

Obwohl eine körperliche Erkrankung gelegentlich eine Phobie auslösen kann, oder zumindest die Bereitschaft eines Menschen zur Entwicklung einer Phobie erhöhen kann, ist bei Phobikern im allgemeinen keine Krankheitsgeschichte vorausgegangen, die dessen Symptome erklären könnte. Vielmehr sind einige Fälle bekannt, in denen das tatsächliche Auftreten der ehemals gefürchteten Krankheit sogar zur Befreiung von der Angst führte. So wird über den Fall eines Mannes berichtet, der so stark unter der Angst vor einer Geschlechtserkrankung litt, daß dies sogar die Aufnahme in einer Psychiatrischen Klinik erforderlich machte. Nach seiner Entlassung aus der Klinik zog er sich eine Syphilis zu, deren Geschwüre er selbst sehen konnte. Ab diesem Zeitpunkt waren seine Ängste verschwunden, und er unterzog sich zufrieden der Behandlung seiner Syphilis.

Krankheitsphobien unterscheiden sich stark von den bisher beschriebenen Phobien insbesondere deshalb, weil sie in Situationen auftreten, die der Patient nicht meiden kann. Das gefürchtete Objekt der Phobie ist der Körper selbst. Der Phobiker kann daher die angstauslösende Situation weder meiden noch ihr entfliehen, wie es Personen mit Angst vor Hunden, Flugzeugen und anderen Dingen können. Die Angst vor Krankheit kann jedoch durch bestimmte situative Umstände ausgelöst werden, die der Patient dann zu vermeiden beginnt, wie jene Frau, die aus Furcht vor Epilepsie nicht mehr allein das Haus verlassen konnte.

Die endlose Suche nach Bestätigung, die Menschen mit hypochondrischen Angstzuständen oder zwanghaften Störungen kennzeichnet, ist einer Abhängigkeit ähnlich. Die Bestätigung reduziert die Angst vorübergehend, aber die Spannung stellt sich innerhalb weniger Wochen, Tage oder Minuten aufs Neue ein und erfordert wiederum Beruhigung; das Intervall zwischen diesen Bestätigungen wird zunehmend geringer. Dies erinnert an Drogenabhängige, die Entzugserscheinungen bekommen, wenn ihnen die Drogen vorenthalten werden.

Behandlung von Krankheitsphobien und Sorgen über die äußere Erscheinung

Die Behandlung dieser Probleme folgt derselben Richtlinie wie die der anderen Phobien, mit dem Unterschied, daß der Reiz, an den sich der Patient gewöhnen muß, mehr in seinem eigenen Denken als in der Umwelt liegt. Ein Mensch mit einer Krankheitsphobie muß sich an den Gedanken gewöhnen, Krebs, Herzbeschwerden oder sonstige Krankheiten tatsächlich bekommen zu können. Dies kann auf verschiedene Weisen erreicht werden.

Ein Patient mit der Furcht vor einem Hirntumor kann von seinem Therapeuten zu etwa folgender Vorstellung veranlaßt werden: »Stellen Sie sich vor, Ihr Arzt hätte Ihnen tatsächlich gerade eröffnet, daß Sie einen Hirntumor haben und nur noch 6 Monate zu leben haben. Er hat Ihnen nahegelegt, ihre Angelegenheiten zu ordnen, damit ihre Familie versorgt ist. Sie sehen Röntgenaufnahmen von Ihrem Gehirn, auf denen der Arzt Ihnen den Tumor zeigt. Zunächst können Sie alles nicht ganz verstehen, aber nachdem Sie die Praxis verlassen haben, wird Ihnen plötzlich bewußt, was er gesagt hat...« Der Patient wird dann aufgefordert, sich derartige Szenen 1 Stunde oder länger vorzustellen, bis zu einem Zeitpunkt, an dem sie keine Angst mehr hervorrufen, sondern ihm nur noch lästig sind. Einem Patienten mit Krebsangst kann die Gewebeprobe eines Karzinoms in einer verschlossenen Flasche gegeben werden, die er bei sich tragend jeden Tag betrachten kann, bis der Krebs seinen Schrecken für ihn verliert. Ihm kann auch empfohlen werden, Artikel über Krebs oder Bilder von Tumoren an den Wänden seines Schlafzimmers und in der Küche aufzuhängen, so daß er sich an sie gewöhnt und es aufgibt, schon vor der bloßen Vorstellung von Krebs davonzulaufen.

Die schwer geprüften Verwandten, die in die Angst mit einbezogen wurden, weil der Phobiker fortlaufend die Versicherung seiner Gesundheit von ihnen verlangt hatte, können in der Behandlung helfen. Wenn ein Krankheitsphobiker die Gewohnheit hat, seine Frau zu fragen, ob er blaß oder krank aussehe, wird sie dahingehend instruiert, ihm nicht mehr zu bestätigen, daß er gesund aussehe, sondern ihm stattdessen zu sagen, daß es ihr nicht mehr erlaubt sei, solche Fragen zu beantworten. Der Arzt kann Szenen, in denen der Patient um Bestätigung seiner Gesundheit bittet und die Frau sich weigert, derartige Fragen zu beantworten, einüben. Dies wird so oft wiederholt, bis das Ehepaar weiß, was es zu sagen hat. Dieses einfache Vorgehen kann für die Partner überraschend schwer zu lernen sein und muß in Gegenwart des Therapeuten bis zu 10mal eingeübt werden, bevor das Ehepaar diese Verhaltensweisen begriffen hat.

Die Bestätigung der Gesundheit muß deshalb vorenthalten werden, weil der phobische Patient fähig werden muß, die Unsicherheit seines Gesundheitszustandes zu ertragen. Jeder von uns fragt sich gelegentlich, ob nicht ein Muttermal auf seiner Hand der Beginn einer Krebserkrankung sein könnte, aber wir sind fähig, diesen Gedanken von uns zu weisen. Ein Phobiker muß lernen, solchen Gedanken mit derselben Leichtigkeit zu begegnen, was ihm aber nicht möglich ist, solange die Bestätigung durch andere nicht gestoppt wird. Zu Beginn der Behandlung, wenn die Bestätigung vorenthalten wird, kann die hypochondrische Furcht kurzfristig für wenige Stunden oder Tage anwachsen; wenn jedoch der Partner seine Rolle korrekt spielt und nicht nachgibt, werden die Angstzustände nach und nach verschwinden. Gewöhnlich müssen die Ehepaare mit dem Therapeuten in ständigem Kontakt stehen, damit er sie unterstützen kann, denn es ist ein natürliches Bedürfnis, den geliebten Partner zu trösten, selbst wenn es ihm langfristig gesehen schadet.

Sorgen über den eigenen Körper können dazu veranlassen, Orte zu meiden, die eine diesbezügliche Angst auslösen. Die Behandlung kann dann in derselben Form durchgeführt werden, wie bei einer Agoraphobie oder sozialen Phobien, d. h., daß der Phobiker aufgefordert wird, sich so lange in der gefürchteten Umgebung aufzuhalten, bis er sich darin entspannt fühlt.

Dazu ein Beispiel von Mrs. Jones, einer 35jährigen Frau, die bereits seit 16 Jahren den unerträglichen Gedanken hat, daß ihr Körper einen unangenehmen Geruch ausstrahle. Begonnen hatte dies kurz vor ihrer Ehe, als sie mit einem engen Freund im Bett lag und dieser ihr von einem Arbeitskollegen erzählte, dessen Körpergeruch ihm unangenehm war. Mrs. Jones bezog diese Bemerkung auf sich selbst. In der Furcht, daß anderen Leuten ihr Körpergeruch auffallen konnte, war sie in den letzten 5 Jahren nicht mehr fähig gewesen, irgendwohin zu gehen es sei denn in Begleitung ihres Mannes oder ihrer Mutter. Sie mied Kinos, Diskotheken, Kaffees und private Wohnungen. Gelegentlich besuchte sie ihre Schwiegereltern, setzte sich aber immer weit von ihnen entfernt. Ihrem Ehemann erlaubte sie nicht, Freunde einzuladen oder zu besuchen. Sie suchte immer wieder die Bestätigung ihres Mannes, daß ihr Körper keinen Geruch ausstrahle, aber seine Antworten befriedigten sie nicht. Bei Werbespots im Fernsehen über Deodorants wurde sie ängstlich. Sie vermied es, auf der Straße nahe an anderen Leuten vorbeizugehen. Mit ihrem Mann in einer Schlange vor dem Bus zu warten, löste Schweißausbrüche bei ihr aus und auch die Furcht, überhaupt auf einen Bus warten zu müssen. Sie weigerte sich, die örtliche Kirche zu besuchen, weil diese sehr klein war und alle Kirchenbesucher in ihrer Nachbarschaft wohnten. Die Familie ging deshalb in eine weit entfernte Kirche, die ihr erlaubte, sich in genügendem Abstand von den unbekannten Besuchern zu setzen. Ihr Ehemann mußte sämtliche Kleider für sie einkaufen, weil sie sich fürchtete, in Gegenwart der Verkäuferin Kleider anzuprobieren. Sie hatte seit drei Jahren nicht mehr mit den Nachbarn gesprochen, weil sie annahm, daß diese bereits mit einigen Freunden über sie gesprochen hatten. Die Eingangstür ihres Hauses war den ganzen Tag über geschlossen und Fremden, die an der Tür klingelten, wurde nicht geantwortet. Jeden Tag wusch sich Mrs. Jones von Kopf bis Fuß. Sie brauchte Unmengen von Deodorants und badete und wechselte ihre Kleider vor jedem Ausgang, bis zu 4mal am Tag.

Als sich Mrs. Jones zur Behandlung vorstellte, errötete sie oft und konnte dem Therapeuten nicht in die Augen sehen. Die Behandlung wurde ihr in der Form erklärt, daß sie lernen könne, sich wiederholt und längere Zeit an Orten aufzuhalten, die sie wegen ihres Körpergeruchs vermieden hatte, bis ihre Angst davor behoben sei. Mrs. Jones nannte zwei Ziele, die zuerst mit der Behandlung erreicht werden sollten: Allein an drei Nachbarn in deren Garten vorbeigehen und sich in ihrem Wohnzimmer mit Freunden über Gerüche unterhalten. Vor der ersten Begegnung mit diesen Menschen mußte sie einige andere Aufgaben durchführen, wie z.B. jeden Morgen ihren Sohn zur Bushaltestelle zu bringen und mit ihrer Mutter an zwei Tagen in der Woche zum Einkaufen zu gehen.

Ihr Ehemann mußte sie loben, wenn sie diese Aufgaben durchgeführt hatte, ihr aber jeden Kommentar über ihren Körpergeruch vorenthalten. Zu Beginn der ersten Sitzung berichteten Mrs. Jones und ihr Mann, daß sie die meisten Aufgaben durchgeführt hätte. Sie ersuchte ihn häufig um Bestätigung, und er empfand es als schwierig, nicht nachzugeben. In der ersten Therapiesitzung fuhr Mrs. Jones in Begleitung einer Therapiehelferin mit dem Bus zu einem Einkaufscenter und blieb zwei Stunden dort. Während dieser Zeit betrat Mrs. Jones 3 Geschäfte und blieb so lange, bis ihre Angst abnahm. Sie wurde gebeten, in das am stärksten frequentierte Geschäft zu gehen und sich in der längsten Reihe anzustellen. Dies alles wurde zuerst von der Therapiehelferin vorgemacht und von Mrs. Jones beobachtet; dann sollte es Mrs. Jones selbst tun, wobei die Therapiehelferin in ihrer Nähe blieb. In diesen 2 Stunden nahm ihr Unbehagen beträchtlich ab, obwohl sie übermäßig schwitzte, errötete und häufig nach ihrem Körpergeruch fragte. Sie benötigte viel Überredung, um es in der Menge auszuhalten, aber die Rückfahrt zur Klinik in einem vollbesetzten Bus rief nur noch wenig Angst bei ihr hervor, und sie fragte dabei auch nicht mehr nach ihrem Geruch.

Vor ihrer zweiten Sitzung mußte sie drei andere Aufgaben ausführen: Allein beim nächsten Kaufmann einkaufen, täglich mit ihrem Sohne eine Stunde spazierengehen und mit ihrem Mann ein Kino besuchen. Weiterhin sollte sie zur nächsten und allen weiteren Sitzungen ungewaschen und ohne Benutzung eines Deodorants kommen. Bis zu dieser zweiten Sitzung, die eine Woche später stattfand, hatte sie alle Aufgaben erfüllt und war mit ihrem Fortschritt zufrieden. Die zweite Sitzung fand in großen Warenhäusern in der City statt, wiederum in Begleitung der Therapiehelferin. Langsam verringerte sich Mrs. Jones Unbehagen, und sie war kaum mehr ängstlich, wenn sie im überfüllten Bus oder Zug fuhr.

Die Sitzungen 2 bis 4 wurden im Abstand von jeweils 2 Wochen durchgeführt. Mrs. Jones fuhr dabei wieder zu belebten Orten in der City, wobei sich aber die Therapiehelferin mehr und mehr von ihr entfernte. In der fünften Sitzung fuhr Mrs. Jones allein mit dem Bus in die City, blieb 1½ Std. in Warenhäusern, verspürte dabei auch nur wenig Angst, aß in einem gutbesuchten Restaurant und wartete in einer langen Schlange auf den Bus. Sie fuhr auch die 2 Stunden von ihrem Wohnort nach London in einem öffentlichen Verkehrsmittel. Zu Hause kaufte sie häufiger allein ein, winkte den Nachbarn zu und besuchte Freunde, war aber noch etwas ängstlich beim Einkaufen und beim Busfahren. Ihr Ehemann berichtete, daß sie seltener nach ihrem Körpergeruch frage, weniger bade und weniger Deodorant benutze.

In der sechsten Sitzung mußte Mrs. Jones ihren Mann bei einem Einkaufsbummel nach London begleiten. Sie probierte in zwei Warenhäusern Kleider an (das erstemal seit 4 Jahren), ging mit ihrem Mann in viele gutbesuchte Geschäfte, und er hatte bereits Schwierigkeiten, mit ihr die Geschäfte zu verlassen. Sie wurde dann aufgefordert, mehr in ihrer näheren Umgebung einzukaufen, zunächst in Begleitung und dann allein.

Von diesem Zeitpunkt an nahm die Therapiehelferin an keinen Sitzungen mehr teil, sondern überwachte den Fortgang der Behandlung nur noch durch wöchentliche Telefonanrufe. Mrs. Jones besuchte nun Freunde nach einem längeren Einkaufsbummel, wechselte ihre Kleider nur, wenn sie abends ausging und fühlte sich insgesamt entspannter. Sie wurde entlassen und bei den Kontrollen im folgenden Jahr zeigten sich noch weitere Verbesserungen. Sie konnte nun unbeschwert in die nahe Kirche gehen, Nachbarn besuchen und erstmalig einer Versammlung in der Schule ihres Sohnes beiwohnen. Sie fuhr mit ihrer Familie in die ersten gemeinsamen Ferien seit Jahren. Freunde besuchten sie in den Ferien und übers Wochenende, und sie selbst reiste unbeschwert trotz gelegentlichen leichten Unbehagens. Beim Abschlußgespräch sah sie dem Therapeuten in die Augen, sprach frei über ihre vergangenen Schwierigkeiten und schien sehr viel selbstsicherer und fröhlicher zu sein.

Zusammenfassung

Im Gegensatz zur Agoraphobie treten soziale Phobien bei Männern und Frauen gleich häufig auf. Sie beginnen allmählich im frühen Erwachsenenalter. Die Phobie kann einerseits sehr spezifische soziale Situationen betreffen, zum Beispiel das Essen in vornehmen Restaurants oder andererseits quälende Schüchternheit in jeder Situation zur Folge haben. Dies führt zu einer schweren Isolation und Einsamkeit. Die Sorge über die eigene Erscheinung ist ein häufiges Problem. Viele Menschen mit diesem Problem konsultieren deshalb Schönheitschirurgen.

Soziale Ängste können sehr effektiv durch anhaltende (verlängerte) Konfrontation mit den sozialen Ereignissen, die die Angst auslösen, behandelt werden. Wenn soziale Ängste durch Unsicherheit oder Unwissen im Umgang mit anderen Menschen auftreten, sprechen wir von einem Mangel an sozialen Fertigkeiten. In solchen Fällen schließt die Behandlung ein Training der sozialen Fertigkeiten ein. Dies bedeutet, den Betroffenen zu zeigen, wie man in verschiedenen sozialen Kontexten reagiert, der Patient übt solches Benehmen in verschiedenen Rollenspielsituationen. Die Patienten können alleine oder in der Gruppe behandelt werden.

Eine Krankheitsphobie kann den Grad einer milden Hypochondrie erreichen, sie kann im Extremfall ein lähmender Schrecken sein, der den Betroffenen nach endlosen und fruchtlosen Fragen nach Bestätigung und ärztlichen Untersuchungen süchtig macht. Krankheitsphobien werden in Familien, die übermäßig gesundheitsbewußt sind, geschürt, und Modeerscheinungen beeinflussen die Wahl der gefürchteten Krankheit. Manche Ängste resultieren einfach aus mangelndem Wissen. Auslöser von Ängsten können sowohl äußerlich sein, zum Beispiel ein Zeitschriftenartikel über Krebs, als auch innerlich, wie ein Schmerzgefühl oder Knoten im Körper.

Patienten mit einer Krankheitsphobie können ihr Leben dem Suchen nach Bestätigung widmen. So wie mit anderen Süchten gewährt ein Nachgeben der Sucht nur kurzen Aufschub, in diesem Fall sind es Bestätigung und ärztliche Untersuchungen. Die Spannung baut sich bald wieder auf. Im Verlauf der Behandlung müssen die Verwandten als Kotherapeuten helfen, indem sie den Betroffenen die Bestätigung verweigern. Der Betroffene muß lernen, mit der Unsicherheit bezüglich seiner Gesundheit zu leben und eine Toleranz entwickeln, über Krankheiten zu sprechen.

7 Spezifische Phobien

Tierphobien

Die meisten Kinder durchleben im Alter von 2 bis 4 Jahren eine Phase, in der sie sich vor Tieren fürchten. Diese Furcht kann entstehen, ohne daß das Kind von einem Tier angegriffen wurde, auch ohne daß es jemals Zeuge war, wenn ein anderer von einem Tier verletzt wurde. Es scheint von Natur aus gegeben zu sein, daß Kinder dieses Stadium mit wenig oder keiner speziellen Erfahrung durchlaufen. Die Mehrzahl von ihnen verliert dieses Gefühl doch ziemlich rasch, und zu Beginn der Pubertät haben die meisten die Angst vor Tieren verloren. Nur bei wenigen Menschen bleibt die Angst bis zum Erwachsenenalter bestehen; die meisten davon sind Frauen. Es ist bei Tierphobien ungewöhnlich, daß diese erst nach der Pubertät beginnen. Erwachsene, die über Angst vor Tieren klagen, berichten gewöhnlich, daß diese seit der Kindheit vor dem Alter von 6 Jahren bzw. »soweit ich mich erinnern kann« bestehe. Wenige können sich an eine kurze Periode in ihrer frühen Kindheit entsinnen, in der sie keine Angst vor Tieren hatten, bis die Phobie im Alter von 3 oder 4 Jahren begann.

Es ist natürlich, daß viele Menschen, eine Abneigung vor Spinnen, Mäusen, Hunden und anderen Tieren haben. Aber dies ist keine Angst, die stark genug ist, um eine Phobie zu verursachen oder gar einer Behandlung bedarf. Psychiater sehen bei Erwachsenen weit weniger Phobien dieser Art als Agoraphobien oder soziale Ängste, was wahrscheinlich auf ein geringeres Auftreten im Erwachsenenalter hinweist.

Tierphobien bei Erwachsenen unterscheiden sich stark von Agoraphobien. Die Störungen, die durch sie verursacht werden, sind meist viel lokalisierter und mit weniger anderen Problemen assoziiert. Wenn sie einmal begonnen haben, neigen sie dazu, einen ziemlich gleichmäßigen Verlauf zu nehmen im Gegensatz zu Agoraphobien, die sehr unterschiedlich in Erscheinung treten.

Obwohl Erwachsene, die wegen einer Tierphobie behandelt werden wollen, diese meistens schon seit Jahrzehnten haben, ist gewöhnlich irgendeine Veränderung in ihrem Leben Grund dafür, daß sie die Behandlung zu dieser speziellen Zeit wünschen. Ein Stadtbewohner kann die Begegnung mit den meisten Tieren vermeiden; wenn er aber in eine Gegend umzieht, in der viele Tiere sind, kann ihn die Angst lähmen. So bereitete beispielsweise einer Frau das Leben in der Stadt keinerlei Schwierigkeiten. Als sie jedoch in ein Haus auf dem Land umzog, in dem es von Spinnen wimmelte, stellte sich so starke Angst ein, daß sie eine Behandlung benötigte. Sie fühlte sich erst wieder besser, als sie in ein Haus zog, in dem keine Spinnen vorhanden waren. Eine andere Frau unterzog sich der Behandlung, weil das Internat, in dem sie ihre Kunstausbildung aufnehmen wollte, ein altes Haus voller Spinnen war, so daß ihre Berufsausbildung aufs Spiel gesetzt wurde.

Andere Menschen suchen Hilfe, sobald sie erstmalig davon hören, daß eine Behandlung ihrer Phobie überhaupt möglich ist. Wieder andere kommen, weil sie fürchten, daß sich ihre eigene Phobie auf die Kinder überträgt. Einige kommen zunächst wegen anderer Probleme wie z. B. Depression zum Arzt, wobei dann eine Tierphobie zum Vorschein kommt. Im Verlauf einer Depression können früher existierende Schwierigkeiten größer werden und einen Patienten dazu veranlassen, Hilfe für kleinere Probleme zu suchen, die sie vorher leicht ertragen konnten. Einige wenige bitten um die Behandlung ihrer Phobie in der stillen Hoffnung, daß andere Probleme, über die sie zunächst nicht zu sprechen wagen, mitbehandelt würden. Menschen, die ein recht einsames Leben führen, sind wahrscheinlich anfälliger für solche kleinen Probleme, und der soziale Kontakt mit dem Klinikpersonal kann in einem unerfüllten Leben genauso befriedigen wie die Befreiung von dem relativ leichten Symptom. Unter der Voraussetzung gleicher Störungen suchen einsame Menschen medizinische Hilfe häufiger als andere Menschen.

Bei Erwachsenen sind die Anfänge einer Tierphobie gewöhnlich im Dunkel der Erinnerungen aus der Kindheit verschwunden. Aber einige wenige können bestimmte Ereignisse dafür benennen. Bei einer Patientin begann die Phobie vor Katzen, als sie als kleines Mädchen ihren Vater dabei beobachtete, wie er junge Kätzchen ertränkte. Phobien vor Hunden beginnen häufig mit einem Hundebiß, eine Vogelphobie begann damit, daß die Betreffende als Kind für einen Fotografen am Trafalgar Square posieren mußte, wo Tausende von Tauben herumschwärmen. Sie bekam Angst, als sich ein Vogel auf ihre Schulter setzte und sie sich nicht bewegen durfte, weil sie ja für den Fotografen stillstehen mußte. Das daraus entstandene Foto war das Dokument für den Beginn ihrer Phobie. Eine Phobie vor Federn hatte ihren Anfang darin, daß die Betreffende als Baby im Kinderwagen festgebunden von einer fremden Frau mit einer großen Feder am Hut Angst bekam, als diese sich über den Kinderwagen beugte, um das Baby zu sehen.

Freud beschrieb den Anfang solcher Ängste in der Kindheit folgendermaßen:

»Das Kind beginnt plötzlich, bestimmte Tierarten zu fürchten und hütet sich davor, ein Exemplar dieser Art zu sehen oder zu berühren... Die Phobie richtet sich in der Regel auf Tiere, für die das Kind vorher lebhaftes Interesse zeigte, und hat nichts mit dem einzelnen Tier zu tun. In Städten ist die Auswahl an Tieren, die zum phobischen Objekt werden können, nicht groß. Dies sind Pferde, Hunde, Katzen, seltener Vögel und auffallend häufig kleine Tiere, wie Ungeziefer und Schmetterlinge. Manchmal werden Tiere, die dem Kind nur aus Bilderbüchern oder Märchen bekannt sind, zum Objekt der irrealen oder übermäßigen Angst. Es ist selten möglich, die Art und Weise, in der solche Ängste zustande kommen, zu beobachten.«

Bei den meisten Kindern verschwinden solche Ängste schnell ohne sichtlichen Anlaß oder manchmal auch deshalb, weil das Kind Situationen ausgesetzt war, in denen es den Umgang mit Tieren lernte. Ebenso gut können sich die Ängste festigen und sich zu Phobien ausbilden. In der Regel wissen wir nicht, warum ein kleiner Anteil an Phobien nach der Pubertät weiterbesteht. Wenn Patienten um Hilfe bitten, beklagen sie sich im allgemeinen über eine länger bestehende Phobie vor irgendeinem Tier oder Insekt, sind dabei aber frei von anderen Schwierigkeiten.

Praktisch kann jedes größere Tier oder Insekt Gegenstand der Angst werden. Die Ängste richten sich im allgemeinen auf Vögel oder Federvieh. Tauben scheinen besonders gefürchtet zu sein, während kleinere Vögel wie Sittiche oder Kanarienvögel leichter zu ertragen sind. Phobien vor Spinnen, Bienen oder Wespen sind weit verbreitet: »Spinnen erschrecken mich – die Art, in der sie sich bewegen – wie auf Stelzen, sie sind schwarz, haarig und böse.« Manchmal ist die Phobie mehr ein Ärgernis als ein größeres Problem, wie im Fall einer Frau, die auf dem Land lebte und nicht zu Teichen gehen konnte, in denen viele Frösche vorhanden waren; sie konnte sich auch keine Bilder von Fröschen anschauen. Bei starken Phobien vor häufig vorkommenden Tieren kann die Qual sehr groß werden, wie z. B. bei einer anderen Frau mit Angst vor Vögeln. Sie konnte nicht durch die Straßen von London zur Arbeit gehen, da es hier vor Tauben wimmelte. Sie hatte ihre Anstellung aufgegeben und verließ das Haus nur abends wenn keine Tauben mehr herumflogen.

Spinnenphobiker fürchten das Nahen des Sommers und Herbstes, weil dann mehr Spinnen zum Vorschein kommen; sie fühlen sich nur im Winter wirklich wohl, wenn diese Tiere kaum erscheinen.

Überraschend ist, wie selten Phobien bei anderen Mitgliedern der Familie des Patienten auftreten, denn man möchte annehmen, daß diese Phobien auch durch das Verhalten naher Verwandter geformt werden. Gelegentlich findet man dieselbe Furcht bei mehreren Familienmitgliedern und kann dann beobachten, wie diese von einer Generation auf die nächste übergeht.

Obwohl diese begrenzten Phobien ein triviales Problem zu sein scheinen, ist es für einen Menschen mit einer ausgeprägten Phobie sehr quälend, mit dem phobischen Objekt in Kontakt zu kommen. Wenn Patienten während der Behandlung zu nah an das gefürchtete Tier herangebracht werden, zeigen sie eine akute Panik, Schweißausbrüche, Zittern und deutliches Entsetzen.

Eine Frau mit einer Spinnenphobie schrie laut auf, als sie in ihrer Wohnung eine Spinne entdeckte. Sie lief aus dem Haus, um einen Nachbarn zu finden, der die Spinne entfernte. Sie zitterte vor Angst und behielt den Nachbarn noch zwei Stunden bei sich, bis sie wieder alleinbleiben konnte. Eine andere Patientin mit einer Spinnenphobie fand sich selbst oben auf dem Kühlschrank sitzend wieder, ohne sich daran zu erinnern, wie sie hinaufgekommen war – das

Entsetzen beim Anblick einer Spinne hatte ihr Gedächtnis kurzzeitig außer Funktion gesetzt.

»Ich gerate in Panik, wenn ich in irgendeinen Park oder in einen Garten gehen soll,« berichtete eine zweiundvierzigjährige Frau mit einer Furcht vor Tauben. »Ich habe viele Verabredungen versäumt, weil ich immer fortlief, wenn irgendwelche Vögel in der Nähe der Busstation herumflogen. Es ist eine Tortur für mich, einzukaufen – ich wechsle laufend die Straßenseite, um Vögeln zu entgehen. Ich habe Alpträume von ihnen.« Eine andere Frau mittleren Alters mit derselben Phobie hatte nie die Fenster ihrer Wohnung geöffnet, damit nicht irgendwelche Vögel reinfliegen könnten. Der Anblick eines Vogels »löst mich auf. Wenn ein Vogel auf mich zufliegen würde, bekäme ich vor Angst einen Herzanfall«. Sie kam einige Male zu spät zur Arbeit, weil sie so lange benötigte, um ihren Weg zwischen all den Vögeln an der Waterloo-Station zu finden.

Einige Patienten werden wiederholt von Alpträumen über die gefürchteten Tiere geplagt. Sie träumen, daß sie von großen Spinnen oder herabstoßenden Vögeln umgeben seien, denen sie nicht entgehen können. Wenn sich ihre Phobien nach einer Behandlung bessern, verschwinden in der Regel auch diese Alpträume. Phobiker suchen das gefürchtete Objekt, wo immer sie sich aufhalten. Der geringste Anschein, daß sich dieses Objekt in der Nähe befinden könnte, den ein normaler Mensch nicht merken würde, bringt sie außer Fassung. Ein Zeichen der Besserung im Behandlungsprozeß ist die verringerte Aufmerksamkeit gegenüber diesen Tieren in der jeweiligen Umgebung.

▰ Behandlung einer Taubenphobie

Tierphobien sind gewöhnlich leicht zu behandeln; im allgemeinen genügen wenige Stunden, in denen der Patient mit dem gefürchteten Tier in Berührung kommt, um die Phobie zu beseitigen.

Jane, eine 20jährige Studentin, litt seit 7 Jahren unter einer Furcht vor Tauben. Sie hatte Alpträume von Tauben, die angriffen, und verschloß nachts Türen und Fenster, damit diese nicht hereinkonnten. Sie hatte Angst, bei geöffnetem Fenster in ihrem Zimmer zu sitzen. Auf der Straße machte sie oft Umwege, um die Begegnung mit Tauben zu vermeiden. Sie mochte auch nicht im Fernsehen oder auf Bildern Tauben ansehen. Bei der Behandlung wurde Jane ermutigt, sich an Tauben zu gewöhnen, indem sie sich Schritt für Schritt näherte. Vor der aktiven Behandlung mußte sie in ihrer Wohnung überall Bilder von Vögeln aufhängen, sich ausgestopfte Vögel oder Attrappen kaufen und mit diesen hantieren. In ihrer Erstsitzung berührte und streichelte sie eine Taube, die der Therapeut festhielt und wurde dann mit einer Taube im Käfig wenige Meter von ihr entfernt im Raum allein gelassen. In der nächsten Sitzung saß sie mit dem Therapeuten im Park, wobei dieser die Tauben in ca. 1 m Enfernung fütterte; und schließlich konnte sie auf der Terrasse des Parkcafés sitzen, wo Tauben, die in ihrer Nähe gefüttert wurden, um ihren Tisch herumflogen. In der dritten Sitzung ging sie in Begleitung ihres Therapeuten im Park spazieren, sah sich die Tauben an und fütterte sie in 1 m Abstand auch selbst. Zwischen den Sitzungen war sie fähig, an vielen Vögeln in der Straße vorbeizugehen und sie ohne Angst anzusehen. Sie besorgte sich Bilder und künstliche Vögel und faßte sie ohne Furcht an. Tagsüber ließ sie das Fenster ihres Zimmers wieder offen, wenn sie fortging. In weiteren Behandlungssitzungen lernte sie Tauben, die um sie herumflogen, ohne Angst zu ertragen. Sie war nach 9 Sitzungen weitgehend geheilt und berichtete ein Jahr später, daß sie sich wohlfühle und keine Angst mehr vor Tauben habe. Sie schlief im Sommer bei geöffnetem Fenster, ging durch Parkanlagen und zum Trafalgar Square, ungeachtet dessen, daß sich dort Tauben in Scharen aufhielten.

Andere spezifische Phobien

Nahezu jedes Objekt kann bei einigen Menschen eine Phobie auslösen und es gibt eine endlose Liste über Phobien, die man beschreiben könnte. *Phobien vor Naturereignissen* sind nicht selten. Eine junge Frau litt unter einer sehr ungewöhnlichen Phobie, sie fürchtete sich nämlich vor *runden Gewölbebogen* und Tunneln. Sie konnte nur mit geschlossenen Augen drunter hergehen, aber das wurde problematisch, als sie anfing, Autofahren zu lernen. Während ihrer Fahrstunden schloß sie jedesmal die Augen, wenn sie sich einer Unterführung näherte, und wenn sie die Augen offenließ, fuhr sie steif und verkrampft. Sie litt auch unter Alpträumen von Tunneln. Angst bekam sie nur bei *runden* Bögen oder Tunneln. Wenn sie eckig waren, machte es ihr nichts aus.

Andere Phobien, deretwegen sich Menschen in Behandlung begeben, beinhalten z.B. die Angst vor der Nähe rauchender Personen, die Angst, saubere weiße Hemden zu tragen, Angst vor fließendem Wasser, daß jemand sie von hinten angreift, vor Bücher- und Briefelesen, vor Puppen und Helmen von Feuerwehrleuten. Selten ist die Furcht vor Blättern.

Höhenphobie

Eine leichte Furcht vor *Höhen* kommt bei vielen Menschen vor, aber starke unüberwindbare Höhenphobien sind selten. Ob Menschen vor bestimmten Höhen Angst haben, hängt oft von Details ab. Patienten mit einer starken Höhenphobie können keine Treppe hinuntergehen, wenn das Treppengeländer offen ist, schaffen es aber, wenn dieses geschlossen ist. Sie fürchten sich, aus einem Fenster hinauszusehen, welches sich von Boden bis zur Decke erstreckt, nicht aber, wenn sich der Fenstersims in Taillenhöhe oder noch höher befindet. Sie haben Schwierigkeiten, eine Brücke zu Fuß zu überqueren, weil der Fußweg nahe der Kante verläuft, im Auto hingegen bereitet es ihnen kein Problem. Höhenängste können auch schon durch den Anblick eines hohen Gebäudes hervorgerufen werden: »Wenn du an einem hohen Gebäude hinaufschaust, hast du das Gefühl, als lehne es sich an dich an – du bekommst ein Schwindelgefühl, eine Panik – immer das Gefühl, hinunterspringen zu wollen und zu sehen, daß der Boden auf dich zukommt.«

Angst vor dem Fallen

Gelegentlich sind Höhenängste an eine akute *Angst zu fallen* gebunden, wenn innerhalb weniger Meter keine Abstützung vorhanden ist. Phobiker können dann das Gefühl haben, über den Rand in die Tiefe gezogen zu werden. Dies ist dem Gefühl ähnlich, das manche Leute überfällt, wenn sie an der Bahnsteigkante stehen und sich fürchten, auf die Schienen heruntergezogen zu werden. Die Furcht zu fallen, kann extreme Ausmaße annehmen.

Eine 49jährige Hausfrau lief hinter einem Bus her, als ihr plötzlich schwindlig wurde und sie sich an einem Laternenpfahl festhalten mußte. Dies wiederholte sich und allmählich konnte sie nicht mehr gehen, ohne sich an einer Wand oder an einem Möbelstück abzustützen – sie war »an Möbel gebunden«. Sie konnte nur dann frei stehen, wenn sie in greifbarer Nähe einen Gegenstand zum Abstützen hatte. Wenn ihr dieser fortgenommen wurde, erfaßte sie Entsetzen und sie weinte. Offensichtlich war der aktuelle Körperkontakt mit dem stützenden Gegenstand nicht wesentlich. Sie war völlig ruhig, wenn sie saß oder lag. Sie hatte auch keine Erkrankung des Innenohrs, die gelegentlich solche abnormen Gefühle des Fallens verursachen können.

Menschen mit der Angst zu fallen, scheinen eine gestörte Raumwahrnehmung zu haben.

Eine Frau hatte das Gefühl, fallen zu müssen, wenn sie sich nicht abstützen konnte und ergriff den nächsten Gegenstand als Stütze. In den vorausgegangenen 6 Monaten konnte sie nur auf Knien durchs Haus kriechen. Dessen ungeachtet war sie fähig, bei gefülltem Tanzparkett ohne Unterstützung mit Hingabe zu tanzen. Sie mußte sich aber sofort stützen, wenn die Menge das Parkett verließ. Sie empfand auch kein Unbehagen, wenn sie während des Tanzens herumgeschwungen wurde. Es fiel ihr schwer, in einen Bus zu steigen, weil sie den Griff zum Festhalten nicht los lassen konnte, doch in Begleitung war dies kein Problem. Sie benötigte nur eine leichte Unterstützung, wenn sie am Arm eines anderen ging, klammerte sich aber sofort fest, wenn sie merkte, daß sie fallen würde. In den vergangenen 18 Monaten war sie tatsächlich zweimal hingefallen und hatte sich dabei verletzt.

Eine andere Frau zeigte eine ähnliche Furcht, wenn sie beim Autofahren auf eine weite offene Landstraße oder einen Hohlweg traf und mußte dann ihrem Mann das Steuer übergeben. Sie fühlte sich ähnlich ängstlich, wenn sie sehr steile Abhänge oder Treppen, Höhen oder Brücken sah. Vorhandene körperliche Störungen können durch die Angst zu fallen erheblich verstärkt werden.

Eine rüstige ältere Dame fühlte sich, kurz nachdem sie sich von einem Schlaganfall erholt hatte, der eine leichte Schwäche in einem Bein hinterließ, völlig unfähig, ohne Halt zu gehen. Sie hatte sich nach diesem Sturz bereits wieder gut erholt und war in der Lage, frei zu gehen, bis sie eines Tages über die Ecke eines Teppichs stolperte. Danach bekam sie große Angst, allein zu gehen und benötigte immer irgendeinen Halt. Obwohl ihre Beine wieder voll gekräftigt waren, hatte der Zwischenfall ihr Selbstvertrauen so beeinträchtigt, daß sie sie nicht mehr zu gebrauchen wagte.

Angst vor Dunkelheit und Unwetter

Angst vor Dunkelheit ist in der Kindheit normal, aber bedeutet nicht selten ein Handicap für Erwachsene. Einige Menschen haben Angst vor *Wind oder Sturm,* mehr als vor Donner. Andere fürchten sich besonders vor *Gewitterstürmen und Blitz.*

Eine 20jährige Busschaffnerin mit einer derartigen Phobie sagte einmal:»Ich würde alles dafür geben, von meiner Phobie befreit zu werden. Ich fürchte mich, daß während meiner Arbeit im Bus ein Sturm aufkommt und ich durch meine Reaktion meine Arbeit verliere. Ich schreie dann, fühle mich krank und habe hinterher Magenbeschwerden. Die Leute denken, ich sei verrückt. Ich kann mich selbst nicht kontrollieren. Wenn es stürmt, bin ich selbst dann, wenn andere Menschen während des Sturmes bei mir sind, ängstlich und hysterisch.«

Menschen mit dieser speziellen Angst können so ängstlich werden, daß sie laufend die Wettervorhersage hören und das Haus nicht mehr verlassen, wenn für einige Stunden später Gewitter angesagt wird. Sie fürchten das Nahen des Sommers und sehnen den Winter herbei, weil dann Gewitterstürme seltener vorkommen. In einigen Städten werden die meteorologischen Stationen von einer unablässigen Flut ängstlicher Anfragen durch Gewitterphobiker überschwemmt.

Angst vor Geräusch und Lärm

Auch wenn die meisten von uns *starken Lärm* nicht gern hören, passiert es selten, daß sich eine Phobie entwickelt. Manche lassen sich so sehr durch das Platzen eines Luftballons erschrecken, daß sie jede Party meiden, auf der so etwas geschehen könnte. »Ich habe diese schreckliche Angst vor Ballons, die aufgeblasen werden. Da ich nun schon 42 Jahre alt bin, meine ich, daß es wirklich verrückt ist.«

Eine Frau litt unter einer recht ungewöhnlichen Geräusch-Phobie vor einem bestimmten Pfeifton. Sie fürchtete sich zwar nicht vor Vögeln und konnte sogar einen Vogel ohne Angst in ihrer Hand halten; der Schrei eines Kuckucks oder Papageis war für sie leicht zu ertragen. Eine bestimmte Tonhöhe aber erschreckte sie. Ein hoher Sopran erzeugte Spannung in ihr, und sie geriet in wilde Panik, wenn ein Mensch pfiff. Sie war kaum in der Lage, ihre Arbeit beim Filmen auszuführen, da sie das Pfeifen von Arbeitskollegen bei der Arbeit so erschreckte und ärgerte, daß sie die nächsten Tage nicht mehr im Studio erscheinen konnte.

Autofahren, öffentliche Verkehrsmittel, Reisen

Manchmal richten sich Phobien auf das *Fahren* in einem Auto speziell nach einem Unfall. Auch findet man Angst vor dem *Reisen*. Die am meisten verbreitete Reiseangst ist gewöhnlich Bestandteil eines agoraphobischen Syndroms. Doch gibt es viele Personen, die Angst vor dem Fliegen oder Fahren mit der Untergrundbahn haben, aber ansonsten ein unbeschwertes Leben führen.

Angst vor geschlossenen Räumen

Dasselbe gilt für die *Klaustrophobie,* die bei vielen Agoraphobikern auftritt, aber auch häufig als isolierte Angst vorkommt. Klaustrophobiker fürchten sich davor, in geschlossenen Räumen, Tunnels oder Aufzügen eingesperrt zu sein: »Wenn der Aufzug zwischendurch anhielte, würde ich ziemlich schnell in Panik geraten und gegen die Aufzugwände trommeln.« Einer dieser Patienten hatte unglücklicherweise den Beruf eines Dachdeckers und sollte eine Arbeit auf dem Dach eines Londoner Fernsehturms in 180 m Höhe durchführen. Er nahm zweimal pro Tag die Treppe, anstatt den Lift zu benutzen.

Angst vor dem Fliegen

Flugzeugreisen werden im modernen Leben immer wichtiger. Das hat zur Folge, daß viele Menschen entdecken, wie entnervend Flüge sein können. Mehr und mehr Leute müssen aus Geschäftsgründen fliegen, wobei eine Flugphobie eine Beförderung an der Arbeitsstelle gefährden kann. Auch die Reiseziele sind eingeschränkt, an denen die Familie Urlaub machen kann.

Eine Frau bat eine Zeitung um Rat: »Mein Problem besteht darin, daß ich zu Beginn des neuen Jahres nach Kalifornien umziehen möchte, aber ich leide an einer Klaustrophobie und kann nicht daran denken, 5 Stunden in einem Flugzeug zu sitzen, ohne daß mich Panik ergreift. Seltsam dabei ist, daß ich nicht in Panik gerate, wenn ein Arzt dabei ist. Ich schäme mich aber, die Fluggesellschaft zu fragen, ob ein Arzt an Bord ist; ich bin sicher, daß es mir die Reise sehr erleichtern würde, einen in meiner Nähe zu wissen.«

Ein Mann erklärte seine Angst als Furcht »eingeschlossen zu sein«, »hoch und weit von der Erde entfernt«. Diese Stimmung drückte ein Transatlantikpassagier aus, der einen Seufzer der Erleichterung ausstieß, als er in London landete. »Gut, wir haben den Tod ein weiteres Mal an der Nase herumgeführt.«

So häufig Ängste vor dem Fliegen sind, so selten sind die Gelegenheiten der Behandlung. Lediglich in New York wurde eine Organisation für »Air Fraidy Cats« gegründet, die ihnen das Fliegen ohne Angst beibringen sollte. Diese Gruppe charterte eigens Flugzeuge, um Passagiere unter beruhigenden Umständen zu helfen, ihre Ängste zu besiegen.

Es liegt auf der Hand, daß es nicht leicht ist, für Menschen mit Flugzeugphobien ein Behandlungsprogramm mit einer schrittweisen Gewöhnung an Flugzeuge aufzustellen. Eine Möglichkeit, diese Schwierigkeit zu umgehen, ist die, Phobiker zur *intensiven Vorstellung* verschiedener Szenen zu veranlassen, wie z. B. ein Flugticket kaufen, zum Flughafen fahren, ein Flugzeug mieten und schließlich der Flug selbst.

Eine junge, phobische Dame – sie arbeitete in einer Reiseagentur – konnte sich durch wiederholte Vorstellungen solcher Szenen an den Gedanken, fliegen zu müssen, gewöhnen. Schließlich wurde sie von ihrem Therapeuten zum Flughafen begleitet und in ein Flugzeug nach Athen gesetzt, wo sie ihre Ferien verbringen wollte. Als sie im Flugzeug saß und auf den Abflug wartete, gab der Pilot über die Sprechanlage durch, daß sich der Abflug aufgrund eines Mechanikfehlers um eine Stunde verzögern würde, ein Ereignis, das der Therapie nicht gerade dienlich war. Die junge Dame fühlte sich natürlich in ihren stärksten Ängsten bestätigt. Sie verließ sofort das Flugzeug und lief in die Abfertigungshalle. Glücklicherweise konnte eine Stewardeß sie überreden, wieder in das Flugzeug zu steigen. Sie flog nach Athen, und ihre Ängste besserten sich. Dieser Fall läßt erkennen, welche praktischen Probleme sich bei der Behandlung von Flugphobien ergeben können.

Angst vor dem Schlucken

Mitunter kommt es vor, daß Menschen sich davor fürchten, feste Nahrung zu schlucken, so daß sie flüssige Nahrung zu sich nehmen müssen. Diese Patienten haben das Gefühl, als hätten sie einen Kloß im Hals, und sie können bei starker Ängstlichkeit nur sehr schwer schlucken.

Dies sind die Worte einer 49jährigen Frau: »Seit meiner Kindheit habe ich diese unsinnige Angst vor dem Schlucken. Immer wenn ich esse oder trinke, verkrampfen sich die Muskeln in meiner Kehle, es kommt dieses krächzende Geräusch, meine Augen tränen, und ich gerate in schreckliche Panik.« Und das ging ihr so, gleich ob sie allein oder mit anderen Menschen zusammen aß, und es belastete sie dermaßen, daß sie oft gar nicht richtig essen konnte, was ihr in ihrem Beruf sehr hinderlich war. Ihrer Meinung nach war dieses Problem dadurch entstanden, daß sie miterlebt hatte, wie ihre Mutter beim Essen in Gegenwart anderer Leute laute Geräusche von sich gab, und daran knüpften sich für sie viele peinliche Erinnerungen.

Eine Variante dieser Störung könnte man als Überempfindlichkeit des Würgereflexes bezeichnen; jeder kann ihn auslösen, wenn er sich den Finger in den Hals steckt. Die Reize, die diesen Reflex auslösen, können so weit reichen, daß auch ein minimaler Druck am Hals als Auslöser wirkt.

Ein 20jähriger Mann litt darunter seit seinem 6. Lebensjahr. Er konnte schließlich keinen Rollkragenpullover oder Schlips mehr tragen, was seine beruflichen Möglichkeiten sehr einschränkte. Manchmal mußte er würgen, während er Briefe per Telefon diktierte, besonders Fremden gegenüber. Wenn es ihn würgte, konnte er weder sprechen, noch den Mund öffnen. Das Lutschen von Bonbons half zwar, aber seine Zähne waren dadurch schon ruiniert. Er konnte beim Zahnarzt nicht den Mund öffnen, weil ihn das wieder würgen würde, deshalb stand er auf der Warteliste für eine Behandlung unter Narkose. Er konnte bei einer medizinischen Untersuchung nicht ›aaah‹ sagen, fühlte sogar den beginnenden Reflex, wenn er eine Injektion nur in den Oberarm erhielt, und konnte u. U. plötzlich nicht mehr sprechen, wenn er gerade eine Mahlzeit bestellte oder Kinokarten verlangte. Er träumte davon, gewürgt zu werden und hielt es nicht aus, unter einer Bettdecke zu liegen.

Als ich diesen Mann zum ersten Mal sah, wirkte er entspannt, nahm aber, bevor er sprach, einen Bonbon in den Mund. Er konnte weder die Zunge über die Zähne hinweg rausstrecken, noch den Mund weit öffnen. Er trug ein halsfernes Hemd, und als er auf meine Bitte hin seinen Kragen zumachte, mußte er aufhören zu sprechen. Falls er oder ich seinen Hals berührten, tränten seine Augen, und er mußte würgen.

Gewisse Abneigungen gegenüber machen Speisen sind ja weit verbreitet, aber sie sind doch selten so ausgeprägt, daß sie zu einer Phobie werden. Bestimmte Gerichte, besonders Fleisch, rufen bei solchen Menschen Angst oder Ekel hervor. Etwas Ähnliches beobachtet man bei religiösen Tabus bezüglich des Genusses bestimmter Speisen. Viele Hindus sind Vegetarier, Moslems und Juden dürfen kein Schweinefleisch essen. Falls Gläubige aus Versehen oder unter Zwang diese verbotenen Speisen zu sich nehmen, müssen sie unter Umständen erbrechen oder leiden tagelang unter Übelkeit. In seiner Autobiographie beschreibt Gandhi ein solches Erlebnis als Folge einer Fleischmahlzeit.

Angst vor medizinischen Dingen, Blut und Verletzungen

Gelegentlich gibt es Phobien vor Zahnbehandlung und vor Injektionen. Davon betroffene Menschen leiden über Jahre hinweg an zunehmendem Zahnverfall, da für sie der Zahnarztbesuch unmöglich erscheint, oder es wird bei verschiedenen Leiden die angemessene Behandlung immer wieder aufgeschoben aus Angst, den Arzt aufzusuchen. Die Furcht vor Nadeln und Injektionen ist nicht ungewöhnlich und manchmal so ausgeprägt, daß die Betroffenen lieber eine größere Operation oder lebensrettende Antibiotika ablehnen, als eine Injektion zu ertragen.

Eine verwandte und verbreitete Phobie ist die vor Blut und Wunden. Es ist zwar ganz natürlich, wenn einem beim Anblick von Blut oder schweren Wunden schwach wird, aber normalerweise kommt man über diese Empfindlichkeit hinweg. Bei manchen kann diese Blutphobie jedoch so ausgeprägt sein, daß z. B. junge Frauen eine Schwangerschaft ablehnen, weil sie die Vorstellung von Blut bei der Geburt nicht ertragen können.

Die Angst vor Blut und Verletzung unterscheidet sich in einem bedeutsamen Punkt von anderen Phobien. Bei den meisten Phobien steigt die Frequenz des Herzschlags beim Anblick des gefürchteten Gegenstandes an, und nur selten kommt es zu Ohnmachtsanfällen. Menschen dagegen, die sich vor Blut und Verletzung fürchten, werden beim Anblick von Blut oder irgendetwas Grauenhaftem in der Regel ohnmächtig. Das hängt damit zusammen, daß die Herzfrequenz nicht ansteigt, sondern deutlich sinkt. Die Ursache dafür ist unklar, aber es ist denkbar, daß dies in der Evolutionsgeschichte in Beziehung zum Totstellreflex oder dem Krankstellen bei manchen Tierarten steht.

Behandlung einer »Blutphobie«

Mary war 29 Jahre alt und hatte zwei Kinder. Seit ihrem 4. Lebensjahr litt sie unter Ohnmachtsanfällen, wenn sie Blut oder Verletzungen sah oder auch nur darüber reden hörte. Sie konnte sich ihren langjährigen Wunsch, Lehrerin zu werden, nicht erfüllen, weil sie Angst hatte, in Ohnmacht zu fallen, wenn die Kinder mit ihren kleinen Verletzungen zu ihr kämen. Sie besuchte keine Filme oder Theaterstücke, in denen Blut oder Verletzungen vorkommen könnten. Nachdem sie auf der Unfallstation eines Krankenhauses ohnmächtig geworden war, während ihr Sohn auf ihrem Schoß saß und seine Brandwunden am Fuß behandelt wurden, beschloß sie, ihre Phobie behandeln zu lassen.

Beim Erstgespräch einigten sich Mary und der Therapeut auf vier Behandlungsziele: Zusehen können, wie jemand anderem und auch ihr selbst Blut abgenommen wird, sich beherrschen können, wenn ihr erste Hilfe zuteil wird, in der Lage sein, ihre Krampfadern behandeln zu lassen. Die Behandlung wurde so durchgeführt, daß sie mit dem Anblick von Blut und Verletzung konfrontiert wurde; ein Ohnmachtsanfall wurde dadurch verhindert, daß die ersten Sitzungen im Liegen durchgeführt wurden, so daß die Blutversorgung des Gehirns auch bei sinkender Herzfrequenz nicht nachließ. In Marys erster Therapiestunde beobachtete sie im Liegen, wie ihrem Therapeuten Blut entnommen wurde. Als nächstes wurde ihr selbst im Liegen Blut entnommen, und sie verlor auch diesmal nicht das Bewußtsein, fühlte sich aber sehr schwach, als sie anschließend versuchte aufzustehen. Eine Ampulle mit ihrem Blut sollte sie mit nach Hause nehmen und in ihrem Schlafzimmer aufbewahren.

Da es schwierig ist, reale Situationen darzustellen, in denen Verletzungen vorkommen, wurde sie in der nächsten Sitzung aufgefordert, sich statt dessen solche Szenen vorzustellen oder in Filmen anzuschauen. Sie beschrieb Szenen, in denen sie einen Autounfall hatte und schwere Verletzungen an den Beinen davontrug, und später, wie ihr bei einem weiteren Unfall die Fingerspitzen abgeschnitten wurden. Dann schaute sie sich Filme an über Operationen, Unfälle, Blutspenden, Bluttransfusionen, Verkehrsunfälle und Operationen am offenen Herzen; einmal fiel sie beim Betrachten dieser Filme in Ohnmacht. Sie bestand darauf, diese Filme solange anzuschauen, bis sie ihr langweilig wurden. Schließlich besuchte sie die hämatologische Abteilung eines nahegelegenen Krankenhauses und ließ dort eine Blutentnahme vornehmen.

Während der Therapiezeit konnte sie zwischendurch schon mit kleineren Verletzungen ihrer Kinder gut fertig werden, und sie ließ sich auch ihre Krampfadern veröden. Während der Nachuntersuchungszeit von acht Monaten blieb sie bezüglich ihrer Blut- und Verletzungsangst symptomfrei, meldete sich für einen Erste-Hilfe-Kurs an, begann ihre Lehrerausbildung und besuchte unbeschwert Filme und Theaterstücke, in denen Blut und Verletzungen zu sehen waren.

Phobien vor Wasserlassen und Stuhlgang

Die Furcht davor, sich zu weit von öffentlichen Toiletten zu entfernen, ist nicht ungewöhnlich. Diese Menschen befürchten, sie könnten ihre Kleidung naßmachen oder beschmutzen. Interessanterweise können sie trotzdem in unbekleidetem Zustand oder beim Geschlechtsverkehr sehr unbefangen sein. Bei manchen Menschen ähnelt dieser Zustand weitgehend einer Phobie, obwohl sie in den gegebenen Situationen nicht wirklich Angst erleben. Aber sie empfinden die körperlichen Sensationen und die Anzeichen von Angst. Menschen dieser Art kann es passieren, daß sie plötzlich den Drang haben, auf die Toilette zu müssen, wann immer sie sich in sozialen Situationen befinden. Aus dem Grund suchen sie täglich unzählige Male das Badezimmer auf oder gehen statt dessen Begegnungen mit anderen aus dem Weg, oder aber sie begeben sich nur dann in Gesellschaft, wenn ein WC leicht erreichbar ist. Im Gegensatz dazu können manche Männer in Gegenwart anderer nicht Wasser lassen und verschwenden u. U. viel Zeit während der Arbeit oder bei anderer Gelegenheit damit, daß sie warten, bis das Pissoir leer ist und sie dann allein sind.

Mitunter können Befürchtungen bezüglich des Wasserlassens auch bei Frauen auftreten.

Im Alter von 50 Jahren suchte Joan um Hilfe nach, da sie in den vergangenen 30 Jahren außerhalb ihres Hauses nie hatte urinieren können. Infolgedessen konnte sie auch keine Wochenendbesuche bei Freunden unternehmen. Wenn es sein mußte, konnte Joan den Urin bis zu 48 Stunden halten. Überraschenderweise war sie trotz dieses Problems in der Lage, in öffentlichen Toiletten ihren Darm zu entleeren und hatte auch normale sexuelle Beziehungen.

Die Therapie erfolgte nach demselben Prinzip wie bei den anderen Phobien. Joan mußte daran gewöhnt werden, auf fremden Toiletten Wasser zu lassen. In einem abgestuften Plan wurde sie bei den Therapiesitzungen auf die Toilette geschickt, während der Therapeut auf sie wartete.

Beim ersten Mal dauerte es volle 2 Stunden, bevor Joan einige Tropfen Urin lassen konnte. Nach einigen weiteren Sitzungen konnte sie innerhalb von 10 Minuten Wasser lassen. In der 12. Stunde konnte sie auf die Aufforderung hin fast sofort 2 Liter lassen.

Vor Behandlungsbeginn hatte Joan kein Bedürfnis gehabt, außerhalb ihres Hauses Wasser zu lassen. Zur 10. Therapiestunde kam sie zum Krankenhaus geeilt, kam eine halbe Stunde zu früh, und jetzt hatte sie das Bedürfnis zu urinieren, was ihr innerhalb von 8 Minuten nach ihrer Ankunft auch gelang. Es fiel ihr zunehmend leichter, fremde oder öffentliche Toiletten zu benutzen, und es gelang ihr auch, Bekannten ihr Problem zu schildern.

Bei der Nachuntersuchung nach einem Jahr war Joan nach wie vor in der Lage, ohne Schwierigkeiten in öffentlichen Toiletten Wasser zu lassen, jedoch nicht in dem WC ihres Büros, das in der Behandlung nicht berücksichtigt worden war.

Prüfungsangst

Im Bereich von Sport und Arbeit befinden sich die Bewerber in ständigem Kampf um ein besseres Sprungbrett zum Erfolg. Athleten können vor einem wichtigen Wettkampf sehr angespannt sein, und Menschen bei der Arbeit sind mitunter gereizt gegenüber ihren Untergebenen, bis sie die erwünschte Beförderung erhalten haben. Am Tag vor einer wichtigen Aufführung mag der Familie eines Konzertpianisten das Leben schwer werden. Examensangst ist ein bekanntes Problem, unter dem viele Studenten leiden, so daß einige zu diesen Prüfungen gar nicht erst antreten, weil sie eine so schwere Belastung für sie darstellen. Sogenannte »Prüfungsangst« macht einen Großteil der Routinearbeit eines Studentenberaters aus.

Zusammenfassung

Bei kleinen Kindern sind Ängste vor Tieren normal, vielleicht sogar angeboren. Erwachsene mit Tierphobien erinnern sich meist daran, daß sie vor dem 7. Lebensjahr begonnen haben. Betroffene sind zumeist Frauen. Sie haben außer ein oder zwei verschiedenen Tierphobien wenig andere Phobien. Sie suchen im allgemeinen Hilfe, wenn irgendeine Änderung in ihrem Leben die Phobie zu einem größeren Handicap werden läßt oder wenn eine Behandlung zum ersten Mal verfügbar wird. Zwei oder mehrere Behandlungssitzungen mit anhaltender Konfrontation mit dem lebendigen Tier können selbst nach jahrzehntelangem Bestehen einer Phobie diese schnell und andauernd zum Verschwinden bringen.

Andere spezifische Phobien sind Höhenängste, Angst vor Dunkelheit, vor Lärm und Geräuschen, vor Unwetter und Gewitter und vor geschlossenen Räumen (Klaustrophobie). Letzteres kommt häufig zusammen mit Agoraphobie vor. Flugangst tritt sehr häufig auf und kann auch bei erfahrenen Passagieren oder Mitgliedern einer Flugzeugcrew vorkommen. Wenige Menschen haben Angst, feste Nahrungsmittel zu schlucken. Blut, Spritzen und andere medizinische Prozeduren erfüllen viele Menschen mit Schrecken. Phobiker, die Angst vor Blut haben, fallen im Gegensatz zu anderen Phobikern normalerweise in Ohnmacht, wenn sie Blut sehen. Die Herzfrequenz verlangsamt sich, im Gegensatz zu einer erhöhten Herzfrequenz in anderen phobischen Situationen. Das Ziel einer Verhaltenstherapie mit Konfrontation ist es, dem Patienten die Möglichkeit zu geben, sich an den Anblick von Blut und Verletzungen zu gewöhnen, ohne daß die Herzfrequenz abnimmt, so daß eine Ohnmacht nicht mehr vorkommt.

8 Phobien bei Kindern

Ängste kommen bei Kindern viel häufiger vor als bei Erwachsenen und entstehen und vergehen oft wieder ohne ersichtlichen Grund. Sie fluktuieren und sind intensiver als bei Erwachsenen. Das trifft überhaupt für die meisten Empfindungen bei Kindern zu, sie sind im allgemeinen schwankender und werden gerne mitgeteilt. Da Ängste bei Kindern so stark sind, ist es schwieriger, ihre normalen Ängste von abnormen Phobien zu unterscheiden.

Angst ist eine angeborene Reaktion auf gewisse Reize und beginnt sich im 1. Lebensjahr von anderen Gefühlen zu unterscheiden. Die Schreckreaktion, die Neugeborene zeigen, scheint ein Vorläufer der späteren normalen Angst zu sein. Auf jeglichen starken, plötzlichen oder unerwarteten Reiz hin wirft der Säugling beide Hände und Füße hoch und fängt womöglich auch an zu schreien. Mit zunehmendem Alter, etwa mit 6 Monaten, wird die Angst vom Schreck deutlich unterscheidbar und tritt z. B. im Alter von einem Jahr bei der Begegnung mit Fremden und etwas später gegenüber Tieren auf.

Die üblichen Angstauslöser ändern sich mit dem Alter. Vom 2.–4. Jahr ist die Angst vor Tieren am häufigsten, später haben Kinder mehr Angst vor Dunkelheit und Phantasiegestalten. Sowohl bei Jungen wie bei Mädchen verschwindet die Angst vor Tieren zwischen 9 und 11 Jahren ziemlich schnell und nach der Pubertät haben nur sehr wenige Menschen eine derartige Phobie. Manche Ängste verlieren sich dagegen nicht mit dem Alter. Allgemeine Schüchternheit und Ängstlichkeit bei der Begegnung mit anderen Menschen bleibt bis in die Adoleszenz erhalten. Sie fanden sich bei etwas mehr als der Hälfte von 6000 untersuchten Kindern in London, obwohl sie vor Dunkelheit oder Tieren kaum Angst hatten.

Eltern neigen dazu, die Anzahl der Ängste ihrer Kinder zu unterschätzen. Von 1000 normalen Kindern in Kalifornien fand sich bei 90% mindestens eine deutliche Furcht zu irgendeinem Zeitpunkt zwischen 2 und 14 Jahren. Die Zahl ihrer Ängste ging mit zunehmendem Alter zurück. Der Höhepunkt war bei 3 Jahren. Bei einer anderen Untersuchung in Leicester, England, hatte von 142 Kindern im Alter von 2–7 Jahren etwa ein Drittel spezifische Ängste, von denen die meisten während der folgenden 1½ Jahre schwanden. Obwohl Ängste bei Kindern sehr verbreitet sind, sind hinderliche Phobien ziemlich selten. Von über 2000 Kindern auf der Isle of Wight hatten in einer Untersuchung nur 16 beängstigende Phobien bezüglich eines oder mehrerer Objekte. Fünf davon betrafen Spinnen, 6 Dunkelheit. Von 239 Kindern, die zu psychiatrischer Untersuchung überwiesen wurden, hatten nur 10 spezifische Phobien.

Phobien bei Kindern können ähnlich beeinträchtigend sein wie die Erwachsener.

Ein 7jähriger Junge hatte seit 2 Jahren Angst vor Bienen. Wann immer er eine Biene sah, erzählte seine Mutter, »wurde er bleich im Gesicht, Schweiß brach ihm aus, ihm wurde kalt, und er begann zu zittern, und seine Beine waren wie Gummi«. Er rannte vor jeder Biene blindlings davon, und seine Bewegungsfreiheit war dadurch sehr eingeengt. Er wollte im Sommer nie draußen spielen und mußte während des ganzen Frühjahrs und Sommers zur Schule gefahren und wieder abgeholt werden. Mindestens zweimal war er beim Anblick einer Biene fort- und über eine verkehrsreiche Straße gerannt.

Die meisten Untersuchungen über Ängste bei Kindern haben ergeben, daß Mädchen häufiger unter Ängsten leiden als Jungen. Man kann aber bis heute nicht sagen, ob das daran liegt, daß von Jungen eher erwartet wird, tapfer zu sein und Angst zu unterdrücken, oder ob aufgrund eines biologischen Unterschiedes Mädchen eher zu Furchtsamkeit neigen als Jungen. Es kann natürlich auch beides zutreffen.

Auch die Umgebung des Kindes hat Einfluß darauf, welche Dinge es fürchtet. Kinder, die auf dem Lande aufwachsen, scheinen häufiger als Stadtkinder Angst vor Tieren zu haben. Ängste treten aber auch oft vor Dingen auf, die das Kind nie erlebt hat und die in der Gegend nicht existieren. Mitunter werden Ängste durch Nachahmung anderer Familienmitglieder mit einer ähnlichen Phobie erworben. Englische Vorschulkinder im 2. Weltkrieg hatten vor Luftangriffen größere Angst, wenn auch ihre Mutter Angst zeigte. Umgekehrt entwickeln solche Kinder seltener Ängste, die in Gegenwart eines vertrauten und beruhigenden Erwachsenen ein Angsterlebnis hatten.

Aus unklarem Grund haben minderbegabte und autistische Kinder zahlreichere Ängste, die nicht so leicht wie bei anderen Kindern wieder verschwinden. Ihre Ängste können eine große Belastung darstellen.

Ein kräftiger 17jähriger Bursche, der einen Hirnschaden in Folge einer Gehirnentzündung im Alter von 4 Jahren erlitt, hatte entsetzliche Angst vor Hunden. Wenn er einen Hund auf der Straße sah, gab er ein ängstliches Stöhnen von sich, woraufhin ihn die Hunde erst recht anknurrten und ansprangen, was seine Furcht noch vergrößerte. Aufgrund seiner Phobie konnte er nirgends allein hingehen, nicht einmal zu Hause in den Garten. Ein 17jähriges autistisches Mädchen hatte derartige Angst vor bestimmten Geräuschen, daß sie häufig in Lebensgefahr geriet. Wenn plötzlich ein Hund losbellte oder ein Kind schrie oder lachte, ergriff sie sofort panikartig die Flucht und konnte vor Autos geraten, da sie blindlings über die Straße lief. Ihre Eltern konnten sie nicht allein aus dem Haus lassen.

Schulphobien

Die meisten Kinder entwickeln irgendwann einen großen Widerstand, in die Schule zu gehen. Aber nur gelegentlich steigert sich dieser Widerwille zu ausgesprochener Weigerung. Diese Schulangst ist jedoch meist kurzlebig und legt sich wieder ohne therapeutischen Eingriff.

Die Weigerung, zur Schule zu gehen, ist etwas anderes als Schuleschwänzen; da verweigern Kinder nicht den Schulbesuch, sondern bleiben mit Hilfe vieler schlauer Tricks der Schule fern, ohne daß die Eltern davon wissen. Schuleschwänzen tritt oft in Zusammenhang mit anderen Merkmalen auf wie häufigem Schulwechsel, fehlender Anwesenheit der Eltern in der Kindheit und mit inkonsequenter Erziehung zu Hause. In der Schule zeigen Schulschwänzer ein geringes Leistungsniveau.

Im Gegensatz zu Schulschwänzern weigern sich Kinder mit einer Schulphobie unverblümt, zur Schule zu gehen, zeigen darüber hinaus kein abweichendes Verhalten, in ihrer Lebensgeschichte gab es keine Vernachlässigung seitens der Eltern, und Leistung und Verhalten in der Schule sind oft sehr gut. Bei Schulphobikern treten häufiger physische Angstsymptome auf als bei Schulschwänzern, insbesondere Eß- und Schlafstörungen, Bauchschmerzen, Übelkeit und Erbrechen.

Im allgemeinen äußert das Kind lediglich seine Weigerung, zur Schule zu gehen. Jüngere geben möglicherweise keine Begründung dafür, aber ältere beschreiben ihre Angst in Zusammenhang mit verschiedenen Schulerlebnissen, etwa daß sie geärgert und gehänselt werden oder befangen sind wegen ihres Aussehens, daß sie sich fürchten, vor anderen Kindern die Kleider abzulegen oder nach Wettspielen gemeinsam Bad oder Dusche zu benutzen. Mitunter äußern sie Versagensangst bei Wettspielen oder bei der Arbeit oder Angst vor einem Lehrer. Einige wenige haben Angst, es könnte ihrer Mutter irgendetwas geschehen, während sie in der Schule sind.

Ängstlichkeit zeigt sich auch bezüglich Menstruation, Eintritt in die Pubertät und Masturbation. Weitere Gründe für Schulverweigerung sind auch Furcht vor Erbrechen und Ohnmacht bei schulischen Versammlungen.

Ängste bei Kindern äußern sich nicht nur unmittelbar, sondern auch in physischen Angstsymptomen, die vorwiegend am Morgen, wenn sie zur Schule gehen sollen, auftreten in Form von Übelkeit, Erbrechen, Kopfschmerzen, Durchfall, Klagen über Leibschmerzen, rauhe Kehle und Schmerzen in den Beinen. Eßprobleme, Schlafstörungen und diverse Ängste treten auf. Die Beschwerden des Kindes bereiten den Eltern erhebliche Sorge, und früher oder später geben sie ausgesprochen oder stillschweigend ihr Einverständnis, daß das Kind zu Hause bleibt. Sobald das Kind dessen sicher ist, verschwinden gewöhnlich die Symptome. Typisch ist das Bild eines Kindes, das beim Frühstück über Übelkeit klagt und erbricht, allen Beruhigungsversuchen der ängstlichen Mutter widersteht, bis der Krisenpunkt erreicht ist, an dem die Mutter nachgibt und erlaubt, daß es zu Hause bleibt. Daraufhin fühlt es sich wohler, es sei denn, es wird erneut gedrängt, zur Schule zu gehen.

Bei den meisten Kindern verläuft diese Entwicklung allmählich über einen längeren Zeitraum hinweg, in welchem sie mit zunehmendem Widerwillen zur Schule gehen, der schließlich in offener Verweigerung kulminiert. Bevor dieser Punkt erreicht ist, sind sie leicht reizbar, weinen häufig, sind unruhig, können nicht schlafen, fühlen sich schlecht und klagen über Bauchweh, wenn sie zur Schule aufbrechen müssen. Wird darauf bestanden, daß sie zur Schule gehen, werden sie blaß, fangen an zu zittern und müssen sich setzen. Bei manchen Kindern bricht diese Angst nach einer Schulpause plötzlich aus, etwa am Montag morgen nach dem Wochenende, am ersten Tag eines neuen Schuljahres, oder am ersten Schultag nach einer Krankheit. Häufiger Auslöser auf jeder Stufe der Schullaufbahn ist der Wechsel auf eine neue Schule. Gelegentlich tritt Schulverweigerung nach Tod, Abreise oder Krankheit eines Elternteils auf.

Altersmäßig treten Schulphobien natürlich während der Schulzeit auf. Die am stärksten betroffenen Jahrgänge sind jeweils die, bei denen das jeweilige Bildungssystem eines Landes einen Wechsel der Schule mit sich bringt. Das ist in England im Alter von 11–12 Jahren der Fall, wo die meisten Kinder von der Volksschule zu einer höheren Schule überwechseln.

In Fällen von Schulphobie ist teilweise auch die Haltung der Eltern von Bedeutung. In der Regel sind die Eltern zu nachgiebig. Einige Mütter von Schulphobikern entwickeln eine ungewöhnliche Abhängigkeit von ihren Kindern als Kompensation für ihre unbefriedigenden ehelichen oder sonstigen Beziehungen. Besteht zwischen Mutter und Kind eine starke gegenseitige emotionale Bindung, benötigen u. U. beide Behandlung, denn bei einer Behandlung des Kindes allein entwickelt die Mutter womöglich so starke Ängste, daß sie die Therapie des Kindes abbricht.

Es wird oft behauptet, daß Schulphobie nur eine falsche Bezeichnung für Schulverweigerung sei, da die Ursache nicht Furcht vor der Schule sei, sondern die Furcht, die Mutter zu verlassen. Diese Betrachtungsweise ist jedoch einseitig. Viele Kinder fürchten sich mehr vor der

Schule als davor, ihre Mutter zu verlassen. Einige fürchten sich sowohl vor der Schule als auch vor einer Trennung von den Eltern.

Behandlung von Phobien im Kindesalter

Die Behandlung kindlicher Phobien verläuft ähnlich wie die Erwachsener. Es werden Spiele veranstaltet, in denen das Kind dem gefürchteten Gegenstand immer mehr angenähert und in seiner Gegenwart belassen wird, bis es keinen Fluchtimpuls mehr empfindet. Es werden dabei Späße gemacht, es bekommt Süßigkeiten und wird gelobt für seine Fortschritte. Man kann ängstlichen Kindern helfen, indem man sie andere Kinder bei derselben Beschäftigung beobachten läßt; z.B. fühlt sich ein Kind mit einer Hundephobie mutiger, wenn es zusieht, wie ein anderes Kind in seinem Geschlecht und Alter einen Hund streichelt. Will man Kindern über ihre Tierangst hinweghelfen, ist es für sie hilfreich, einen kleinen Schoßhund oder ein Kätzchen anzuschaffen, so daß sie sich daran gewöhnen können, mit ihm zu spielen. Bis das Tier groß geworden ist, ist das Kind sowohl diesem Tier wie auch anderen gegenüber desensibilisiert. Ich habe meine eigene Tochter, die mit $3\frac{1}{2}$ Jahren eine Katzenphobie hatte, auf diese Weise behandelt, indem ich ein kleines Kätzchen mit nach Hause brachte und ihr zeigte, wie man mit ihm spielen kann; sie legte schnell ihre Furcht ab, und als es eine ausgewachsene Katze geworden war, hatte sie eine große Anhänglichkeit zu ihr entwickelt.

Bei der Behandlung von Schulphobikern muß zunächst abgeklärt werden, ob die schulischen Verhältnisse tatsächlich tragbar sind, daß das Kind nicht gehänselt wird und daß keine übermäßigen schulischen Anforderungen gestellt werden. Derartige Probleme müssen in Angriff genommen werden. Wenn aber die schulischen Umstände nicht unbefriedigend erscheinen und das Hauptproblem darin besteht, daß Jonny einfach vor einer ganz normalen Situation Angst hat, ist der wichtigste Teil der Behandlung der, fest darauf zu bestehen, daß er zur Schule geht, wie unangenehm ihm diese Vorstellung auch sein mag, Interesse zu zeigen für das, was er in der Schule tut und ihn für seine Leistungen zu loben.

Erziehung zum Umgang mit der Angst

Kinder müssen die Einstellung erwerben, daß man mit Angst leben kann und darauf gefaßt sein muß, Schwierigkeiten zu begegnen und angsterregende Situationen zu bewältigen. Bei einem von Natur aus tapferen Kind ist es leichter, eine mutige Haltung zu fördern, als bei einem von Geburt an furchtsamen, und wir müssen es hinnehmen, daß manche Kinder unumgänglich tapferer sind als andere. Das Vorbild der Eltern ist für ein Kind von entscheidender Bedeutung, denn es wird dazu neigen, ihre Einstellung nachzuahmen. Wenn es sieht, daß seine Eltern immer bereit sind, angsterregende Situationen zu meistern, wird es mit um so größerer Wahrscheinlichkeit ebenso sein, und sollte dann auch freizügig dafür belohnt werden. Doch sollte von einem Kind nichts verlangt werden, das seine Möglichkeiten weit übersteigt. Es hilft ihm auch nicht, zu sehen, wie mutig andere sind, wenn dadurch nur seine Überzeugung gefestigt wird, selbst ein Feigling zu sein. Wenn ein Kind hinreichend selbstsicher ist, sollte man ihm in Situationen, die leicht Angst auslösen, vorsichtig Mut zusprechen, bis es alle Angst verloren hat. Während dieses Verlaufs braucht es solange Unterstützung, bis die Angst vollständig überwunden ist. Kinder wie Erwachsene neigen eher zu Furchtsamkeit, wenn sie durch Krankheit, Müdigkeit oder Depression geschwächt sind. Versuche, der Furcht zu begegnen, sollten in diesem Zustand nicht unternommen werden, da dadurch die Furcht eher ansteigt als sinkt. Solche Versuche sollten dann gefördert werden, wenn sich der Betreffende wohl fühlt.

Als Beispiel dafür, wie Kinder erzogen werden, um mit ihrer Angst fertig zu werden, werfen wir einen Blick auf einen Stamm in Malaysien, die Senoi. Wenn dort ein Kind von einem Angsttraum erzählt, z. B. daß es fällt, antwortet der Erwachsene voll Begeisterung: »Das ist ein wundervoller Traum, einer der besten, den ein Mensch haben kann. Wohin bist du gefallen, und was hast du entdeckt?« Genauso ist die Reaktion, wenn ein Kind vom Klettern, vom Reisen, Fliegen, vom In-die-Höhe-Schnellen im Traum erzählt. Zunächst antwortet das Kind, wie es das auch in unserer Gesellschaft getan hätte, daß es nicht so schön war und daß es vor Angst aufgewacht sei, bevor es irgendwohin gefallen ist. »Das war ein Fehler«, sagt ihm dann die elterliche Autoritätsperson, »alles, was du im Schlaf tust, hat einen Sinn, der unserem Verstand nicht zugänglich ist, während man schläft. Du mußt dich entspannen und Vergnügen dabei empfinden, wenn du im Traum fällst. Zu fallen ist der schnellste Weg, in Kontakt mit den Mächten der geistigen Welt zu kommen, die Mächte erschließen sich dir im Traum. Wenn du wieder vom Fallen träumst, wirst du dich bald daran erinnern, was ich sage, und wenn dir das gelingt, bist du auf dem Weg zur Quelle der Macht, die deinen Fall verursacht hat. Die Fallgeister lieben dich, sie ziehen dich zur Erde, aber du brauchst dich nur zu entspannen und weiterzuschlafen, um in direkte Fühlung damit zu gelangen. Wenn du ihnen begegnest, fürchtest du dich vielleicht vor ihrer ungeheuren Macht, aber gib nicht auf. Wenn du in einem Traum zu sterben glaubst, siehst du nur die Mächte der anderen Welt, deine eigene geistige Macht, die sich gegen dich gestellt hat, und jetzt eins mit dir werden will, wenn du sie akzeptierst.«
Nach einer gewissen Zeit wird aus dem Traum über Angst zu fallen einer über Freude am Fliegen. Die Senoi glaubten und lehrten auch, daß der Träumende im Angesicht der Gefahr immer vorwärtsgehen und angreifen soll, notfalls die Traumbilder seiner Nächsten zu Hilfe rufen, aber selbst kämpfen solle, bis sie kämen. Traumgestalten waren nur so lange böse, als man Angst hatte und vor ihnen zurückwich, und sie würden weiterhin schlecht und furchterregend bleiben, solange man sich weigerte, sie anzupacken.

Zusammenfassung

Die meisten normalen Kinder haben irgendwann ausgeprägte Ängste, die ohne offensichtliche Ursache beginnen und wieder abebben. Neugeborene erschrecken bei Geräuschen, und im Alter von einem Jahr fürchten sie sich normalerweise vor Fremden. Im Alter von zwei bis vier Jahren sind Ängste vor Tieren die Regel, und in der Jugend manifestieren sich Schüchternheit und sexuelle Ängste. Behindernde Phobien bei Kindern sind im Gegensatz zu normaler Angst selten.

Kinder sind gewöhnlich nervös, wenn sie das erste Mal zur Schule gehen, sie passen sich jedoch leicht innerhalb weniger Stunden an. Schulphobien oder die Verweigerung zur Schule zu gehen, kommen nicht so häufig vor, aber sie können ein sehr ernstes Problem sein. Im Gegensatz zum Schulschwänzen sind Schulphobien nicht mit anderem unartigem Verhalten, Abwesenheit der Eltern oder inkonsequenter Erziehung zu Hause assoziiert. Schulphobien entwickeln sich oft im Zusammenhang mit einem Schulwechsel.

Die Behandlung von Phobien im Kindesalter erfolgt nach den gleichen Prinzipien wie die Behandlung von Erwachsenen. Man benutzt Spiele, Süßigkeiten und andere Strategien, um das Kind dazu zu bewegen, sich in die phobische Situation zu begeben und darin zu verbleiben. Bei Schulverweigerung ist es wichtig, das Kind freundlich aber bestimmt wieder zur Schule zurückzubringen, während man sicherstellt, daß weder Schikane noch andere traumatische Ursachen die Quelle der Angst ist. Die Rückkehr des Kindes zur Schule erfordert vermutlich die Kooperation eines verständnisvollen Lehrers. Kinder können dazu erzogen werden, mit Bedrohungen in couragierter, jedoch nicht leichtsinniger Haltung umzugehen. Auf potentielle Belastungen können sie im Vorhinein vorbereitet werden, wenn man ihnen beibringt, was zu erwarten und was zu tun ist. Man kann sie zum Beispiel spielerisch an den Zahnarztstuhl gewöhnen, bevor die eigentliche Behandlung beginnt. Trennungsangst kann verringert werden, indem man zunehmend lange Zeitabschnitte außer Haus mit Verwandten und Freunden arrangiert.

9 Zwangsstörungen

Zwangsstörungen kommen einerseits in Form von Zwangsgedanken vor, die sich dem Betroffenen gegen seinen Willen immer wieder aufdrängen, obwohl er alles versucht, um sie zu verdrängen. Die Gedanken beziehen sich auf die Angst, sich oder andere Menschen zu beschmutzen bzw. mit Krankheiten zu infizieren, anderen Schaden zuzufügen oder gegen irgendein anderes soziales Tabu zu verstoßen. Eine andere Form der Zwangsstörung sind Zwangshandlungen, die meist eine Art zwanghafter Rituale darstellen. Es sind wiederholte Tätigkeiten, die immer wieder ausgeführt werden, obwohl die Person weiß, daß sie nicht sinnvoll sind und sie zu vermeiden versucht. Im Gegensatz zu Phobien, die bei Männern seltener als bei Frauen vorkommen, treten Zwangsstörungen mit gleicher Häufigkeit bei beiden Geschlechtern auf. Meist beginnen die Probleme im Alter zwischen 16 und 40. Sie können jedoch in jedem Alter beginnen.

Perfektionistische Persönlichkeit und Zwangsstörung

Sowohl Zwangsgedanken als auch Zwangshandlungen kommen häufiger bei Menschen vor, die schon immer Pedanten und Perfektionisten waren, obwohl solche Probleme auch bei einem unordentlichen Menschen auftreten können. Gewohnheiten der Pedanterie können viele Formen annehmen – Sie könnten sich unwohl fühlen, wenn Sie nicht das letzte kleine Stückchen Seife aufbrauchen. Der eine kann ein zwanghafter Zuspätkommer sein, während andere es nicht aushalten können, ein etwas schiefhängendes Bild an der Wand zu sehen. Dies sind harmlose Spitzfindigkeiten, die kaum abnorm sind. Die Menschen unterscheiden sich sehr in ihren Gewohnheiten. Einige von uns legen generell großen Wert auf Ordnung und Sauberkeit, während andere sich nicht darum scheren, ob das Haus unordentlich aussieht, oder ob sie einen Fleck auf der Hose oder dem Kleid haben. Viele kleine Streitigkeiten unter Eheleuten entstehen dadurch, daß der eine auf Sauberkeit mehr Wert legt als der andere. Der Bereich möglicher Verhaltensweisen in dieser Hinsicht ist sehr groß. Dr. Elizabeth Fenwick, eine Medizinjournalistin, hat das wunderbar dargestellt.

»Ich lernte einmal eine Frau kennen, die Windeln bügelte. Als ich sie nach dem Grund dafür fragte, sagte sie, weil sie dadurch in rechteckige Form kämen. Vom ästhetischen Gesichtspunkt her weiß ich rechteckige Windeln so gut wie jedermann zu schätzen, aber ich würde dafür kein großes Opfer bringen. Auf einer Beurteilungsskala von 0 bis 5 für Bügeln würde ich wahrscheinlich um den Wert 2 herum liegen, vor Leuten, die keine Hemden bügeln, sondern nur das Teil vom Hemd ihres Mannes, das vorn rausschaut, aber weit hinter denen, die Pyjamas, Handtücher, Unterhemden und Windeln bügeln...«

»...(Meine Großmutter) machte häufig Ingwer-Biskuits. Jedes hatte einen Durchmesser von 3 Inch und das Gewicht einer halben Unze. Und es wog deshalb eine halbe Unze, weil sie jeweils ein Stück Teig abschnitt, formte und auf ihrer Waage abwog, bis es das gewünschte Gewicht hatte, und es wurde auch nicht dabei gemogelt, ein 2 Unzenstück abzuschneiden und in 4 Teile zu teilen. Das alles kostet natürlich Zeit, und aus dem Grund bin ich wohl nicht so zwanghaft, wie ich vielleicht sein könnte. Meine Großmutter schnitt niemals in ihrem Leben ein Stück Schnur durch, egal wie verlockend der Inhalt des Päckchens sein mochte. Sie löste jeden Knoten, wickelte die Schnur zu einem ordentlichen Ball und legte sie in eine Terry's Gold-Schokoladendose mit der Aufschrift Schnüre (Reste) in die linke vordere Ecke der Schublade neben die mit der Aufschrift Kerzen, die Kerzen enthielt. Wann immer zu Hause eine Sicherung oder Leitung durchgebrannt war, ging es immer noch schneller, zu Großmutter zu laufen und eine Kerze auszuborgen, als im Dunkeln nach unseren eigenen zu suchen.«

Durch Zwangsstörungen verursachte Qualen

Ordnungsliebe und Sauberkeit sind zweifellos Tugenden, die bei der Arbeit und im täglichen Leben von Nutzen sind, sie können aber auch ein Ausmaß annehmen, welches jede Handlung beherrscht. Dies ist der Punkt, wo sie zur Zwangsneurose werden, die großes Leiden verursachen kann.

Sauberkeit und Gesundheit betreffende Zwangshandlungen

»Das Schlimmste, was ich erlebt habe, ist dieser Zwang, der mir alles verdirbt, was ich unternehme. Wenn ich den Mut dazu hätte, würde ich mich umbringen und das alles los sein – es geht Tag für Tag so weiter. Der Zwang beherrscht alles, was ich tue vom Augenblick an, wenn ich morgens die Augen öffne, bis abends, wenn ich sie wieder zumache. Er bestimmt, was immer ich tue. Ich kann den Boden berühren, aber keine Schuhe, keine Mantelsäume, ich kann nicht zur Toilette gehen, ohne ein halbdutzendmal Hände und Arme zu waschen – und die ganzen Arme müssen gewaschen werden. Wenn irgendjemand seine Schuhe berührt, kann ich seine Berührung nicht ertragen – denn dann würde ich mir schmutzig vorkommen und müßte mich waschen. Im wesentlichen fing alles mit der Toilette an – zuerst menschlicher Schmutz, dann Hundedreck – jetzt ist es vor allem Hundedreck. Ich kann Hunde nicht ausstehen – wenn ich auf die Straße gehe, muß ich beim Gehen aufpassen. Es geht mir immer durch den Kopf, ich könnte in Schmutz getreten sein, die Angst, es könnte mir passiert sein.

(»Und wenn Sie tatsächlich schmutzig werden?«) Das ist das Merkwürdige daran – es ist nicht so schlimm. Im ersten Augenblick gerate ich in Panik, und mein erster Gedanke ist, daß ich sterben möchte – das geht mir zuerst durch den Kopf, aber ich weiß, daß man von dem Wunsch allein nicht stirbt, also muß ich mich dann waschen in einer ganz bestimmten Prozedur, und die ist so ausgedehnt, daß sie kein Ende nehmen will – ich muß erst den Wasserhahn und drumherum alles reinigen, bevor ich mir die Hände wasche.

Ich weiß, daß das nur in meinem Gehirn existiert, daß es lächerlich ist, aber ich werde damit nicht fertig. Ich weiß nicht, warum ich immer diese Angst vor Schmutz habe, aber es ist so. (»Kämpfen Sie gegen das Gefühl an?«) Ja, die ganze Zeit, und meist gelingt es mir auch nach 1 oder 2 Stunden, aber die Furcht ist immer noch da. Es ängstigt mich, weil ich nicht weiß, wie ich damit fertig werden soll, oder was ich denken soll. Nichts im Leben interessiert mich mehr. Wie ich aussehe, was ich esse, alles ist mir gleichgültig. Es gibt zwar Lichtblicke, wo es mir sehr viel ausmacht, aber das dauert nur eine Minute und vergeht dann wieder. Ich brauchte 1 Stunde im Bad, um mich an jeder Stelle zu waschen – die ganze Zeit verbringe ich mit Waschen, aber eigentlich brauche ich nur eine halbe Stunde, und jetzt kann ich eine öffentliche Toilette benutzen, wenn sie sauber ist. Aber die Angst ist jetzt mehr nach außen verlagert – ich achte darauf, wo ich gehen kann. Die Dinge scheinen sich zu verändern, und die Furcht verschiebt sich auf etwas anderes. Womit die Furcht anfing, das existiert noch, aber sie vergrößert sich, breitet sich aus auf Dinge, die ich vor kurzem noch berühren konnte. Vor langer Zeit habe ich einmal eine Woche lang versucht, mit dem Waschen aufzuhören – aber es war schrecklich, ich bekam schreckliche Alpträume und hätte dauernd schreien können, besonders wenn irgendjemand mich anschaute. Danach habe ich nie mehr versucht, damit aufzuhören. Aber so weiterleben kann ich auch nicht. Ich möchte Anteil nehmen, ich will nicht immer nur die Sinnlosigkeit des Lebens empfinden.«

Die Unsinnigkeit zwanghafter Vorstellungen zeigte sich besonders deutlich bei einer Frau, die ihre Hände bis zu 100mal am Tag wusch, bis ihre Haut aufgerauht und blutig war. Und obwohl sie endlose Stunden am Waschbecken verbrachte und Hände und Arme wusch, nahm sie aber wochenlang kein Bad und wusch auch sonst ihren Körper nicht, so daß ihr Körpergeruch für die Menschen in ihrer Umgebung unerträglich wurde, doch das störte sie nicht im geringsten. Sie verbrauchte pro Woche so viele Flaschen Desinfektionsmittel und Seifenstücke, daß sie sie von ihrem schmalen Gehalt allein nicht bezahlen konnte und Ladendiebstähle dafür beging. Als sie auf frischer Tat ertappt und zur Polizeistation gebracht wurde, sah sich die Polizei außerstande, ihre Fingerabdrücke abzunehmen, denn sie hatte keine – sie hatte sie völlig weggewaschen, und ihre Fingerspitzen waren ganz weich.

Zwanghafte Angst vor Beschmutzung tritt gewöhnlich in Zusammenhang mit einem Waschzwang und Vermeidungsritualien auf. Solche Patienten fühlen sich u. U. schon beschmutzt, wenn sie Wasser lassen oder Stuhlgang haben oder in Kontakt mit Hunden gekommen sind, und müssen sich nach jeder derartigen Gelegenheit stundenlang baden und waschen.

Schwere Zwangsstörungen können das Leben der Betroffenen stark beeinträchtigen.

Ein bedeutender Richter konnte nicht mehr zu Hause Wasser lassen oder seinen Stuhlgang verrichten aus Furcht, etwas zu beschmutzen, sondern er mußte jedesmal irgendwo anders hingehen. Sexuelle Beziehungen konnte er nicht ertragen, da sie ihm schmutzig vorkamen. Als er zu mir kam, hatte er seine Stelle aufgegeben und erschien in einem schäbigen, fleckigen Anzug. Seine Jacke war von unzähligen Papierservietten ausgebeult, die er in der inneren Tasche trug. Er konnte die Tür des Praxisraums nur öffnen, indem er den »schmutzigen« Griff mit einem Papiertaschentuch anfaßte, und auch die Hand konnte er mir aus Furcht vor Beschmutzung nicht reichen.

Eine Frau hatte das Gefühl, daß ihr Sohn schmutzig sei und entwickelte komplizierte Rituale, nach denen sie seine Kleider wusch, sein Zimmer sauber machte und alles, womit er in Berührung kam. Ein anderer Patient hatte das Gefühl, daß Hunde schmutzig seien, und er verbrachte einen großen Teil seines Lebens damit, jeglicher Kontaktmöglichkeit mit Hunden, Hundehaaren und selbst Gebäuden, wo Hunde gewesen sein könnten, aus dem Weg zu gehen. Er gab seine Stelle auf, als er erfuhr, daß ein Hund auf einem anderen Stock seines Bürogebäudes gewesen sein könnte. Ausgiebiges Waschen der Hände und seiner Kleidung war die Folge, falls die entfernteste Möglichkeit bestand, daß er sich »beschmutzt« haben könnte. Überraschenderweise fürchtete er sich vor einem Haar, das jemand einem Hund ausriß, genauso als wäre es der Hund selbst. Angst im Zusammenhang mit Zwang ist keine unmittelbare Furcht vor einem bestimmten Gegenstand oder einer Situation, sondern vielmehr vor den Folgen, die sich in seiner Vorstellung daraus ergeben könnten. Entsprechend fürchtete sich eine Frau, die besessen war von der Vorstellung einer möglichen Verletzung durch Glassplitter, mehr vor den Stücken, die sie irgendwo zu Hause vermutete, aber nicht fand, als vor Glassplittern, die sie wirklich fand und mit der bloßen Hand entfernte.

Die Angst, andere zu verletzen

Die zwanghafte Angst, man könnte jemanden töten, erstechen, erwürgen, schlagen oder verstümmeln, kann dazu führen, daß die Betroffenen potentielle Waffen vermeiden und komplizierte Schutzritualien entwickeln. Eine Hausfrau muß u. U. scharfe Messer in ihrer Küche außer Reichweite verstecken; Mütter müssen ständig Gesellschaft haben aus Angst, sie könnten ihre Babys erwürgen, wenn sie allein sind etc.

Manchmal fürchten Patienten, Nadeln, gebrochenes Glas oder andere scharfe Gegenstände zu schlucken und versteigen sich zu den lächerlichsten Extremen, um sich vor den entferntesten Möglichkeiten, daß so etwas eintreten könnte, zu schützen.

Die Gefahr, daß zwanghafte Vorstellungen dann auch zu schrecklichen Handlungen führen, ist tatsächlich gering. Ganz selten verüben zwanghafte Patienten die Morde.

Der folgende Bericht wurde vor etwa 100 Jahren geschrieben:

»Nun, Sir, ich bin ein geisteskranker Totschläger (und manchmal Selbstmörder). Bis jetzt habe ich diese Gedanken nur gedacht und sie nie in die Tat umgesetzt, aber es ist nur zu wahr, daß ich sie nicht unter Kontrolle halten kann (die Gedanken) ...Eines Nachts war meine Mutter nicht zu Hause, und ich schlief bei meinem Vater. In dem Zimmer befand sich ein alter Dolch; meine Gedanken kehrten unbewußt, ohne eigenen Willen, Wunsch oder gedankliche Kontrolle zu ihm zurück, und ich empfand einen fast unwiderstehlichen Impuls, das Bett zu verlassen und meinen Vater mit dem Dolch zu ermorden, aber ich tat es nicht. Ich lag da und zitterte, und dann schlief ich ein... Ich kann gehen wohin ich will, sein wo ich mag, in einer Kirche, Kapelle, in einem Haus oder irgendeiner öffentlichen Versammlung, überall verfolgen mich dieselben Vorstellungen, ich höre NEIN-Stimmen, es kommt mir vor wie ein IMPULS. Wie bei anderen Menschen ist da der Impuls herumzuhuren etc., obwohl es nichts gibt, was diesen Gedanken auslösen könnte.«

Ein anderer beschrieb dasselbe Problem. »Eines Nachts, nach wochenlanger ängstlicher Qual, als ich im Bett lag und mich schlaflos und verzweifelt hin- und herwarf, befiel mich der gräßlichste Gedanke, ein Impuls, der mich zu zwingen suchte, jemanden zu zerstören, der von allen lebenden Wesen am meisten meine Liebe verdiente. Ich vergrub mich unter der Bettdecke und kämpfte mit dem höllischen Impuls, bis das Bett bebte. Aber er gewann noch an Stärke. Ich sprang auf, klammerte mich an den Bettpfosten und biß meine Zähne in der Agonie der Verzweiflung in das harte Holz. Es war unkontrollierbar. Ich schloß meine Augen, senkte meinen Kopf aus Angst, ich könnte sie erblicken und eilte aus dem Haus. Barfuß, ohne Überwurf über meinem Nachthemd, rannte ich durch die Straßen zu einer Polizeistation und bat flehentlich darum, eingesperrt zu werden. Glücklicherweise war der diensttuende Beamte ein menschlicher und verständnisvoller Mann. Er gab mir einen Dienstmantel zum Anziehen, behielt mich im Auge und benachrichtigte offenbar meine Familie, denn meine Frau und meine Schwester kamen mit Kleidung. Die Krise war vorüber, und mit dem Wunsch, nur irgendwie zu sterben, begleitete ich sie voller Verzweiflung nach Hause.«

Von den Hunderten von Patienten mit Zwangsstörungen, die ich kennengelernt habe, sind nur 3 je ihrem Impuls gefolgt und haben jemanden verletzt. Ein Fall war eine junge Frau, die sich gezwungen fühlte, den Schorf von der Haut ihres kleinen Jungen abzukratzen, der sich bildete, wenn er sich gekratzt hatte. Der Impuls war so stark, daß sie sich physisch kaum davor zurückhalten konnte, sich auf ein Schorfstück seiner Haut zu stürzen, sowie sie eins erblickte. Nach der Therapie war dieses Problem verschwunden. Weniger erfreulich endete der Fall einer Frau, die den Impuls hatte, ihr 2jähriges Kind umzubringen. Sie kämpfte qualvoll dagegen an. Aber der Impuls schwand nicht durch die Therapie, und die Gefahr, daß sie ihrem Drang folgen könne, wurde so stark, daß sie schließlich von ihrer Tochter getrennt werden mußte.

Manche Zwangsrituale beziehen sich auf Haare. Ein 29jähriger Mann verbrachte pro Tag bis zu 5 Stunden damit, sein Haar zu waschen und zu kämmen und sein Bett und den Fußboden drum herum nach Haaren abzusuchen. Er fühlte sich unbehaglich, wenn Haare auf seinen Kleidern waren, und er mußte sie einfach entfernen. Ein anderer junger Mann verbrachte neben etlichen anderen Ritualien jeden Morgen bis zu 4 Stunden damit, in seinem Zimmer zu Hause staubzusaugen und zu putzen, nach Haaren zu suchen, voll Sorge, es könnten welche in das Elektrogerät gekommen sein. Seine Besorgnis richtete sich aber nur auf Kopfhaar, nicht auf Schamhaar oder auf Haare von Tieren.

Von einem sehr ungewöhnlichen Zwang berichtete eine junge Frau. Sie hatte die intensive Wunschvorstellung, ihrem Geliebten bei seiner Toilettenverrichtung zuzusehen, obwohl sie dadurch nicht sexuell erregt wurde. Wenn ihr Freund zum WC ging, konnte sie es nicht ertragen, ausgeschlossen zu werden, und wollte dabei zuschauen dürfen. Wenn sie die Erlaubnis erhielt, starrte sie den Stuhl minutenlang an. Verständlicherweise bildete dieser Zwang einen Stein des Anstoßes für ihre Freunde.

Verwicklung der Familien in zwanghafte Ritualien

Es kommt häufig vor, daß zwanghafte Patienten ihre Familienangehörigen in ihre Ritualien mit hineinziehen.

Eine 36jährige verheiratete Frau hatte eine derartige Angst vor Tuberkelbazillen, daß sie fast nirgends im Haus einmal fegte und lieber den Staub auf dem Boden sich sammeln ließ, weil sie dachte, daß der Staub die Bazillen beherberge. Ihren 2jährigen Sohn konnte sie nicht füttern aus Angst, ihn mit Tbc anzustecken, woran sie selbst vor Jahren einmal erkrankt war. Deshalb mußte ihr Mann das Kind füttern. Sie ließ das Kind den ganzen Tag im Laufstall eingesperrt und ließ es niemals im Haus herumkrabbeln oder laufen. Seine Großmutter durfte nie mit ihm spielen, ja nicht einmal sehen aus Angst, die Großmutter könne Bakterien einschleppen. Daher wuchs das Kind wie ein Fremder in ihrem Haus auf. Besuche waren untersagt, da sie potentielle Krankheitsträger waren. Unzählige Male am Tag wusch sie sich die Hände, bis sie rauh und blutig waren.

Eine junge Frau war derart unglücklich über den »verschmutzten Zustand« ihres Hauses, daß sie ihre Familie dazu zwang, innerhalb von 3 Jahren fünfmal umzuziehen und eine Stadt in der Gegend ganz mied, weil sie ihr besonders »schmutzig« vorkam. Andere Ehefrauen regen sich so über den »Schmutz« auf, den die Familienmitglieder mit nach Hause bringen, daß sie Mann und Kinder dazu zwingen, sich beim Nachhausekommen im Flur völlig auszuziehen und frische Kleidung anzulegen, bevor sie die Wohnräume betreten. Viele Zwangskranke hindern Familienangehörige daran, Besuch mitzubringen, damit sie nicht das bedrückend ordentliche und saubere Interieur schmutzig machen oder in Unordnung bringen.

Zwanghafte Langsamkeit

Eine Sonderform der Zwangsneurose ist eine *zwanghafte Langsamkeit*.

Ein Mann, der unter dieser Störung litt, war seit 3 Jahren ohne Arbeit, weil er für jegliche Tätigkeit viel zu viel Zeit brauchte. Um am Nachmittag rechtzeitig zu seinem Termin bei mir zu erscheinen, mußte er das Rasieren tags zuvor erledigen. Als ich ihn fragte, wie lange er brauche, um ein Bad zu nehmen, fragte er zurück: »Meinen Sie vom Zeitpunkt an, wo ich tatsächlich ins Bad gehe, oder wo ich anfange, daran zu denken, ein Bad zu nehmen?« Baden dauerte 5 Stunden. Um eine Straße zu überqueren, benötigte er weitere Stunden, da er nicht nur prüfen mußte, ob auch keine Autos kamen, sondern er mußte auch jeden geparkten Wagen danach überprüfen, ob einer gerade abfahren wollte. Bis er damit fertig war, in alle parkenden Wagen hineinzuschauen, mußte er wieder mehrmals die Straße entlangschauen, und dann hatte er wieder das Gefühl, er müsse noch einmal die geparkten Wagen in Augenschein nehmen etc. Wenn er einen Lichtschalter ausdrehte, mußte er erst sicherstellen, daß seine Schuhe geerdet waren und schaute sich mehrmals seine Sohlen an, bevor er den Stromtod riskierte, indem er seine Hand auf den Lichtschalter legte. Diese Langsamkeit beeinflußte die meisten seiner täglichen Handlungen, und er rechtfertigte sie, indem er sagte, er könne nicht das Risiko eingehen, überfahren oder von einem elektrischen Schlag getötet zu werden.

Zwanghaftes Horten

Zwanghaftes Horten ist eine weitere Form der Zwangsneurose. Es kann in Verbindung mit schon beschriebenen Ritualien auftreten. Solchen Menschen ist es u. U. unmöglich, Abfälle wegzuwerfen. Sie verbringen Stunden damit, Küchenabfälle zu sichten, bevor sie in den Abfalleimer wandern, damit ja keine verwendbaren Nahrungsmittel übersehen werden. Sie stauen wertloses Papier aus früheren Jahren an, bis man sich in dem Haus nicht mehr umdrehen kann. Unmengen von Nahrungsmitteln, Konserven und anderen Dingen werden unnötigerweise gekauft, ohne daß eine Knappheit in Sicht wäre. Jeglicher Versuch von irgendwelcher Seite, etwas von diesen jahrealten Anhäufungen zu beseitigen, erzeugt starke Ängste, und das Haus wird mit der Zeit sehr unwohnlich, weil Zimmer und Gänge vollgestopft sind mit alten Möbeln, Papier, Konserven, Kleidern, deren Beseitigung der Betreffende nicht ertragen kann.

▪ Die Behandlung von Zwangsstörungen

Die Behandlung von Zwangsstörungen beruht auf den gleichen Prinzipien wie die von Phobien, dauert aber im allgemeinen länger und erfordert häufiger eine mehrwöchige stationäre Aufnahme, gefolgt von einer kürzeren ambulanten, und ggf. die Einbeziehung der Familie.

Ein gutes Beispiel dafür ist Ann, 23 Jahre alt, ledig, Bankangestellte. Seit 5 Jahren litt sie unter der Furcht, schwanger zu werden, selbst beim Petting, obwohl sie noch Jungfrau war. Seit 18 Monaten fürchtete sie, daß eine kleine Warze an ihrem Finger von Krebs herrühren könne, und schließlich ersuchte sie um Behandlung. Sie mied alle Gegenstände, die sie mit »Krebsbazillen« infizieren könnten und fürchtete, die könnte sie über ihre Warze an ihre Familie übertragen. Sie fing an, sich exzessiv zu waschen: 125mal am Tag wusch sie sich die Hände, wofür sie 3 Stück Seife verbrauchte, und drei Stunden pro Tag verbrachte sie damit, sich zu duschen und die Haare zu waschen. Sechs Wochen vor Beginn der Behandlung, als ihre Eltern verreisten und sie mit ihrem jüngeren Bruder allein zu Hause ließen, zog ihr Freund mit ins Haus, um ihre Ängste zu lindern. Aber statt dessen wurden sie nur schlimmer. Sie bekam schließlich Angst, das Badezimmer nach ihm zu benutzen, weil sie glaubte, dadurch schwanger werden zu können.

Lichtschalter erschienen ihr als gefährlich, und aus Angst vor einer Bedrohung mußte sie sich ständig umdrehen. Sie litt Qualen, wenn sie die letzte war, die das Büro verließ und die Sicherheitsüberprüfung in ihre Verantwortlichkeit fiel.

Mit der Krankenschwester, die sie betreute, einigte sich Ann auf folgende Behandlungsziele: daß sie die Fähigkeit erlangt, für ihre Eltern eine Mahlzeit vorzubereiten und ohne schützende Ritualien zu kochen, ihre Haare ohne Ritual zu waschen, sich an der Stelle, wo sie die Warze hatte, in den Finger zu stechen und mit dem blutigen Finger zu essen.

Während der Behandlung sah Ann zu, wie die Schwester sich selbst »infizierte« und machte es ihr dann nach. Die Schwester beriet mit ihr die Aufgaben zwischen den Therapiesitzungen, um dem Programm gemäß sich an Ansteckungsgefahr zu gewöhnen und systematisch die Kontrollritualien nach und nach abzubauen. Zuerst forderte sie Ann lediglich auf, sich darauf zu beschränken, nur 1 Stück Seife pro Tag zu verbrauchen und sich nicht mehr unter dem fließenden Wasser zu waschen, sondern das Waschbecken mit dem Stöpsel zu verschließen. Ann reduzierte von sich aus Häufigkeit und Dauer des Waschens. Die Therapie-Schwester »infizierte« ihr Schlafzimmer, Telefon, Küchenbesteck und -geschirr. An den meisten Wochenenden ging Ann nach Hause mit einem Plan, sowohl sich selbst zu »infizieren« als auch ihr Haus und ihre Eltern und ihre Ritualien zu begrenzen.

Im Krankenhaus lernte Ann, bei einer brustamputierten Krebspatientin die Operationsnarbe zu berühren und anschließend sich selbst und Gegenstände zu berühren und später ein Essen zuzubereiten, ohne sich vorher zu waschen. Auf diese Weise wurde ihre Angst vor Ansteckung behandelt.

Dann wurde ihre Angst, bei jedem mittelbaren oder unmittelbaren Kontakt mit ihrem Freund schwanger werden zu können, in die Therapie aufgenommen. Schlafanzug, Handtuch und Unterwäsche des Freundes wurden ins Krankenhaus und in Anns Nähe gebracht. Man überredete sie dazu, sie zu berühren, in die Hand zu nehmen, um ihre Schwangerschaftsfurcht zu überwinden. Sie sollte den Schlafanzug des Freundes selbst tragen und sein Handtuch benutzen. Sie mußte mit seiner Unterwäsche im Bett und unter dem Kopfkissen schlafen. Die Therapie-Schwester arbeitete mit ihr und ihrem Freund ein Programm aus, nach dem sie das Petting wieder aufnehmen sollten; das Petting wurde von Woche zu Woche gesteigert, bis Ann schließlich den Penis ihres Freundes berühren konnte, zunächst noch durch die Kleidung, dann auch darunter und es vertragen konnte, wenn er sie masturbierte.

Nach 47 Behandlungssitzungen konnte Ann ihren Beruf wieder aufnehmen und war in der Lage, ihren Seifenverbrauch auf 1 Stück alle 2 Wochen zu beschränken. Diese Besserung hatte auch nach einem Jahr bei der Nachuntersuchung noch Bestand. Sie unternahm eine Ferienreise ohne Furcht vor Ansteckung, was bis dahin eine solche Reise immer verunmöglicht hatte. Sie wurde beruflich befördert und übernahm die Verantwortung für die normale Sicherheitsroutine in der Bank, zu der 13 Schlösser gehörten. Ihre Eltern konnten auf Reisen gehen und ihr das Haus überlassen, was vorher nicht denkbar gewesen war. Sie konnte nun selbst regelmäßig einkaufen gehen, ohne daß ihre Mutter dabei sein mußte, um sie von Kontrollritualien wegzuzerren; zu Hause half sie bei den Essensvorbereitungen, was sie vorher aus Angst vor Ansteckungen nicht hatte tun können. Das sexuelle Vorspiel mit ihrem Freund verlief normal.

Aus dieser Darstellung wird deutlich, wie unmittelbar die Familie u.U. bei der Behandlung von Zwangsbeschwerden mitarbeiten muß. Einen Eindruck des »Heimprogramms« an Wochenenden vermittelt das folgende Beispiel eines der Wochenenden, die Ann zu Hause verbrachte.

18. August

Anns Aufgaben

1. Eine Mahlzeit herrichten oder ihrer Mutter dabei helfen, ohne jegliches Händewaschen.
2. Alle Geschirrteile vor dem Essen berühren.
3. Bleistifte, Federn, Brieftasche und Rasiermesser des Vaters berühren.
4. Lockenwickler, Handtasche und Geldbeutel der Mutter berühren. In beiden Fällen durfte sie weder vorher noch nachher die Hände waschen.
5. Ihre eigene Seife zum Waschen benutzen und nur vor einer Mahlzeit oder nach der Toilette die Hände waschen.
6. Beim Waschen den Stöpsel ins Waschbecken stecken.
7. Etwas essen wie Joghurt oder Gelee und dabei den Ringfinger benutzen.

Aufgaben der Eltern
1. Ann für Erledigung der Aufgaben loben. Niemals behaupten, daß sie leicht seien.
2. Sie nicht beruhigen.
3. Um ihr furchtloses Verhalten zu demonstrieren, nach Möglichkeit alles, was sie für potentiell gefährlich hält, auf die Station bringen, wenn sie vom Ausgang zurückkehrt.
4. Einen kurzen Bericht für die Therapie hinterlassen, wie das Wochenende verlief.

Vielen Dank.

Wochenendbericht der Eltern an die Therapie-Schwester

»Anns Tag zu Hause bereitete weder ihr noch uns große Probleme. Sie empfindet es immer noch als schwierig, sich mit Wasser aus dem Becken zu waschen und spülte Hände und Handgelenke nach dem Waschen übertrieben lange ab. Wir haben Ihre Technik, sie diesbezüglich zu einer Änderung zu bewegen, offensichtlich noch nicht beherrscht, und bei einem Vorkommnis reagierte sie etwas rebellisch, aber das war nur vorübergehend. Generell kommt sie uns wesentlich gebessert vor im Vergleich mit ihrem Zustand vor der Aufnahme ins Krankenhaus. Sie hatte wenig Schwierigkeiten bei einem Einkaufsbummel, was Umdrehen, Kontrollieren, Ängstlichkeit bei elektrischen Einrichtungen in den Geschäften betraf. Sie war ziemlich entspannt und fuhr uns in ihrem eigenen Wagen nach Hause. Sie übernahm weitgehend die Vorbereitungen von Gemüse und Nachspeise für das Sonntagsessen, und falls ihr dabei Angst kam, hat sie es jedenfalls nicht gezeigt.

Ich vermute aber, daß sie sich innerlich immer noch Sorgen wegen Krebs macht, daher das Waschproblem. (Toilettenbesuche erzeugen auch Angst.) Alles in allem waren wir von den Fortschritten angetan, und da sie sehr erpicht darauf ist, ihr Problem zu überwinden, zeigt sie auch Enttäuschung, wenn sie ihre Aufgaben nicht erfüllen kann.«

24. August

Aufgaben des Freundes
1. Gehen Sie zur Toilette, waschen Sie sich nicht die Hände und infizieren Sie
    a) Anns Unterwäsche, b) Anns Knie, c) ihren Tampon.
2. Bitte schicken Sie der Therapeutin einen Bericht darüber.
Vielen Dank.

Bericht des Freundes
»Anns Unterwäsche und Tampons wurden während des Wochenendes Samstag und Montag zweimal »infiziert«, ihre Knie und Schenkel sehr häufig (ohne Bekleidung). Es trat keinerlei Angst auf.

Nahes Beisammensein am Strand, das sie früher beunruhigt hatte, bereitete keine Schwierigkeit. Ein sehr erfolgreiches Wochenende.«

Bericht von Ann

Infizierung der Beine	Angst 1 (8 = panisch; 0 = völlig ruhig)
Infizierung der Unterwäsche	Angst 2
Infizierung des Tampons	Angst 2

Hilfreich bei Zwangsstörungen ist also die Ausführung in der realen Situation nach vorhergehendem Modellernen (der Therapeut macht zuerst das, was anschließend der Patient machen soll, nachdem er es ihm detailliert vorgespielt hat).

Ein anderer Patient quälte sich mit zahlreichen Ritualen herum, die hauptsächlich aus Versuchen bestanden, sich zu versichern, daß er anderen keinen Schaden zugefügt hatte, für den er verantwortlich war. Sechs Jahre lang war er Lastwagenfahrer gewesen, fürchtete sich jetzt aber zu fahren, da er leicht Angst bekam, er könnte einen Unfall verursacht haben. Diese Ängste konnte er nur bewältigen, indem er die Strecke noch einmal abfuhr, oder sich bei der Polizei vergewisserte. Er prüfte nach, ob die Wasserhähne abgedreht, die Rasierklingen weggelegt waren, Fußmatten keine Wellen hatten, und er hatte noch zahlreiche weitere Kontrollrituale, die eine normale Lebensführung unmöglich machten und seine früher glückliche Ehe belasteten. In den ersten beiden Behandlungstagen wurde er dazu angeregt, die Dinge zu tun, die er seit mindestens 4 Jahren vermieden hatte: Autofahren, in einem überfüllten Supermarkt Menschen anstoßen, Nadeln, Streichhölzer und Steine auf den Fußboden der Eingangshalle des Krankenhauses legen, Wasserhähne aufdrehen und tropfend anlassen. Auf jeder Stufe führte zunächst der Therapeut das erwünschte Verhalten durch, und der Patient machte es ihm dann nach; auch die schwierigsten Aufgaben wurden mit aufgenommen.

Nach jeder 40minütigen Sitzung wurde darauf hingewiesen, daß er dem Drang zu kontrollieren widerstehen müsse und sich nicht bezüglich eines möglichen Schadens, den er verursacht haben könnte, beunruhigen lassen soll. Der Patient fühlte sich nach den ersten beiden Behandlungstagen kurze Zeit krank, erholte sich aber schnell wieder und war am Ende der 3 Behandlungsperioden symptomfrei. Sein Zustand hatte sich gehalten, als er 2 Jahre später nachuntersucht wurde.

Zwanghafte *Langsamkeit* kann mit einem Vorgehen behandelt werden, das man als »Zeit- und Bewegungsbehandlung« bezeichnen könnte. Dabei wird der Patient dazu angespornt, seine langsamen Ritualien mit zunehmender Geschwindigkeit durchzuführen, bis er seine Tätigkeiten schließlich in normaler Zeit ausführen kann.

Als Beispiel mag ein Mann dienen, der 3 Stunden dazu brauchte, um aufzustehen und sich an den Frühstückstisch zu setzen. Etappenweise mußte er mit Hilfe einer Stoppuhr seine morgendlichen Tätigkeiten auf ein Normalmaß von einer halben Stunden reduzieren.

Zwanghaftes *Horten* kann man in Angriff nehmen, indem der Patient dazu ermutigt wird, seine Furcht, wichtige Informationen zu verlieren, wenn er alte Dinge wegwirft, zu überwinden. Ein Therapeut begleitet vielleicht den Patienten zu seiner Wohnung, und gemeinsam werfen sie allmählich 10 Jahre alte Zeitungen weg. Er kann sich so an die Vorstellung gewöhnen, daß es nichts ausmacht, wenn Informationen verloren gehen. Es ist erstaunlich, wie widerstrebend ein solcher Patient sein kann, wenn es darum geht, alte Kartoffelschalen oder einen zerbrochenen Stuhl, der doch nie repariert wird, wegzuwerfen. Mit vorsichtiger Unterstützung kann der Patient aber dahin gebracht werden, sich von vielen Dingen zu trennen und soweit Bewegungsraum in der Wohnung zu schaffen, daß wenigstens wieder einmal Besuch empfangen werden kann.

Vorausgesetzt, Zwangspatienten führen die therapeutischen Instruktionen zuverlässig durch, sind die Chancen für eine Besserung und dauerhafte Heilung gut. Obwohl die Therapie dieser Störung nicht einfach ist, sind die Erfolge die Mühe wert, und sie sind stabil.

Die Rolle der Familie in der Behandlung

Zwangsstörungen haben oft weitreichende Auswirkungen auf den Lebensstil des Patienten und seiner Familie. Auch das muß im Lauf der Behandlung sorgfältig mit einbezogen werden. Eine Frau, von der wir schon früher berichtet haben, hatte viele Rituale, die sie an der Pflege ihres kleinen Jungen hinderten. Vor der Behandlung war er den ganzen Tag in einem Laufsstall eingesperrt, damit er von dem Staub auf dem Fußboden keine Tuberkulose bekäme, seine Mahlzeiten mußten vom Vater ritualmäßig vorbereitet werden, Großmutter und Tante durften ihn nie sehen, und der größte Teil des Hauses wurde, aus Furcht, Bakterien zu verbreiten, nie ausgefegt. Die Patientin wohnte 200 Meilen von London entfernt. Gegen Ende ihres Krankenhausaufenthaltes wohnte ihr Mann in der Nähe und nahm an den Behandlungsstunden teil, so daß die Patientin lernte, ihren Sohn selbst und ohne Ritualien zu füttern. Eine Schwester begleitete die Familie mit dem Zug nach Hause und versicherte sich, daß die Patientin Türgriffe und Fensterrahmen berührte, wobei sie erste Anzeichen von Vermeidung zeigte. Die Schwester verbrachte 2 volle Tage bei der Familie, sorgte dafür, daß die Patientin das ganze Haus ausfegte ohne Furcht vor Bakterien, daß sie ihren Sohn richtig fütterte und keine Rituale ausführte. Ihr Ehemann wurde angewiesen, die vielen Rituale zu beenden, die er unter Anleitung seiner Frau ausgeführt hatte. Sobald die Patientin gelernt hatte, die Familie nicht mehr in ihre Rituale einzuspannen und der Ehemann gelernt hatte, wie er mit ihren restlichen Ritualen fertig werden konnte, war keine weitere Behandlung nötig, und als sie nach 2 Jahren wieder einbestellt wurde, zeigte sie keine Rituale mehr.

Manche Zwangspatienten lassen sich dauernd in ritualistischer Manier von ihren Angehörigen beruhigen, z.B. »Liebling, habe ich den Schmutz an der Wand berührt?« oder »Bist du ganz sicher, daß ich kein Gift ins Essen getan habe?« Der leidgeprüfte Angehörige hat sich normalerweise angewöhnt, beruhigend immer wieder zu antworten: »Nein, du hast den Schmutz an der Wand nicht berührt«. oder, »Ja, Schatz, ich bin sicher, daß kein Gift im Essen ist.« Während der Behandlung müssen die Angehörigen lernen, nicht mehr beruhigend auf sie einzugehen, weil sonst diese Fragen aufgrund wiederholter Angstreduktion durch die erfahrene Beruhigung verstärkt werden. In der Therapie müssen Patient und Ehepartner u.U. mehrmals eine Szene proben, damit der Angehörige lernt, was er tun muß; wenn z.B. die Patientin ihren Mann fragt: »Ist mit dem Baby alles in Ordnung?«, soll der Ehemann antworten: »Nach den Anweisungen vom Krankenhaus darf ich diese Frage nicht beantworten.« Es ist erstaunlich, wieviel Zeit mitunter nötig ist, um diese einfache Situation zu erlernen, nach Jahren von, »Es ist okay, Liebling, es geht ihm gut, alles in Ordnung.«

Der Autor hat gute Erfahrungen mit Gruppen von Patienten und ihren Familien gemacht, die zusammenkommen, um über die gegenseitigen Schwierigkeiten zu sprechen und über Möglichkeiten, sie zu überwinden. Sie treffen sich alle paar Wochen, besprechen die in dieser Zeit erzielten Fortschritte und erarbeiten Techniken, um die verbliebenen Ritualien abzubauen.

Zusammenfassung

Zwangsgedanken drängen sich dem Betroffenen wiederholt gegen seinen Willen auf, während Zwangshandlungen wiederholte Tätigkeiten sind, die man zwingend ausführen muß, auch wenn sie unsinnig erscheinen. Wie die meisten Phobien beginnen Zwangsstörungen normalerweise im frühen Erwachsenenalter. Im Gegensatz zu den Phobien kommen die Zwangsstörungen gleich häufig bei beiden Geschlechtern vor. Oft treten diese Probleme bei Menschen auf, die immer schon peinlich genau und perfektionistisch waren. Dies ist jedoch nicht immer der Fall. Zwangsgedanken bezüglich potentiell gefährlicher Tätigkeiten bleiben normalerweise ohne Konsequenz. Es ist sehr außergewöhnlich, daß Zwangsgedanken zu Handlungen werden.

Verwandte werden häufig dazu herangezogen, den Patienten bei ihren Ritualen zu helfen. Dies trägt dazu bei, die Rituale zu vermehren. Das Familienleben und die Erziehung der Kinder können dadurch ernsthaft beeinträchtigt sein. Häufige Rituale betreffen wiederholtes Waschen oder Kontrollieren, ob eine Verseuchung oder eine Gefahr vorliegt, sowie das Ausführen von Handlungen in einer bestimmten Anzahl von Wiederholungen. Weniger häufig sind Sorgen, die Haare betreffen, zwanghafte Langsamkeit und das Horten aller möglicher nichtsnutzer Gegenstände.

Die Behandlung der Zwangsstörung folgt ähnlichen Prinzipien wie der Behandlung von Phobien. Sie kann jedoch länger dauern, weil die Auswirkungen auf das Leben der Betroffenen viel weitreichender sein können. Der Patient wird gebeten, solche Situationen, die Rituale hervorrufen, absichtlich zu konfrontieren. Er muß sich der Ausführung der Rituale so lange wie möglich enthalten, während dessen lernt er das entstehende Unbehagen zu tolerieren. Man muß allen beteiligten Umständen im Detail große Beachtung schenken. Verwandte können in der Behandlung wertvolle Helfer sein, indem sie begleiten und loben, Bestätigung vorenthalten und sich weigern, an Ritualen teilzunehmen. Familien können zur Normalisierung der Lebensumstände beitragen, indem sie sich in Gruppen zusammenschließen, die gemeinsam versuchen, die anstehenden Probleme zu lösen.

10 Sexuelle Ängste

Sexuelle Ängste gehören zu den vorherrschenden Problemen Jugendlicher und Erwachsener. Sie sind deshalb um so belastender, weil die jungen Menschen sich oft schämen, darüber zu sprechen und es ihnen schwerfällt, sich an irgendjemanden, wie etwa einen Arzt, zu wenden und um Rat zu fragen. In früheren Jahren war das Thema Sex derart tabu, daß viele, die unter Störungen auf dem Gebiet litten, niemals die Hilfe bekamen, die sie benötigten; heute dagegen ändern sich die Einstellungen allmählich, und Hilfe wird leichter zugänglich.

In der Vergangenheit wurden normale Betätigungen wie Masturbation als sündhaft und als Ursache vieler scheußlicher Unpäßlichkeiten von Geschlechtskrankheiten bis zur Geisteskrankheit angesehen. Obwohl 99 % aller Jungen zu irgendeinem Zeitpunkt masturbieren und die übrigen eine verschwindende Minderheit darstellen, haben viele von ihnen lange Zeit unter Schuldgefühlen gelitten. Durch die vermehrte Information über normales Sexualverhalten ist das heute jedoch seltener eine Quelle der Angst. Jedoch glauben viele Jugendliche immer noch, daß ihre Pickel von ihrer Autoerotik herrühren und man ihnen deshalb diese Angewohnheit am Gesicht ablesen könne. Schuldgefühle wegen Masturbation, aber auch wegen anderer sexueller Verhaltensweisen sind immer noch für viele, die zu Hause und in der Schule unter restriktiven Einstellungen bezüglich Sexualität aufgewachsen sind, eine Quelle der Belastung. Mädchen, die Petting betreiben oder vorehelichen Geschlechtsverkehr haben, sind noch heute deswegen oft bedrückt oder beunruhigen sich wegen eines normalen sexuellen Erlebnisses. Heranwachsenden Jungen und Mädchen fehlt es in ihrer Begegnung oft an gegenseitigem Vertrauen, und sie sterben tausend Tode vor Verlegenheit, wenn sie einem Vertreter des anderen Geschlechts in einer potentiell sexuellen Situation wie einer Party oder einer Verabredung begegnen.

Irgendwie haben die meisten von uns ihre sexuellen Schwierigkeiten im Lauf eines normalen Prozesses von Versuch und Irrtum und mehr oder weniger erfolgreichen Experimentierens überwunden. Bis es zur Heirat kommt, führen die meisten ein befriedigendes Sexualleben.

Sexuelle Aufklärung und Einstellung

Eine große Schwierigkeit bestand für Laien in der Vergangenheit darin, Zugang zu verläßlicher Sexualinformation zu bekommen. Dieser Mangel ist inzwischen behoben, nachdem eine steigende Anzahl guter Bücher auf den Markt gekommen ist, die erklären, worum es beim Sex geht und informative Abbildungen bringen. In vielen Großstädten kann man sich leicht Filme über normales Sexualverhalten ansehen.

Obwohl sich die Einstellungen zur Sexualität deutlich gewandelt haben, hat sich das tatsächliche sexuelle Verhalten wohl weniger verändert, als es uns die Medien glauben machen wollen. Eine Untersuchung unter deutschen Studenten erbrachte wenig Unterschiede im Sexualverhalten über die Jahre hinweg, außer daß in letzter Zeit die Studenten anscheinend schon 1 oder 2 Jahre früher als in der Vergangenheit beginnen, sexuellen Verkehr aufzunehmen und bei Seitensprüngen ihrer Partnerinnen etwas toleranter geworden sind. Die »monogame romantische Liebe« ist jedoch bei weitem das dominierende Sexualverhalten. In den Zeitungen ist viel geschrieben worden über Partnertausch oder »Swinging«, wie es in Amerika heißt, doch ergab eine kürzliche Untersuchung in einer Gemeinde im mittleren Westen, daß derartiges tatsächlich nur von einer kleinen Minderheit praktiziert wird. Die übliche sexuelle Norm besteht selbst in unserer nachsichtigen Zeit in ruhigem, beständigem Sex zwischen festen Partnern. Was sich im Unterschied zu früher geändert hat, ist, daß weniger Frauen bei ihrer Eheschließung noch Jungfrau sind und oralgenitaler Verkehr von jungen Erwachsenen häufiger praktiziert wird.

Eifersucht

Sexuelle Eifersucht kann Menschenleben ruinieren. Krankhafte Eifersucht ist unter Männern verbreiteter als unter Frauen, und in ihrer extremsten Auswirkung kann sie zu Mord führen. Typischer ist der Fall eines Paares, das drauf und dran war, sich scheiden zu lassen, da der Ehemann wiederholt die »merkwürdige Vorstellung« hatte, daß seine Frau ihm untreu sei. Das gab Anlaß zu häufigem Streit, obwohl beide bestritten, einander je untreu gewesen zu sein. Sie hatten regelmäßig Verkehr miteinander. Bei manchen Männern tritt krankhafte Eifersucht in Zusammenhang mit Alkoholismus oder Impotenz auf.

Verschiedene sexuelle Probleme

Probleme bei Frauen

Weniger als 1% aller Ehen sind innerhalb des 1. Jahres noch nicht in Form erfolgreichen Geschlechtsverkehrs vollzogen worden. Es kommt jedoch vor, daß Mann und Frau trotz vieler Jahre gemeinsamer Ehe niemals Verkehr miteinander hatten.

Ein solches Paar betrieb vor der Hochzeit häufig Petting bis zum Höhepunkt, und auch anschließend masturbierten sie sich gegenseitig bis zum Orgasmus etwa 3mal in der Woche während 10 Jahren ihrer Ehe. Der Mann hatte eine normale Erektion, aber wann immer er in sie eindringen wollte, stieß sie ihn weg.

Ebenso überraschend ist das Beispiel eines jungen Paares, das während 3 Jahren ihrer Ehe niemals normalen Verkehr hatte. Als Kind hatte die Frau einen quälend schmerzvollen Abszeß an den Genitalien gehabt, und mit 19 war sie von einem Mann regelrecht vergewaltigt worden, der sie dann noch erpreßte und wiederholt sexuelle Beziehungen erzwang. Als sie heiratete, hinderten sie diese schmerzlichen Erinnerungen daran, normalen sexuellen Verkehr mit ihrem Mann auszuüben, und sie beschränkten ihre sexuelle Aktivität darauf, sich gegenseitig bis zum Höhepunkt an den Genitalien zu streicheln. Obwohl es ihr nichts ausmachte, wenn ihr Mann mit seinem Penis das Äußere der Vulva berührte und sie so auch einen Orgasmus haben konnte, hatte sie schmerzvolle Kontraktionen der Vagina, sobald er versuchte einzudringen, was dann auch nicht mehr möglich war.

Häufiger haben Frauen dadurch Schwierigkeiten, daß sie zwar Verkehr haben, doch Schmerzen dabei empfinden; sie spannen die Beckenmuskeln krampfartig an und verabscheuen jeden Augenblick des Verkehrs, eine Erscheinung, die als *Vaginismus* bezeichnet wird, ein Krampf der Muskeln rund um die Vagina. Ein anderes häufiges Problem ist die *Anorgasmie,* wobei die Frau den

Orgasmus nicht erreicht, obwohl sie das Eindringen womöglich angenehm findet und völlig entspannt dabei ist.

▪ Probleme bei Männern

Sexuelle Probleme bei Männern können verschiedener Art sein. Obwohl durch die Frauenbewegung sich da etwas geändert hat, wird im allgemeinen doch von den Männern erwartet, daß sie sexuell die Initiative ergreifen und lernen müssen, wie sie sich bei der Frau verhalten müssen, bevor Sex wirklich möglich wird. Sie müssen wissen, wie man ein Mädchen unterhält, welche Regeln man bei Verabredungen beachten muß und wie man in angemessener Weise sexuelle Annäherungen unternimmt. Wenn er das alles beherrscht, muß er aber noch zu ausreichender Erektion fähig sein, bevor er Geschlechtsverkehr haben kann, und große Furcht kann eine Erektion verhindern.

Das Versagen, beim Verkehr eine ausreichende Erektion zu bekommen, nennt man *Impotenz*. Sie tritt leicht auf, wenn Männer müde sind, bestimmte Arzneimittel genommen oder Angst haben. In den Flitterwochen tritt beim ersten Versuch nicht selten Versagen auf, aber Übung macht den Meister. Zu viel Alkohol kann ebenfalls die Ausführung verhindern. Shakespeare wußte das, als er schrieb, daß Alkohol das Verlangen steigert, doch die Fähigkeit mindert. Nur selten ist Impotenz durch physische Krankheit bedingt wie Diabetes, Erkrankungen von Hirn, Rückenmark oder endokriner Drüsen, die nicht die richtigen Hormone produzieren. Menschen mit sexuellen Abweichungen können ebenfalls impotent sein. Ein Homosexueller wird sich vorwiegend bei Männern erregen, nicht aber bei Frauen; doch sind viele mit sexuellen Abweichungen auch zu normalen sexuellen Beziehungen fähig.

Ein häufiges Problem ist die *Ejaculatio praecox,* d. h. daß der Mann zu schnell kommt und den Samenerguß nicht so lange zurückhalten kann, bis die Frau befriedigt ist. Dieses Problem geht oft einher mit mangelhafter Erektion, so daß der Mann nur eine kurze Erektion erreicht und dann plötzlich ejaculiert, bevor er es will. Sehr viel seltener ist die entgegengesetzte Störung, ein Ausbleiben der Ejakulation. Hier kann der Mann die Erektion stundenlang halten, ist aber nicht in der Lage, einen Höhepunkt mit Samenerguß zu erreichen. Eine Partnerin kann währenddessen einen Höhepunkt nach dem anderen erleben.

Auf den ersten Blick könnte man meinen, daß man zum erfolgreichen Sex nur das tun muß, was von selbst kommt, aber tatsächlich gehören eine Reihe komplizierter Fähigkeiten dazu, die man erlernen muß, so daß es nicht überrascht, wenn etwas schief geht, besonders am Anfang, bis der Betreffende gelernt hat, sich richtig zu verhalten. Ein erfahrener Partner kann ein guter Therapeut sein.

Ein junger Mann suchte um psychiatrische Hilfe nach, da er bei Mädchen zu keiner ausreichenden Erektion kam, weder bei Freundinnen noch bei Prostituierten. Nichtsdestotrotz masturbierte er regelmäßig. Während er bei einem Psychiater auf der Warteliste stand, lernte er ein sexuell erfahrenes Mädchen kennen, das 5 Jahre älter war als er. Sie hatte viel Geduld. Sie kannte sein Problem und ließ ihn versuchen, den Verkehr langsam zu beginnen, zu wiederholen, ohne ihn zu drängen oder auszulachen. Mit ihrer Hilfe führte dieser Mann nach wenigen Wochen ein normales, intensives Sexualleben.

Behandlung sexueller Ängste

Glücklicherweise leben wir in einer Zeit, in der sexuelle Probleme besser verstanden und offener behandelt werden als früher. Sexuelle Ängste können auf dieselbe Weise wie andere Ängste behandelt werden, aber man muß auch berücksichtigen, daß befriedigender Sex Fertigkeiten voraussetzt, die allmählich erworben werden müssen und sich nicht immer von selbst einstellen. Wenn das Problem beim Jungen darin besteht, daß Mädchen ihn auslachen, oder beim Mädchen, daß es eine Verabredung ablehnt, weil es sich unsicher fühlt, liegt die Lösung darin, sich dazu zu zwingen, die Verabredung zu treffen oder die Einladung anzunehmen und zu lernen, mit der Situation fertig zu werden. Ein schüchterner Junge muß vielleicht erst üben, in der Kantine seiner Arbeitsstelle mit den Mädchen zu sprechen, ihnen Geschichten zu erzählen, sie zum Kaffee einzuladen, einen Spaziergang mit ihnen zu machen, bevor er weitere Vorstöße unternehmen kann. Sobald er sich bei einem bewältigten Schritt sicher fühlt, kann er zum nächsten übergehen.

Wenn ein Sexualpartner da ist, aber kein Verkehr möglich ist, dann müssen die sexuellen Fähigkeiten zusammen in einem Programm erworben werden, was konkret heißt, Sex zu unterrichten. In Kliniken werden die Paare zunächst aufgefordert, über ihre sexuellen Probleme zu sprechen, einen Wortschatz an Sexualbezeichnungen zu erwerben, der sie in die Lage versetzen soll, miteinander leichter über ihre sexuellen Betätigungen und Gefühle zu sprechen. Ein Paar muß die Worte kennen, mit denen sich die Genitalien und verschiedene Aspekte beim Verkehr beschreiben lassen. Der nächste Schritt besteht darin, sich daran zu gewöhnen, einander am Körper zu berühren, während Koitus aber untersagt ist. Dieser Therapieschritt heißt *sensitive Fokussierung*.

Konkret heißt das, daß sich das Paar jeden Abend eine bestimmte Zeit, etwa 15 Minuten, nehmen muß, um sich ohne Bekleidung gegenseitig am Körper zu streicheln, zu lernen, dem anderen Genuß zu vermitteln, ohne Brust und Genitalien zu berühren, mit der Sicherheit, daß keiner von beiden zum sexuellen Verkehr übergeht. Einige Therapeuten fordern das Paar auf, als erstes in der Klinik sich gegenseitig am ganzen Körper und den Genitalien genau anzusehen, so daß sie ihre Scheu überwinden und genaue Informationen erhalten. Einfach nackt beieinanderzuliegen, macht viele Menschen zunächst ängstlich. Als ich einmal ein Paar anwies, derart vorzugehen, egal, wie sie es empfinden würden, erhielt ich am nächsten Morgen über meine Sekretärin von der Ehefrau die folgende Mitteilung: »Sagen Sie Dr. Marks, daß ich getan habe, was er verlangte, und ich könnte ihn umbringen dafür, aber ich habe es getan.« Die fragliche Aufgabe bestand darin, unbekleidet die ganze Nacht neben ihrem Ehemann zu schlafen. Nachdem sie das eine Woche lang getan hatte, hatte diese Dame dabei überhaupt kein unangenehmes Gefühl mehr und auch nicht dabei, sich gegenseitig nackt zu streicheln. Nach 6 Wochen hatten sie und ihr Mann zum ersten Mal in ihrer 3jährigen Ehe regelmäßigen Verkehr.

Es ist ratsam, erst dann mit den Schritten zu beginnen, die zu sexuellem Verkehr führen, wenn Mann und Frau sich gegenseitig gern den Körper streicheln, frei und ohne Angst. Wenn das Problem darin besteht, daß der Mann *keine Erektion bekommt,* wird die Frau angewiesen, sanft seinen Penis zu streicheln, bis er langsam eine Erektion erreicht. Wenn das eintritt, senkt sie sich zu ihm runter und führt den Penis in ihre Vagina ein. Wenn der Mann seine Erektion verliert, setzt sie sich wieder auf und streichelt ihn, bis er erneut eine Erektion hat und senkt sich dann wieder zu ihm herunter. Dieser Vorgang wird so lange wiederholt, bis der Mann etwa 15 Minuten lang in ihr erigiert bleiben kann, dann können sie in normalen Bewegungen mit dem Geschlechtsverkehr fortfahren bis zum Höhepunkt.

Aus dieser Beschreibung wird deutlich, daß sowohl der Mann als auch die Frau komplizierte motorische Fertigkeiten erwerben und daß sie lernen, die Gefühle des anderen zu verstehen und frei über sie zu reden.

Falls das Problem darin besteht, daß der Mann unter Ejaculatio praecox leidet, also zu schnell kommt, ist die Technik etwas anders. Dabei soll die Frau den Penis ihres Mannes streicheln, bis er eine volle Erektion hat und mit dieser Stimulation solange fortfahren, bis er das Gefühl hat, daß im nächsten Augenblick die Ejakulation eintritt. Er zeigt ihr dann an, daß er den Punkt erreicht hat, daraufhin hört sie auf, ihn zu streicheln und preßt statt dessen fest die Eichel (die kolbenförmige Spitze des Penis) zwischen Daumen und Zeigefinger. Der Drang zu ejakulieren hört dadurch auf. Wenn das Gefühl eines bevorstehenden Ergusses vergangen ist, zeigt der Mann es ihr an und sie fährt fort, den Penis zu streicheln. Mit dieser Masturbation wird solange fortgefahren, bis der Mann 15 Minuten lang die Erektion halten kann ohne zu fürchten, daß die Ejakulation beginnt. Wenn dieser Zustand erreicht ist, senkt sich die Frau auf ihn und führt seinen Penis ein. Wenn ihr Mann das Gefühl hat, daß die Ejakulation eintreten könnte, läßt er es sie sofort wissen, und sie zieht sich zurück, bis der Drang vorüber ist, dann können sie wieder zusammenkommen.

Entscheidend ist, daß Mann und Frau auf das erwünschte Zielverhalten beständig hinarbeiten in einem Tempo, das für sie angemessen ist und sie Spielraum haben zum Experimentieren, während sie zunehmend Kontrolle über verschiedene sexuelle Fertigkeiten erwerben.

Ein weniger verbreitetes Problem unter Männern ist das *Ausbleiben der Ejakulation.* Der Behandlungplan bei dieser Störung beginnt auch hier mit gegenseitigem Streicheln des Körpers ohne folgenden Verkehr. Dann beginnt ein Programm, in dem die Frau den Penis des Mannes von außen heftig stimuliert, bis er durch diese Masturbation eine Ejakulation erlebt. Sobald dies einmal gelungen ist, wird beim nächsten Mal derart vorgegangen, daß, sobald der Mann die bevorstehende Ejakulation anzeigt, die Frau sich schnell auf ihn legt und seinen Penis bei sich einführt, so daß er in ihrer Vagina ejakuliert. Das hilft ihm beim nächsten Mal, schon zu einem früheren Zeitpunkt während des Geschlechtsverkehrs in ihr zu ejakulieren.

Einige Männer halten sich nur deshalb für impotent, weil sie ein paarmal Mißerfolg hatten oder irgendeine Form von sexueller Abweichung aufwiesen.

Ein Geistlicher in mittleren Jahren kam einmal mit seiner Frau zu mir und klagte, daß sie im Lauf ihrer 4jährigen Ehe noch keinen erfolgreichen Verkehr gehabt hätten. Es zeigte sich, daß der Geistliche sich jahrelang von kleinen Jungen angezogen gefühlt hatte. Solange er in einem anderen Land gelebt hatte, hatte er Jungen auch regelmäßig masturbiert. Er hatte das jedoch nicht wieder aufgenommen, seit er und seine Frau vor einem Jahr nach England zurückgekehrt waren, obwohl er seine Vorliebe für Jungen bewahrt hatte. Während seiner Flitterwochen vor Jahren war es ihm beim Versuch, Geschlechtsverkehr auszuüben, dreimal hintereinander nicht gelungen, zu einer Erektion zu kommen. Er und seine Frau hatten es danach verzweifelt aufgegeben und nie wieder versucht.

Die Behandlung dieses Paares erwies sich als äußerst einfach. Ich wies sie darauf hin, daß bei vielen Paaren die ersten Versuche beim Geschlechtsverkehr nicht klappen, und da sie es seit 4 Jahren nicht wieder versucht hatten, es einen neuen Versuch wert sein könnte. Als erstes sollten sie zu Hause unbekleidet nebeneinander schlafen, ohne sich zu berühren. Das taten sie auch, und vor der nächsten Sitzung sollten sie damit beginnen, sich täglich zu Hause gegenseitig zu streicheln, aber ohne Verkehr auszuüben, wie sehr sie vielleicht auch den Wunsch danach verspürten. Nach der dritten Sitzung wurde Geschlechtsverkehr gestattet, falls sie den Wunsch danach hätten. Bis zur vierten Sitzung wenige Wochen nach unserem Erstkontakt hatten sie regelmäßig normalen Verkehr, den beide sehr genossen. Die Frau wurde bald schwanger, und einige Monate später wurde mir auf Empfehlung dieses Paares hin ein weiterer impotenter Geistlicher überwiesen. Das Verlangen nach kleinen Jungen hatte sich vollständig gelegt.

Liegt das Problem bei der Frau, daß sie bei jedem Eindringungsversuch *vaginale Krämpfe* bekommt (Vaginismus), wird eine andere Vorgehensweise versucht. Sobald sie sich an die sensitive Fokussierung gewöhnt hat, also daran, sich gegenseitig nackt zu streicheln, kann sie anfangen zu experimentieren, indem sie die Spitze ihres kleinen Fingers in ihre Vulva und Vagina einführt, und, nachdem sie sich daran gewöhnt hat, den ganzen Finger, dann zwei Finger. Wenn ihr das ohne Unbehagen gelingt, kann sie ihrem Mann erlauben, seinerseits langsam und vorsichtig einen Finger in ihre Vagina einzuführen, bis sie sich auch daran gewöhnt hat. Als Alternative können auf dieser Stufe kleine metallene Körper (abgerundete Stifte) in zunehmender Größe in ihr Genitale eingeführt werden, bis sie sie unbeschwert bewegen kann. Ihr Mann kann dasselbe tun, woraufhin sie sich allmählich dem Geschlechtsverkehr annähern können, und der Mann sich im Laufe der Zeit immer heftiger bewegen darf.

Liegt das Problem darin, daß die Frau nicht zum Orgasmus kommt *(Anorgasmie),* wird sie angewiesen, sich während des Verkehrs heftiger zu bewegen, um sich selbst zu reizen und dem Mann zu zeigen, welche seiner Bewegungen sie befriedigen. Es könnte sich als hilfreich erweisen, sich nach systematischen Plan manuell selbst bis zum Höhepunkt zu stimulieren, bevor ein Koitusversuch unternommen wird.

Es ist nichts Ungewöhnliches, wenn u. U. *beide* Partner irgendwelche sexuelle Schwierigkeiten haben. Das war auch der Fall bei Jill, 40 Jahre, und ihrem Mann Jack, 6 Jahre älter.

Im Verlauf ihrer 10jährigen Ehe hatten sie nicht ein einziges Mal Verkehr miteinander. Jill litt unter Vaginismus und Jack hatte stets einen vorzeitigen Erguß. Keiner von beiden hatte vor der Ehe irgendwelche sexuellen Erfahrungen gesammelt. Nach ihrer Heirat hatten sie öfter einen Koitus versucht, aber ohne Erfolg, und 5 Jahre später wurde ihre Ehe wegen Nichtvollzugs annulliert. Später heirateten sie wieder, wohl wissend, daß ihr sexuelles Problem weiterhin bestand. Sie begaben sich schließlich in Behandlung, weil sie gern ein Kind haben wollten, bevor Jill zu alt dafür sein würde.

Jill und Jack wurden zunächst 2mal gemeinsam interviewt, um eine ausführliche Schilderung ihres sexuellen Verhaltens zu bekommen. Sie kamen einander dadurch bedeutend näher. In 5 aufeinanderfolgenden Nächten masturbierten sie sich nun gegenseitig bis zu dem Punkt, daß Jack zum Erguß kam, doch Jill erreichte keinen Orgasmus. Ihr Therapeut gab ihnen zur nächsten Sitzung Hausaufgaben auf, und zwar sollten sie sich gegenseitig am Körper streicheln, 3 Tage lang auch an den Genitalien, aber unter keinen Umständen sexuellen Verkehr versuchen. Das Streicheln (sensitive Fokussierung) sollte 15 Minuten dauern. In der folgenden (dritten) Sitzung 2 Wochen später berichteten beide von steigender sexueller Erregung und weniger Angst bei der sensitiven Fokussierung. Beide Partner hatten eine angenehme Woche erlebt, und Jack war sehr entspannt und zufrieden. Jill fand Gefallen an der sensitiven Fokussierung und war ebenfalls viel entspannter. Jill hatte ausführliche Anweisungen bekommen, Jack einen Finger in ihre Vagina einführen zu lassen, was ihr zwar leichtes Unbehagen, aber doch auch Vergnügen bereitete. Jetzt sollten sie die sensitive Fokussierung von 15 auf 30 Minuten steigern, eine Vaginalcreme kaufen, und mit deren Hilfe sollte erst Jill, dann Jack weitere vaginale Explorationen unternehmen. Sie sollten es mit verschieden breiten Fingern versuchen, um allmählich die Ausdehnungsfähigkeit zu steigern. Regulärer Verkehr war nach wie vor untersagt, doch war gegenseitige Masturbation gestattet. Es bestand kein Grund zur Eile.

Bis zur 4. Sitzung eine Woche später war der Fortschritt etwas weniger befriedigend. Sie wurden ermutigt fortzufahren und versichert: »Es besteht keine Eile – Sie werden schlechte wie auch gute Wochen erleben, aber mit Ausdauer werden Sie diese Schwierigkeiten überwinden und erfolgreich sein.« Zwei Wochen später meldeten sie weitere Fortschritte. Das Gleitmittel half ihnen. Jack war es tatsächlich gelungen, seinen Penis ca. 3 cm in ihre Vagina einzuführen und so zu ejakulieren. Sie hatten die sensitive Fokussierung fortgesetzt und auch das Fingereinführen, um Jills Vagina zu dehnen. Es wurden weitere Hausaufgaben angesetzt mit gegenseitigem Streicheln, Fingereinführen und Erweiterungskörpern aus Plastik. Jack sollte versuchen, tiefer und langdauernder mit dem Penis einzudringen, sich jedoch nicht bewegen beim Verkehr.

Allmählich konnte Jack tiefer in Jill eindringen und länger in ihr bleiben, doch kam er immer noch etwas zu schnell. Beide Partner hatten jetzt mehr Freude am Sex und waren sehr zufrieden. Keiner von beiden hatte jedoch ein starkes sexuelles Bedürfnis, und die Häufigkeit ihres Verkehrs betrug nur etwa einmal pro Woche. Nach der 7. Sitzung äußerten beide Partner, daß sie mit dem unvollendeten Fortschritt, den sie erzielt hatten, zufrieden seien und keine weitere Behandlung wünschten. Als sie 6 Monate später zur abschließenden Behandlung erschienen, hatte die Besserung angehalten, und sie hatten nach wie vor 1 mal pro Woche Verkehr, an dem beide Gefallen fanden. Das Problem des Vaginalkrampfes war verschwunden.

Grundsätze der Behandlung sind, daß das Paar über sexuelle Dinge gut informiert ist, ohne Hemmungen miteinander darüber sprechen kann, den Körper des anderen ohne Scham oder Angstgefühl berühren kann, allmählich zu experimentieren beginnt, sobald sie sich an einige Dinge gewöhnt haben, bis sie einen Kompromiß finden, der sie am meisten befriedigt und beiden ermöglicht, zum Höhepunkt zu kommen. Eine Menge häuslicher Übung ist nötig, bevor dieser glückliche Zustand erreicht ist, und es ist immer leichter, sich der Leitung eines Therapeuten anzuvertrauen, dem man über den erreichten Fortschritt Bericht erstattet. Außerdem ist es sehr hilfreich, geeignete Bücher über das Thema zu lesen und, wenn zugänglich, auch entsprechende Filme anzuschauen. Der Sinn liegt darin, traditionelle Tabus zu überwinden, um den Schleier des Schweigens, der den Bereich umgibt, zu lüften. Es ist überraschend, daß hochintelligente Menschen oft nicht über die einfachsten sexuellen Grundkenntnisse verfügen, und es ist natürlich schwer, bei etwas erfolgreich zu sein, worüber man wenig weiß.

▎ Zusammenfassung

Sexuelle Probleme sind bei Heranwachsenden und jungen Erwachsenen häufig, werden jedoch normalerweise durch Gespräche und normales Experimentieren überwunden. Änderungen der gesellschaftlichen Einstellungen in jüngster Zeit haben dies leichter gemacht. Sexuelle Probleme können sekundär bei körperlichen oder psychologischen Störungen und bei Partnerschaftskonflikten auftreten.

Sexuelle Dysfunktionen können mehrere Formen annehmen. Eine nicht vollzogene Ehe ist selten. Häufige Probleme bei Frauen sind schmerzhafter Verkehr, Vaginismus und Unfähigkeit, einen Orgasmus zu erreichen. Bei Männern sind häufige Schwierigkeiten ein Mangel an sozialen Fertigkeiten, der sie von Beziehungen mit Frauen abhält, Unfähigkeit, eine Erektion zu haben und vorzeitige Ejakulation. In seltenen Fällen können Männer trotz einer adäquaten Erektion nicht ejakulieren.

Der Umgang mit sexuellen Problemen beinhaltet zwei Prinzipien – zum einen das Kennenlernen normaler sexueller Verhaltensweisen und zum anderen die Reduktion sexueller Ängste, indem man allmählich immer intimere sexuelle Beziehungen eingeht. Partner müssen zusammen als Paar behandelt werden und lernen, sich gegenseitig zu erzählen, was sie stimuliert und was nicht. Es kann sehr hilfreich sein, zusammen Bücher oder Filme über Sexualität anzusehen. Die Partner können ihre Genitalien gegenseitig erforschen und lernen, sich in entspannter Atmosphäre zu streicheln. Zusätzlich können sie spezielle Methoden lernen, um besondere Probleme, wie eine fehlende Erektion, frühzeitige Ejakulation, Vaginismus oder Anorgasmie zu überwinden. Einige Rückfälle sollten im Verlauf der Behandlung erwartet werden. Wenn aber beide Partner Geduld und Ausdauer aufbringen, wird die Behandlung zum Ziel führen.

11 Die Behandlung von Angst

Es gibt viele verschiedene Techniken, die zur Linderung von Phobien und Ängsten beitragen. Als agoraphobische Mitglieder eines Briefclubs in einem Rundschreiben gefragt wurden, welche Behandlung sie gehabt hatten, umfaßten die Antworten Medikamente, Psychoanalyse, Narkoanalyse, Gruppentherapie und andere Therapien, dazu gehörten Beschäftigungstherapie, Leukotomie, LSD, Hypnose, Autosuggestion, EKT (Elektrokrampftherapie), Tiefenentspannung, Yoga, spirituelle Heilung, Verhaltenstherapie, Korrespondenzkurse in Psychologie, Homöopathie, Naturheilkunde und viele andere.

Grob gesagt lassen sich 3 Behandlungsarten bei schwerer Angst unterscheiden: 1. Psychologische Methoden, 2. Medikamente, 3. andere medizinische Verfahren. Im Moment bieten die psychologischen Behandlungsmethoden die größte Hoffnung auf anhaltende Besserung, außer in Fällen mit einer deutlichen Depression, bei denen Antidepressiva hilfreich sind.

Psychologische Hilfen

Angst ist etwas Normales und unter Umständen Nützliches

Was man bei Angst in erster Linie verstehen muß, ist, daß es völlig normal ist, von Zeit zu Zeit Angst zu haben. Angst trägt sogar dazu bei, daß wir uns eher mit Problemen befassen, die Spannung verursachen. Jeder von uns ist unglücklich, wenn er sich von schwerer Krankheit bedroht fühlt, von Arbeitslosigkeit, Durchfallen bei Prüfungen, Auseinandersetzung mit der Ehefrau oder Streit mit den Kindern. Tatsächlich enden unsere Sorgen erst mit dem Tod.

Es kann nicht das Ziel sein, die Angst abzuschaffen. Das ist nicht möglich. Versuchen Sie stattdessen, die Angst in Relation zu setzen. Hören Sie auf, sie als Feind zu betrachten, sondern nehmen Sie sie als Hinweis, daß Handeln erforderlich ist. Akzeptieren Sie jeden Streß. Wenn Sie ihn nicht besiegen können, machen Sie mit und verwandeln Sie ihn vom Feind zum Freund.

Da wir in einer Welt leben, die täglich Schwierigkeiten mit sich bringt, müssen wir lernen, mit Streß fertig zu werden und Probleme anzugehen, wo immer sie auftauchen. Folgender Spruch enthält eine wichtige Wahrheit: »Nicht das, was dir widerfährt, ist wichtig, sondern das, was du daraus machst.«

Mit anderen über die Angst sprechen

Ein wichtiger Aspekt bei der Bewältigung von Streß ist, daß man darüber sprechen und, wenn nötig, Angehörige und Freunde um Hilfe bitten kann. Mit jemandem, dem wir vertrauen und der uns zuhören kann, über unsere Ängste zu sprechen, kann bei der Bewältigung mancher Schwierigkeiten hilfreich sein. Wenn wir in Ruhe über unsere Probleme reden, kann es uns gelingen, sie in einem anderen Licht zu sehen und bessere Lösungsmöglichkeiten für sie zu finden.

Manchmal ist es gut, solche Gespräche mit jemandem zu führen, der beruflich dazu ausgebildet ist, Leidenden zu helfen. Die Liste derartiger Helfer reicht von Psychiatern und Psychologen bis zu Sozialarbeitern, Schwestern, Bewährungshelfern und Geistlichen. Viele Menschen, die in Not sind, können bei diesen Berufsvertretern Hilfe finden. Bei schwierigeren Problemen könnte eine fachmännische Intervention von Mitgliedern dieser Berufsgruppen erforderlich werden, die auf die nötigen therapeutischen Maßnahmen spezialisiert sind.

Wir müssen auch unterscheiden lernen zwischen solchen Problemen, die wir im Endeffekt selbst meistern können, und solchen, die sich nicht legen, was wir auch dagegen tun. Mitunter bleibt uns nichts anderes übrig, als das Beste aus einer Sache zu machen. Für eine Frau eines Alkoholikers, die den Mut zur Scheidung nicht aufbringt, wird es vielleicht die vordringlichste Aufgabe sein, finanzielle Unabhängigkeit zu erreichen, um zumindest die Möglichkeit eines getrennten Haushaltes zu haben.

Viele, die unter Angst leiden, benötigen vielleicht nicht mehr als eine stützende Psychotherapie. Bei vielen werden jedoch gezieltere Maßnahmen nötig sein, um die Spannung zu überwinden. Was immer wir auch tun, um mit unserer Angst fertig zu werden, es ist wichtig, sich zu vergegenwärtigen, daß wir selbst es sind, die lernen müssen, damit zu leben. Die Aufgabe des Therapeuten besteht darin, uns das Notwendige beizubringen, damit wir lernen können, mit Problemen fertig zu werden. Zu lernen, wie das geht, kann erfreulich und interessant sein, aber man sollte keine plötzliche oder dramatische Erleichterung erwarten. Das bringt nur Enttäuschung und Entmutigung mit sich. Besserung stellt sich eher schrittweise und manchmal kaum wahrnehmbar ein; und nur, wenn man über einen längeren Zeitraum zurückblickt, kann man den erreichten Fortschritt ermessen.

Verhaltenstherapie: Konfrontation mit dem Angstauslöser

In den siebziger Jahren gab es eine Revolution in der Behandlung anhaltender Ängste und Zwänge. Bis zu diesem Zeitpunkt war die gebräuchlichste psychologische Methode vom Freudschen Modell der Psychoanalyse und Psychotherapie abgeleitet. Es besteht in der Annahme, daß Phobien und Rituale üblicherweise andere versteckte Probleme symbolisieren, die aufgedeckt werden müssen. Wenn man diese mit Hilfe freier Assoziation entdeckt und durchgearbeitet hat, dann würden sie verschwinden. Diese Form der Behandlung ist zeitraubend und kann Jahre dauern. Außerdem ist es wissenschaftlich nicht bewiesen, daß der psychoanalytische Zugang besonders hilfreich ist, um spezifische Ängste abzubauen. Bestimmte verhaltenstherapeutische Methoden haben sich dagegen überlegen gezeigt. Außerdem kann Verhaltenstherapie schon innerhalb weniger Tage oder Wochen, in ungünstigeren Fällen innerhalb einiger Monate effektiv sein.

Die Verhaltenstherapie geht nicht von der Annahme aus, daß Phobien symbolische Transformationen versteckter Schwierigkeiten sind. Sie versucht nicht das Unbewußte aufzudecken, statt dessen betrachtet sie Phobien und Zwänge selbst als Hauptproblem und versucht, diese direkt zu beseitigen. Sie versucht nicht, Bedeutungen im Unbewußten zu entdecken, sondern dem Betroffenen beizubringen, sich den unbehaglichen Situationen auszusetzen, so daß er sie schließlich tolerieren kann. In vielen Studien konnte gezeigt werden, daß dieser Ansatz in den meisten Fällen hilft. Selbst Phobien, die bereits 20 Jahre existierten, sind schon in drei Behandlungsstunden überwunden worden, obwohl normalerweise zehn bis zwanzig ein- bis zweistündige Sitzungen notwendig sind.

Das Prinzip der Konfrontation mit der angstauslösenden Situation

Nicht alle verhaltenstherapeutischen Methoden sind gleich wirksam. Entspannung wird oft als verhaltenstherapeutische Methode bezeichnet. Eine Reduktion von Zwängen oder Phobien mittels Entspannung ist jedoch zweifelhaft. Effektive verhaltenstherapeutische Techniken beinhalten immer das Prinzip der Konfrontation: Konfrontation mit dem Angstauslöser, bis Sie sich daran gewöhnt haben. Diese Techniken sind unter verschiedenen Bezeichnungen bekannt. Ein anderer Name für Konfrontation ist »exposure«. Sobald wir unsere Angst entschlossen konfrontieren, wird sie nachlassen. Die Forschung zeigt, daß die Angst schließlich nachläßt, vorausgesetzt die Konfrontation hält lange genug an.

Wie lange ist lang genug?

Es gibt keine schnelle Antwort außer »je länger, desto besser«. Eine glückliche Minderheit von Betroffenen benötigt nur ein paar Minuten Konfrontation mit den angstauslösenden Dingen oder Situationen, um ein Nachlassen der Angst zu erfahren. Dies gilt besonders für Menschen, die ihre Phobien noch nicht so lange haben und wirklich zum Kampf entschlossen sind. Im allgemeinen nimmt die Angst innerhalb einer halben Stunde nach dem Beginn der Konfrontation ab, sogar bei Menschen mit sehr lange bestehenden Phobien. Man braucht selten mehrere Stunden, bis die Angst anfängt zu schwinden. Es ist wichtig, weiterzumachen, bis die Angst nachläßt. Bereiten Sie sich darauf vor, nicht nachzugeben, bis sie wirklich nachläßt.

Wie schnell soll ich meine schlimmsten Ängste angehen?

»Soll ich Schritt für Schritt vorgehen, ganz langsam von den leichtesten zu meinen schlimmsten Ängsten, oder soll ich den Stier bei den Hörnern packen?« Im allgemeinen tritt die Besserung um so schneller ein, je rascher Sie Ihre schlimmsten Ängste angehen. Je schneller und länger man sich auf das Ungeheuer Panik einläßt, desto schneller wird es verblassen und ein Schatten seiner selbst werden. Das Ungeheuer Angst wird der altbekannten leichten Anspannung weichen.

Kann die Angst während der Konfrontation gefährlich sein?

Entgegen dem Volksglauben ist die Antwort normalerweise Nein. In der Vergangenheit waren Ärzte und Psychologen zurückhaltend, ihren Patienten große Angst zu erlauben, weil sie dachten, die Angst könnte ernsten Schaden anrichten. Jetzt wissen wir, daß die Mehrzahl der Patienten, die sich dazu durchringen, extreme Panik auszuhalten, schließlich nur noch leichte Angst erleben. Wenn wir es darauf anlegen, in Panik zu geraten, ist paradoxerweise die Wahrscheinlichkeit, daß sich wirklich Panik einstellt, nicht sehr groß. Wir werden vermutlich nur einen schwachen Anflug der großen Angst produzieren. Selbst wenn die schwere Panik zuschlägt, wird sie langsam verpuffen. In Zukunft wird die Wahrscheinlichkeit ihres Auftretens abnehmen. Merkwürdigerweise konnten wirklich effektive Verhaltenstherapien für Angst erst entwickelt werden, als die Therapeuten lernten, die Angst ihrer Patienten auszuhalten und sie sich sicher waren, daß eine Gefährdung unwahrscheinlich ist, daß im Gegenteil Angst der erste Weg zur Besserung ist.

Frühe Konfrontation verhindert die Ausweitung von Phobien

Um Phobien im Keim zu ersticken, lautet die goldene Regel: Vermeiden Sie Flucht! Fördern Sie die Konfrontation mit der Angst. Nach einem plötzlichen Unfall vergeht oft eine gewisse Zeit, bevor eine Phobie entsteht. Wenn der Betreffende in diesem Zeitraum der ursprünglichen Situation noch einmal unmittelbar ausgesetzt wird, bewahrt ihn das davor, sich vor ihr zu fürchten. Es ist eine alte Erkenntnis, daß Menschen unmittelbar nach dem ursprünglichen Trauma die traumatische Situation noch einmal durchleben sollten. Piloten wird geraten, nach einem Flugunfall absichtlich sobald als möglich wieder zu fliegen, und Autofahrern wird empfohlen, sich nach einem Zusammenstoß sobald wie möglich wieder ans Steuer zu setzen. Wenn man von einem Pferd stürzt, ist es das Beste, gleich wieder aufzusteigen.

Solange eine Phobie noch schwach ausgeprägt ist, kann man dem Betroffenen durch beruhigendes Zureden helfen; und man hat schon zahllose Tricks mit Erfolg eingesetzt, um ihn zu ermutigen, sich der gefürchteten Situation noch einmal auszusetzen. Ein Arzt wettete mit seinem Patienten um 1000 Dollar, daß er nicht an einem

Herzanfall sterben würde, wenn er sich aus seinem Hause traute, und prompt war dieser in der Lage, seit Monaten zum ersten Mal allein auszugehen. Professionelle Schauspieler, die plötzlich von Lampenfieber befallen werden, können wieder darüber hinwegkommen, indem sie sich beruhigende Äußerungen, die ihnen der Arzt auf ein Blatt Papier geschrieben hat, ständig laut vorsagen.

Im allgemeinen scheint es so zu sein, daß eine Person, die einmal eine angstauslösende Situation gemieden hat, ihr mit größerer Wahrscheinlichkeit auch beim nächsten Mal aus dem Weg geht, und so entwickelt sich allmählich eine Phobie. Es ist von Vorteil, sich den Situationen zu stellen, die eine geringfügige Angst auslösen, als diese zu vermeiden und damit Gefahr zu laufen, eine Phobie zu entwickeln. Bei chronisch kranken Kindern kann es schwierig sein, das richtige Gleichgewicht zu halten. Die physische Grenze eines herzkranken Kindes darf einerseits nicht überschritten werden, andererseits will man es nicht durch unrealistische Angst zum Invaliden machen. Je weniger ein Kind durch Restriktionen eingeengt wird, desto weniger wahrscheinlich ist es, daß es in seinem späteren Leben hypochondrische Ängste entwickelt.

Die generelle Einstellung, die ein ängstlicher Mensch braucht, läßt sich folgendermaßen zusammenfassen:

»Welches soll meine Grabschrift sein?«
»Sie konnt's nicht versuchen
aus Angst zu sterben,
sie versuchte es nie,
das war ihr Verderben.

oder

Sie konnt's nicht versuchen
aus Angst zu sterben,
und seit sie's versucht
ihre Ängste - sie sterben.«

Festgefahrene Phobien benötigen strukturierte Konfrontation

Sobald Phobien erst einmal zur ständigen Vermeidung des phobischen Objekts geführt haben, sind Ermahnungen, tapfer und willig zu sein, allein nicht mehr sehr hilfreich. Phobien können sich verschlimmern, wenn der Betroffene sich in Situationen begibt, mit denen er nicht fertig werden kann und aus denen er dann flieht. Bevor schwerkranke Phobiker die Quelle ihres Terrors konfrontieren, ist es wichtig, daß sie zunächst verstehen, was wahrscheinlich passieren wird und dann ihre Konfrontationsübungen so strukturieren, daß sie mit den auftauchenden Problemen richtig umgehen können. Sie müssen entschlossen sein, sich ihren Ängsten zu stellen und nicht davonzulaufen. Die Angst wird nicht durch Hexerei beseitigt. Es dauert normalerweise eine gewisse Zeit – wenn die Phobie sehr schwer ist, bis zu mehreren Stunden – damit muß man rechnen. Ehe man sich kurz in ein gefürchtetes überfülltes Geschäft begibt, das Auftauchen der Panik fühlt und wieder hinausläuft, ist es für einen Agoraphobiker besser, einen vollen Nachmittag für das Abenteuer zu reservieren. Man sollte ein Buch oder Strickzeug oder Briefpapier mitnehmen. Wenn die Panik zuschlägt, sollte man sich in eine Ecke des Geschäftes setzen und die Panik durch Lesen, Schreiben oder Stricken vertreiben. Es kann 30–60 Minuten dauern, bevor die Panik vorbeigeht. Wenn man sich besser fühlt, kann man weiter einkaufen gehen.

Angst überwinden braucht seine Zeit

Dieser Grundsatz ist durch das vorangegangene Beispiel klar geworden. Damit die Angst in der Situation, an die Sie sich gewöhnen möchten, nachlassen kann, sollte genügend Zeit eingeplant werden. Diese Zeitspanne könnte mehrere Stunden beinhalten, wenn die Angst Tiere oder das Fliegen betrifft. Bei sexuellen Ängsten könnten längere und einfühlsamere Verhandlungen notwendig sein. Es hat wenig Sinn, einer attraktiven Frau, die Sie gerade auf einer Party getroffen haben, einen Antrag zu machen und ohne weitere Überlegungen mit ihr ins Bett zu springen, wenn Sie impotent sind. Ihr wichtigster Teil wird schlaff sein und Ihre Partnerin irritiert, daß Sie nicht halten können, was Sie versprochen haben. Die Scham angesichts Ihrer schwachen Leistung wird Sie das nächste Mal einen Mißerfolg erwarten lassen, und so wird das Problem immer weitergehen. Die Überwindung sexueller Ängste braucht Geduld, selbst wenn Sie einen verständnisvollen Partner haben. Sorgfältige Vorbereitungen sind notwendig. Ihr Partner muß über das Problem Bescheid wissen und darauf vorbereitet sein, zur richtigen Zeit mitzuarbeiten, damit ein echter Erfolg erzielt werden kann.

Entschlossenheit und Geduld

Entschlossenheit und Geduld sind zwei wesentliche Eigenschaften, um die Angst zu besiegen, anstatt von ihr beherrscht zu werden. Dies gilt für die Hilfestellung bei anderen als auch für die Selbsthilfe. Eltern, die ihrem Kind helfen wollen, eine Schulangst zu überwinden, müssen das fast unvermeidbare Weinen, wenn das Kind zur Schule gebracht wird, während der ersten Male tolerieren. Wenn es Zeit wird, zur Schule zu gehen, werden sie die Klagen über Kopfschmerzen oder Magenschmerzen ignorieren müssen, mit denen Sie das Kind morgens begrüßen wird. Natürlich ist es ratsam, Fieber zu messen, wenn das Kind krank aussieht. Aber wenn die Temperatur am vierten aufeinanderfolgenden Morgen normal ist, brauchen Sie diese Vorsichtsmaßnahme wahrscheinlich nicht weiter auszuführen. Eine strenge, aber liebevolle und konsequente Führung sollte dem Kind innerhalb von ein paar Wochen helfen, seine Angst, in die Schule zu gehen, zu überwinden.

Ein ausgebildeter Therapeut hat es im allgemeinen leichter, eine Behandlung durchzuführen, als Verwandte oder der Patient selbst. Vielleicht ist es aus dem gleichen Grund leichter, mit Hilfe eines Fahrlehrers Autofahren zu lernen, als es sich selbst beizubringen oder von seinem Ehepartner lernen zu wollen. So wie der Fahrlehrer ist auch der Therapeut distanzierter und weniger von der Angst beeindruckt, die normalerweise im Verlauf auftritt. Er kennt sich eher mit möglicherweise auftretenden Schwierigkeiten aus und weiß, wie man diese überwinden kann. Gleichwohl bringen sich viele Menschen selbst Techniken bei oder überwinden die Angst ohne die Hilfe anderer (s. Kapitel 12).

Was braucht man für eine erfolgreiche Behandlung?

Lisa, 50 Jahre alt, erzählte von ihren Erfahrungen in der Behandlung ihrer Höhen- und Eisenbahnphobie. Obwohl sie am Anfang ziemlich viel Unterstützung von ihrer Therapeutin erhielt, spielte ihre Entschlossenheit doch eine entscheidende Rolle.

Die Bereitschaft, dem Therapeuten durch dick und dünn zu vertrauen, ist so wesentlich wie die Bereitschaft, seinen Anweisungen zu folgen, mögen sie manchmal auch noch so merkwürdig scheinen. Man muß sich klarmachen, daß der erste Teil der Behandlung der schwerste ist. Während der Sitzungen bekommt man manchmal wirklich einen Schock, und dieser wird nicht mit Beruhigungsmitteln abgeschwächt. Wenn man kurz vor dem Aufgeben ist, muß man sich wirlich bis ins letzte zusammennehmen. Sehr bald befindet man sich auf der Gratwanderung zwischen Sicherheit und Panikmache. Ich werde nie vergessen (ich hatte Höhenangst), wie ich gebeten wurde, über den Rand des Geländers auf dem Treppenabsatz des ersten Stocks zu schauen. Ich bin fast ausgeflippt vor Angst. Der Therapeut stand mir bei – auf mehr als eine Weise. Er sprach mir zu, ermutigte mich, ganz bei meiner Panik zu verbleiben und gegen meinen Drang anzukämpfen, vor meinen Ängsten zu fliehen. Zusammen haben wir es geschafft. Nachdem das Über-das-Geländer-Gucken ein Kinderspiel wurde, habe ich mich dann sogar in noch mehr angstprovozierende Situationen begeben. Diese Erfahrungen waren die Hölle, aber es gab auch Gelegenheiten, bei denen ich lernte, daß mein Willen, etwas zu erreichen, stärker war als meine Ängste; daß es im Moment der schlimmsten Panik mit Hilfe der Techniken, die man mir beigebracht hatte, funktionierte; daß ich die Kraft hatte, meine Ängste zu besiegen. Nach jeder solchen Erfahrung blieb mir der Gedanke, daß ich den Durchbruch geschafft hatte, daß ich das Unmögliche erreicht hatte. Mit Selbstvertrauen könnte ich es immer wieder schaffen und sogar noch mehr. Jeder weitere Schritt in der Behandlung wurde sorgfältig vorbereitet, wir arbeiteten auf Ziele zu, die wir am Beginn der Behandlung gemeinsam festgelegt hatten. Zwischen den Sitzungen wurden mir Aufgaben gestellt, die ich ganz alleine erledigen mußte. Sie waren ein sehr wichtiger Teil des Ganzen, da sie bewiesen, daß ich alleine zurechtkommen konnte. Zwischen den Sitzungen fühlte ich mich manchmal ängstlich, manchmal widerspenstig, manchmal verzweifelt. Es war oft ein Wettkampf zwischen einem Teil von mir, der sagte »ich kann nicht, ich will nicht« und dem anderen Teil, der antwortete »ich habe es schon einmal geschafft; ich werde es trotz meiner Angst wieder schaffen.« Da sind die Erinnerungen an die schon erlittenen Qualen und an die bereits gewonnenen Siege, plus der Aussicht auf mehr – und jeder, der mal Panikattacken hatte und Vermeidungsverhalten an den Tag legte, weiß, wie es ist, sich bewußt noch mehr auszusetzen. Aber die guten Erinnerungen zusammen mit der Willenskraft und dem Wissen, daß der Therapeut weiß, was er tut, halfen mir, weiterzumachen.

Die Behandlung hat mich gelehrt, wie ich Ängste positiv bewältigen kann. Sie sind nicht vollständig verschwunden, aber sie sind jetzt handhabbar. Außerdem hat sie eine positive Änderung meiner Lebenseinstellung bewirkt. Anstatt »Nein« zu meinen

Schwächen und den Höhen und Tiefen des Lebens zu sagen, kann ich jetzt mit viel mehr Selbstvertrauen »Ja« sagen, weil ich während der Behandlung gesehen habe, daß ich mit erschreckenden Dingen fertig werden kann. Wenn der Therapeut seinen Teil getan hatte, kam es auf mich an. Das »Unmögliche« kann bewältigt werden, wenn man darauf vorbereitet ist, die Behandlung durchzuhalten, komme, was will. Man wird feststellen, daß man der Gewinner ist, auch wenn es kein überwältigender Sieg wird.

Lisa bot daraufhin anderen Phobikern ihre Dienste als Kotherapeutin an.

Mißerfolg ist vorprogrammiert, sobald man am Sinn der Behandlung zweifelt

Möglicherweise muß man einige seiner festen Vorstellungen über Bord werfen, damit die Behandlung Erfolg verspricht. Das kann sehr schwer sein, wie eine Patientin mit Waschzwang beklagte, als man ihr sagte, daß es völlig in Ordnung sei, die schmutzigen Windeln ihres Kindes in die Waschmaschine zu tun, ohne sich darüber Gedanken zu machen, ob die Windeln mit dem Rand des Türgriffes in Berührung gekommen waren. Es ist traurig, daß diese Frau niemals akzeptieren konnte, daß 60mal Händewaschen am Tag nicht normal ist. Sie engagierte sich kaum in der Behandlung. Die Erkrankung besserte sich nur wenig.

Sehen Sie sich dagegen die positive Einstellung einer anderen Frau an, deren Erkrankung dadurch deutlich besser wurde. Sie verlor alle ihre Zwänge und Rituale innerhalb weniger Wochen. »Ich versuche immer, der goldenen Regel ›niemals vermeiden‹ zu folgen und hart an mir zu arbeiten, bis die Angst vorbeigeht. Ich bin so sehr dankbar, daß ich mein tägliches Leben führen kann, ohne außergewöhnliche Dinge tun zu müssen.«

Formen der Konfrontationstherapie

In ihrer einfachsten Form besteht die Verhaltenstherapie lediglich aus dem Rat an die Patienten, sich täglich einer Situation auszusetzen, die sie etwas schwierig empfinden und ihr Vorgehen täglich in einem Tagebuch festzuhalten, das der Therapeut dann beim nächsten Besuch durchsieht.

Mit wachsendem Zutrauen können sie sich dann von einer Woche zur nächsten jeweils selbst neue Ziele setzen, die zu erreichen für sie wichtig sind. Ein Agoraphobiker, der nicht zur Arbeit gehen kann, weil er nicht Untergrundbahn fahren kann, müßte als erste Aufgabe lediglich ein paar Tage lang außerhalb der Station stehen und seine Reaktionen beobachten, und von Tag zu Tag längere Zeit da stehen. Dann sollte er mehrmals hingehen und eine Fahrkarte kaufen und schließlich runter auf den Bahnsteig gehen. Daraufhin sollte er den Zug betreten und wieder aussteigen, bevor er abfährt, und schließlich einsteigen und bis zur nächsten Station fahren und dann immer größere Entfernungen. Bei solchen Programmen eines Wiedererlernens können Angehörige sehr mithelfen, indem sie jeden Fortschritt des Patienten lobend anerkennen.

Vielen Phobikern fällt es leichter, den Rat der Konfrontation anzunehmen, wenn sie mehrere Stunden zusammen mit einem Therapeuten verbringen, der ihnen zeigt, wie es geht. Die Konfrontation zusammen mit dem Therapeuten kann auf verschiedene Weise stattfinden.

In manchen Fällen erfolgt die Annäherung an die gefürchtete Situation langsam und schrittweise – dieses Vorgehen bezeichnet man als *Desensibilisierung*. Bei anderen Vorgehensweisen muß sich der Patient seinen Ängsten schneller aussetzen – man spricht hier von *Reizüberflutung*. Die Konfrontation mit der phobischen Situation kann entweder nur in der Vorstellung erfolgen oder in Form von Dias oder Filmen der phobischen Situation, oder aber direkt in der realen Situation *(in vivo)*. Im allgemeinen tritt die Besserung um so schneller ein, je eher man bereit ist, sich dem phobischen Objekt zu nähern und zu verharren, bis man sich besser fühlt. Je schneller man sich der realen Situation aussetzt, im Gegensatz zur bloßen Vorstellung, desto eher stellt sich eine Besserung ein. Bei der schnellen Darbietung in der realen Situation erleben die Patienten meist mehr Angst als bei der langsameren Annäherung in der Vorstellung, aber gemessen an dem Zeitgewinn, den eine schnellere Besserung mit sich bringt, ist das den Preis wohl wert.

Tatsächlich berichten Phobiker, nachdem sie mittels schneller Konfrontation mit den angstauslösenden Situationen behandelt wurden, daß es nicht schlimmer war als ein Zahnarztbesuch.

Desensibilisierung

Bei der *Desensibilisierung in der Vorstellung* muß der Patient zunächst eine Liste aller für ihn angstauslösenden Situationen zusammenstellen und nach der Stärke der jeweiligen Belastung ordnen. Er wird dann aufgefordert, sich zu entspannen und sich jeweils einige *Sekunden* lang vorzustellen, daß er sich langsam und stetig der phobischen Situation annähert. Zuerst stellt er sich leichte Szenen vor, bis er ein ruhiges Gefühl dabei hat, dann werden ihm zunehmend schwerere Situationen genannt, die er sich wiederholt vorstellen muß, bis er sich auch die schlimmste Situation angstfrei vorstellen kann. Nach jeder Sitzung wird ihm aufgetragen, das, was er erfolgreich in der Vorstellung durchlebt hat, in der realen Situation zu üben.

Als Beispiel für eine Desensibilisierung in der Vorstellung wird etwa eine Patientin mit einer Vogelphobie in der Entspannung aufgefordert, sich vorzustellen, daß sie eine Taube in einem 100 m entfernten Käfig sieht. Sie konzentriert sich einige Sekunden lang auf diese Vorstellung, nimmt sie dann weg und entspannt sich wieder. Falls sie dabei keine Angst empfunden hat, lautet die nächste Vorstellung, eine Taube 90 m entfernt in einem geschlossenen Käfig zu betrachten, und bei den folgenden Szenen wird die Taube immer mehr angenähert, bis sie sich nach vielen Stunden in der Vorstellung mit ihr ohne Angst befassen kann. Diese Behandlung ist leicht zu lernen, kann aber viele Stunden in Anspruch nehmen, bevor dadurch die Angst bewältigt wird. Sie ist bei solchen Patienten angebracht, die unter einer spezifischen Phobie leiden, ohne deutliche frei flottierende Angst. Bei frei flottierender Angst ist sie jedoch nicht sehr effektiv. Auch bei Patienten mit Zwangsstörungen ist eine Desensibilisierung in der Vorstellung nicht sehr angebracht.

Reizüberflutung

Eine schnell wirksame Methode der Konfrontation ist die *Reizüberflutung*. Sie entspricht dem »Sprung ins kalte Wasser«. *Überflutung in der Vorstellung* wird oft auch als »Implosion« bezeichnet. Dabei sollen sich Patienten ihre angstauslösenden Situationen ein bis zwei Stunden lang vorstellen, und der Therapeut hilft ihnen dabei, indem er die vorzustellenden phobischen Situationen fortlaufend kommentiert. Wenn nötig, kann der Patient diese Szenen noch weiter fortführen.

Mit Hilfe von begleitenden Kommentaren kann ein Agoraphobiker beim Überfluten in der Vorstellung dazu aufgefordert werden, sich vorzustellen, daß er allein das

Haus verläßt, zitternd eine belebte Straße entlanggeht zu einer verkehrsreichen Hauptstraße, einen überfüllten Supermarkt betritt und endlos in einer sich langsam vorwärtsbewegenden Schlange wartet und sich schwach und ängstlich fühlt.

Einem Patienten mit Examensangst konnte geholfen werden, indem man ihn dazu veranlaßte, in voller Absicht seine Angst zu empfinden und uneingeschränkt zu erleben, ohne zu versuchen, vor ihr zu fliehen. Er war Student, und die Prüfungspanik befiel ihn 48 Stunden vor der Prüfung. Er war schon einmal durch eine Prüfung gefallen aufgrund einer ähnlichen Panikattacke. Der Student mußte sich im Bett aufsetzen und versuchen, seine Furcht bewußt wahrzunehmen. Er sollte sich alle Konsequenzen vor Augen führen, die ein Durchfallen mit sich bringen würde – Spott seiner Kollegen, Enttäuschung seiner Familie und finanzieller Verlust. Als er die Instruktion befolgte, wurde sein Schluchzen zunächst heftiger. Aber bald darauf ließ das Zittern nach. Als die Anstrengung, die es kostet, eine lebhafte Vorstellung zu halten, anwuchs, konnte die Emotion langsam abebben. Innerhalb einer halben Stunde war er ruhig. Er wurde angewiesen, seine Ängste wiederholt durchzuleben. Jedesmal, wenn er einen Anflug von Beunruhigung empfand, sollte er sie nicht beiseite schieben, sondern eher steigern, und versuchen, sie noch lebhafter zu empfinden. Der Patient war intelligent, und er praktizierte eifrig und systematisch die Übungen, bis er fast nicht mehr in der Lage war, Angst zu empfinden. Er bestand die Prüfungen ohne Schwierigkeiten.

▰ Paradoxe Intention

Eine Variante der Reizüberflutung ist die *paradoxe Intention*.

Dazu folgendes Beispiel: Ein Mann, der Angst hatte, er könnte durch einen Herzanfall sterben, sollte so intensiv wie möglich versuchen, sein Herz schneller schlagen zu lassen und auf der Stelle durch eine Herzattacke sterben. Er lachte und erwiderte: »Herr Doktor, ich versuche es mit aller Macht, aber es geht nicht.« Er wurde angewiesen, damit fortzufahren und sich jedesmal, wenn diese Befürchtungen ihn quälten, zu bemühen, durch einen Herzanfall zu sterben. Als er anfing, über seine neurotischen Symptome zu lachen, half ihm sein Humor, sich von seiner Neurose zu distanzieren. Der Patient erhielt den Auftrag, mindestens dreimal täglich an einem Herzanfall zu sterben und, anstatt sich krampfhaft zu bemühen, einzuschlafen, fest versuchen wach zu bleiben. Von dem Augenblick an, wo er über seine Symptome lachen konnte und bereit war, sie absichtlich hervorzurufen, änderte sich auch seine Haltung gegenüber seiner Angst, und es trat Besserung ein.

Die paradoxe Intention kann die Anspannung überwinden, die einige Leute empfinden, wenn sie versuchen einzuschlafen.

Ein Patient, der über so schwere Schlaflosigkeit klagte, daß er kein bißchen schlafen könne, bekam von seinem Arzt den Rat: »Versuchen Sie, die ganze Nacht wach im Bett zu liegen. Stehen Sie nicht auf, und nehmen Sie keine Schlaftabletten. Liegen Sie einfach solange Sie können mit offenen Augen da.« Am nächsten Tag entschuldigte sich der Patient bei seinem Arzt, daß er die Anweisung nicht befolgen konnte, weil er so schnell eingeschlafen war!

Anhaltende (verlängerte) Konfrontation

Die am häufigsten angewandte Methode in meiner Abteilung ist die rasche und anhaltende Konfrontation mit der realen Situation, weil sie am schnellsten und dauerhaft zur Besserung führt. Dazu folgendes Beispiel: Bei dieser Methode wird ein Agoraphobiker angewiesen, in eine überfüllte Einkaufspassage zu gehen, sich dort einige Stunden aufzuhalten, bis sein Wunsch zu fliehen verschwindet, und dann seinem Therapeuten Bericht zu erstatten.

Anhaltende (verlängerte) Konfrontation mit der realen phobischen Situation ist eine schneller wirksame Therapie als Konfrontation in der Vorstellung. Doch kann letztere manchmal eine notwendige Vorbereitung zur ersten sein.

Sitzungen von zweistündiger Dauer sind effektiver als mehrere kürzere Perioden von gleicher Gesamtdauer.

Patienten mit spezifischen Phobien können ihre Phobie tatsächlich innerhalb von drei Nachmittagen verlieren, während es bei Agoraphobikern länger dauert. Bei Behandlungsbeginn werden die Patienten zunächst zunehmend ängstlicher, aber das gibt sich im Verlauf der Sitzung.

Vor Beginn der Behandlung muß sich der Patient voll darüber im Klaren sein, was von ihm gefordert wird und darin einwilligen, daß er die Behandlung ohne Vermeidungsversuch beendet, denn sonst könnte er aus der Sitzung fliehen und dadurch eine Verschlechterung seines Befindens riskieren.

Uneingeschränkte Kooperation ist Grundvoraussetzung; ist sie nicht gegeben, wären langsamere Methoden wie Desensibilisierung vorzuziehen. Desensibilisierung kann auch in solchen Fällen angewendet werden, wo aufgrund physischer Krankheit übermäßiges Angsterleben zu gefährlich ist, wie z. B. bei Patienten mit Asthma oder Herzkrankheit.

Konfrontation mit der phobischen Situation in der Vorstellung oder im Film

Während Konfrontation mit der realen Situation die meisten Erfolge bringt, kann der phobische Stimulus nicht immer so leicht in Anwesenheit des Therapeuten in die Behandlungssituation eingebracht werden. Ein Beispiel sind Gewitter. Unter solchen Umständen kann der Phobiker angewiesen werden, sich ein Gewitter vorzustellen oder sich einen solchen Film anzusehen. Menschen mit sexuellen Problemen können mit Hilfe von speziell angefertigten Filmen zum Thema Geschlechtsverkehr nicht nur notwendige Informationen erwerben, sondern auch ihr Unbehagen hinsichtlich des Koitus verlieren. Wie wir im nächsten Beispiel sehen können, ziehen es Patienten manchmal vor, ihre Ängste in der Vorstellung oder im Film zu erleben, bevor sie sich ihnen im echten Leben aussetzen.

Fallbeispiele

Katzenphobie. Eine junge Frau litt seit ihrer Kindheit unter einer derartigen Katzenphobie, daß sie Katzen um jeden Preis mied und immer eine Begleitung brauchte, die sie durch die Straßen führte, wo es Katzen geben könnte.

Nach zwei doppelstündigen Sitzungen, in denen sie sich jeweils vorstellte, daß Katzen auf sie zukämen und sie kratzten, hatte sie das Gefühl, daß sie jetzt Katzen auch in der Realität begegnen könne. Es wurde daraufhin eine schwarze Katze ins Zimmer gebracht und auf einen Tisch in etwa 3 Meter Entfernung gesetzt; beim Anblick der Katze stieg ihre Herzfrequenz an, und sie bekam ziemlich starke Angst, die sich aber nach etwa 5 Minuten wieder legte. Im Lauf der nächsten Minuten brachte der Therapeut die Katze immer näher heran. Bei jeder Verringerung der Entfernung stiegen Herzfrequenz und Angst wieder kurz an, man redete dann beruhigend auf sie ein und ermutigte sie, weiterhin die Katze anzusehen. Nach 15 Minuten war sie in der Lage, die Katze zu berühren, und im Verlauf der Sitzung konnte sie sie schließlich auch streicheln und auf den Schoß nehmen. Für jeden weiteren Schritt, den sie gewagt hatte, war sie hoch gelobt worden. Wenn sie zögerte, zeigte ihr der Therapeut, wie man die Katze berühren kann, indem er es ihr zunächst vormachte. Dieses Verfahren wird als *Modellernen* bezeichnet. Die letzten 15 Minuten der zweistündigen Sitzung verbrachte sie damit, ohne Angst die Katze auf ihrem Schoß zu liebkosen. Nach der Behandlung konnte sie normal mit Katzen umgehen, und ihr Leben war nicht mehr von Angst beeinträchtigt.

Hundephobie. Einen Eindruck, wie Phobiker im Behandlungsverlauf eine Besserung erleben, vermittelt das Beispiel einer 20jährigen Frau, die mindestens seit ihrem 4. Lebensjahr Angst vor Hunden hatte. Um den Hunden aus dem Weg zu gehen, wechselte sie auf die andere Straßenseite, besuchte keine Freunde, die Hunde hatten und konnte sich wegen ihrer Angst nicht in die freie Natur begeben, um Landschaften zu malen; sie war Malerin. Sie wurde in zwei doppelstündigen Sitzungen geheilt. In der ersten Sitzung wurde ihr ein sanfter kleiner Hund schrittweise immer näher gebracht, die Therapeuten liebkosten und streichelten den Hund und ermutigten die junge Frau dann, es ihnen nachzumachen. Zuerst war sie entsetzt, brach in Tränen aus und wandte sich ab, aber im Verlauf der Sitzung gewann sie allmählich Zutrauen. Nach einigen Minuten berührte sie zum ersten Mal den Schwanz des Hundes, und sagte »Er ist so schrecklich und häßlich, der ganze Hund kommt mir wie ein Kopf vor.« Als einige weitere Minuten vergangen waren, ließen ihre Ängste jedoch allmählich nach, und sie hörte auf zu weinen, begann den Hund zu liebkosen und sagte, sie wisse nicht, warum sie Hunde bisher häßlich gefunden habe. Ihre Einstellung hatte sich innerhalb weniger Stunden gewandelt. In der zweiten Sitzung wurde ein größerer Hund hereingebracht und derselbe Vorgang wiederholt. Am Ende der 4 Behandlungsstunden hatte sie vor Hunden nicht mehr Angst als andere Menschen auch. Die Nachuntersuchung ergab, daß sie jetzt Freunde mit Hunden besuchte, mit ihnen spielte und ihnen auf der Straße nicht mehr aus dem Weg ging, nur vor Schäferhunden nahm sie sich noch in acht.

Sie hatte so viel an Zuversicht gewonnen, daß sich dies auch in anderen Bereichen, wo sie leichte Schwierigkeiten hatte, bemerkbar machte, z. B. im Umgang mit ihren Eltern. Sie wurde ihnen gegenüber durchsetzungsfähiger und verstand sich daraufhin besser mit ihnen.

Sechs Monate nach der Behandlung stellte sich bei dieser jungen Dame allerdings eine ungewöhnliche Komplikation ein. Zu dieser Zeit erregte ein Zeitungsbericht großes Aufsehen; er berichtete von einem europäischen Ehepaar, das Hongkong bereiste und seinen Schoßhund mit in ein China-Restaurant nahm. Der Ober sprach nicht sehr gut Englisch, aber sie gaben ihm zu verstehen, daß er auch dem Hund etwas zu essen bringen sollte. Er verschwand mit dem Hund unter dem Arm in Richtung Küche. Es dauerte ungewöhnlich lange, bis das Essen aufgetragen wurde, und sie wurden schon unruhig. Schließlich kam der Ober mit einer großen Schüssel, die er mit einladender Geste aufdeckte, und darin lag ihr Hund, zu einer vorzüglichen Mahlzeit verarbeitet. Zweifellos waren die Englischkenntnisse des Obers verbesserungsbedürftig und das Entsetzen des Ehepaares verständlich. Als die Patientin auf einer Party diese Geschichte hörte, wurde ihr elend, und sie wurde seitdem von Vorstellungen gekochter Hunde verfolgt, wo immer sie auch war. Nachdem das einige Tage lang angehalten hatte, bat sie um einen Termin bei mir. Um ihr zu helfen, forderte ich sie im Beratungszimmer auf, »sich vorzustellen, einen gekochten Hund zu essen. Bitte versuchen Sie zuerst nur ein kleines Stück vom Bein.« Sie zögerte und sagte, »Mir ist schlecht«, aber ich bestand darauf. »Nehmen Sie Messer und Gabel zur Hand und schneiden Sie ein winziges Stück von der Lende ab und kauen Sie es sorgfältig.« Sie befolgte meine Anweisungen, und offensichtlich kaute sie in der Vorstellung und mußte sich dann fast übergeben. Auf meine Anweisung hin schluckte sie in der Vorstellung das Fleisch tapfer hinunter, begleitete diese Szene mit Schluckbewegungen, und innerhalb von 20 Minuten hatte sie den ganzen Hund weggeputzt und lächelte erleichtert über ihre Leistung, während sie vorher in Tränen schwamm. Die Vorstellung von gekochten Hunden war danach verschwunden. Ein Jahr später schrieb sie, daß es ihr gut ginge, sie geheiratet und einen kleinen Sohn zur Welt gebracht habe.

Konfrontation in der Gruppe

In jüngster Zeit hat man die Erfahrung gemacht, daß man Agoraphobiker in Gruppen behandeln kann, die zunächst zusammenkommen, um über Möglichkeiten zu diskutieren, wie man die Angst mindern kann, um sich dann unter die Leitung des Therapeuten in die gefürchteten Situationen zu begeben. Sobald sie sich daran gewöhnt haben und sich dabei als Teil der Gruppe empfinden, schicken sie sich gegenseitig auf einzelne Unternehmungen und berichten dann untereinander von ihren Fortschritten. Phobiker erleben bei diesem Vorgehen offensichtlich Trost und Ermutigung, ihre Anstrengungen zu verdoppeln, um ihre Gefühle bei Angsterlebnissen zu beherrschen. Gruppenerfahrung bietet schüchternen Patienten die Möglichkeit, neue soziale Verhaltensweisen zu erlernen und die Furcht vor anderen Menschen abzulegen. Die Patienten, die sich vor der Behandlung wegen ihres Leidens schämten, nicht darüber sprechen konnten, sich entsetzlich lächerlich vorkamen, in keinem Restaurant essen konnten und keinen Fremden nach dem Weg fragen konnten, mußten sich als Teil der therapeutischen Übungen mit diesen Situationen auseinandersetzen und so bis zum Ende der Behandlung diese Probleme bewältigen. Eine Bereicherung im sozialen Kontakt wurde besonders deutlich, wenn die Patienten von der Gruppe den Auftrag bekamen, Konfrontationsübungen alleine durchzuführen.

Viele konnten sich daran gewöhnen, auch wenn sie Angst hatten, Fremde anzureden.

Eine Patientin mit einer Fahrstuhlphobie fuhr gerade zum dritten Mal mit dem Lift rauf und runter, als der Liftjunge sie fragte, warum sie das tue. Es war ihr sehr peinlich, aber sie erklärte ihm ihr Problem. Da hatte er Mitgefühl mit ihr und erzählte ihr spontan von seiner Angst vor dem Fliegen. Das machte der Patientin Mut, auch in Zukunft mit Menschen zu reden, wenn sie Angst hatte.

Eine Patientin mit einer Soziophobie geriet in einem Laden in Panik und begann mit der Verkäuferin, die ihr das Wechselgeld herausgab, zu plaudern. Die Verkäuferin riet ihr höflich, einen Psychiater aufzusuchen. Zitternd verließ die Patientin den Laden, verlegen und wütend auf den Therapeuten. Man überredete sie dazu, sofort in den Laden zurückzugehen und derselben Verkäuferin zu sagen, daß sie gerade bei einem Psychiater war, der ihr aufgetragen habe, sie erneut aufzusuchen. Die Patientin tat es und kam 20 Minuten später nach einem langen Gespräch mit der Verkäuferin zurück, die ihr gestanden hatte, daß sie es nicht mag, wenn Kunden versuchten, mit ihr zu plaudern, da sie so gehemmt sei. Sie forderte die Patientin auf, doch so oft wie möglich zu kommen, da sie durch sie vielleicht lernen könnte, mit Kunden zu plaudern.

Alpträume können wie Phobien behandelt werden

Alpträume sind manchmal Ausdruck bestehender Ängste und können durch Konfrontation mit den angstauslösenden Stimuli vermindert werden. Wir haben Beispiele gesehen, wie man Kindern beibringen kann, schlechte Träume durch bewußte Konfrontation mit dem unangenehmen Inhalt zu beherrschen. Man überredet sie, unangenehme Inhalte durch Rollenspielübungen in positiveres Material umzuformen.

Eine ähnliche Methode fand ich bei einer 40jährigen Frau von Nutzen, die eine sehr schwierige Beziehung zu ihrer vor 14 Jahren verstorbenen Mutter hatte. Zwölf Jahre lang wurde sie von wiederkehrenden Alpträumen gequält, in denen sie ihre Mutter vom Dach eines Hauses stieß, hinunterging, um zu überprüfen, ob ihre Mutter tot war. Sie fand den Kopf vom Körper abgetrennt vor. Sie zog Reiterstiefel an und stampfte damit auf dem Kopf herum, um sicherzugehen, daß ihre Mutter wirklich tot war. Aber als sie das tat, strömte etwas aus den Augen des Kopfes auf ihre eigenen Augen zu, verfolgte sie, als sie sich zurückzog, und in dem Moment, als dieses Ding ihre Augen durchdrang, wachte sie zitternd auf und dachte, »meine Scheißmutter, sie gewinnt jedes Mal!« Am Morgen nach diesen Alpträumen war sie immer so deprimiert, daß sie nicht zur Arbeit gehen konnte.

    Ich behandelte dieses Problem, indem ich die Patientin bat, 20 Minuten lang ihre Alpträume dreimal zu wiederholen und sie danach zu Hause aufzuschreiben und immer wieder zu lesen. Zunächst weinte sie und war sehr aufgeregt, aber dann beruhigte sie sich und war in der Lage, die Alpträume das nächste Mal leichter zu erzählen. Bei ihrem zweiten Besuch bei mir, der ungefähr 40 Minuten dauerte, überredete ich sie, den Alptraum mit einem triumphierenden Ende zu erzählen, welches darin bestand, den Schädel ihrer Mutter zu zerschmettern und das Gehirn in ihren Händen zu einer breiigen Masse zu zerquetschen und es dann die Toilette hinunterzuspülen. Sie bekam dann die Anweisung, diesen Traum dreimal aufzuschreiben, diesmal jedoch mit dem über ihre Mutter triumphierenden Ende. Es war schwer, sie zu überreden, wiederholt laut über ihre Mutter, mich und andere Leute zu fluchen, was sie zuvor selbst nie gemacht hatte, auch wenn sie sie sich es noch so wünschte. Als ich sie zwei Wochen später zum dritten Mal sah, brachte sie dies fertig, fühlte sich weit weniger deprimiert und war in der Lage, über die Alpträume mit Gleichmut zu sprechen. Während des nächsten Jahres ging es ihr gut, und sie war von den Alpträumen befreit.

Streßimmunisierung

Medizinische Impfungen machen gegen Infektionen immun, indem dem Individuum ein verwandter, aber weniger gefährlicher Krankheitskeim injiziert wird, der den Körper zu Abwehrreaktionen anreizt, ohne ihn zu überfordern. Dieser Grundgedanke wurde übernommen, um Menschen gegenüber Streß widerstandsfähiger zu machen. Aufgrund von Experimenten kann man vermuten, daß Streßimpfungen eine realistische Möglichkeit sind, Individuen gegen emotionalen Streß zu schützen, indem man sie ähnliche, aber weniger intensive Streßversionen erleben läßt. Das Prinzip lautet »ein Haar von dem Hund, der dich später einmal beißen könnte«. Als Beispiel dafür wurden Kinder auf spätere Zahnarztbehandlungen vorbereitet, indem man sie auf dem Behandlungsstuhl mit den Instrumenten spielen ließ und ihnen im Spiel die Zähne untersuchen ließ. Als es später zu einer wirklichen Behandlung kam, zeigten diese Kinder weniger Angst als andere, die diese Zahnarztspiele vorher nicht gemacht hatten. Auch *Erwachsene vorzubereiten* auf belastende Situationen kann ihnen helfen, die Qualen zu reduzieren, wenn das Trauma eintritt. Wenn Patienten vor der Operation erklärt wurde, mit welchen Problemen sie nach der Operation rechnen müßten, welcher Art und Dauer ihre Schmerzen sein würden und sie beruhigt wurden, erholten sie sich schneller und unter geringeren Schmerzen und Mühsal als vergleichbare Patienten, die nicht derart vorbereitet waren.

Bei einer anderen Untersuchung eines amerikanischen Psychologen, Richard Lazarus, wurde Versuchspersonen ein grausiger Film über die Beschneidung australischer Ureinwohner beim Initiationsritus gezeigt. In dem Film wurden Jungen ohne Betäubung über einen Stein gelegt und ihr Penis eingeschlitzt. Während des Films hörten einige Versuchspersonen einen Begleittext, der entweder eine sachliche Beschreibung der Operation enthielt oder erklärte, daß es nicht schmerzhaft oder schädlich sei, sondern im Gegenteil von den Jungen als wesentlicher Aspekt des Erwachsenwerdens gewünscht wurde. Versuchspersonen, die diesen Begleittext hörten, waren durch den Film weniger beunruhigt als andere, die ihn als Stummfilm oder mit einem Kommentar gesehen hatten, der die Schmerzhaftigkeit der Prozedur betonte.

Unsere Einstellung hat daher Einfluß darauf, ob wir etwas als erschreckend wahrnehmen. Operationspatienten war es eine Hilfe, wenn ihnen vor der Operation gesagt wurde, daß es natürlich war, zu diesem Zeitpunkt Angst zu haben, aber daß sie kontrollierbar sei, wenn man weiß wie. Es wurde ihnen empfohlen, sich realistische positive Aspekte des Operationserlebnisses auszumalen.

Methoden zur Streßimmunisierung

Ein kanadischer Psychologe, Don Meichenbaum, hat ein Streß-Impfungs-Training (SIT) an Studenten entwickelt. Sie wurden angewiesen, wenn sie Angst hatten, die Anzeichen ihrer Furcht wahrzunehmen, wie etwa das schnelle laute Schlagen ihres Herzens, den Schweiß an ihren Handflächen und die Anspannung in ihren Muskeln. Sobald sie diese Anzeichen registrieren können, werden sie darin unterwiesen, sie zu kontrollieren. Als nächstes hilft man ihnen, alle ängstlichen Dinge, die sie sich in einer schwierigen Situation selbst sagen oder denken, wahrzunehmen in der Absicht, diese Selbsteinschätzungen zu verändern.

Wir alle sagen uns in schwierigen Situationen im Stillen Beunruhigendes vor, auch wenn wir es nicht merken, bevor wir darauf achten. Wenn wir davor Angst haben, vor einer wichtigen Versammlung eine Rede zu halten und einige Leute den Raum verlassen, sagen wir uns vielleicht: »Ich scheine langweilig gewesen zu sein. Niemand interessiert sich dafür, was ich sage. Ich habe es ja gewußt, daß ich keine Rede halten kann. Ich sollte schnell zum Ende kommen.« Diese Reaktion steigert unsere Angst, bis wir vor Furcht wie gelähmt sind. Wenn wir dagegen selbstsicher sind, würden wir in dem Fall, daß einige Zuhörer gehen, denken: »Vermutlich haben sie noch einen anderen Termin, den sie einhalten müssen. Wie schade, daß sie meinen guten Vortrag verpassen« oder: »Was für ein primitives Volk.«

Etwas Ähnliches mag bei einer Fahrprüfung vorkommen. Eine ängstliche Person würde den Prüfer anschauen und denken: »Warum runzelt er so die Stirn? Ich mache mich lächerlich. Ich weiß, ich fahre miserabel.« Ein selbstbewußterer Mensch würde zu sich selbst sagen: »Vermutlich runzelt er die Stirn, weil er vor der Arbeit Streit mit seiner Frau hatte. Ich muß gut aufpassen, um ihm zu zeigen, daß ich mit dem Wagen umgehen kann. Ich mag kein hervorragender Fahrer sein, aber gut genug, um zu bestehen, und ich muß ihn davon überzeugen, daß ich es kann.«

Bei diesem Beispiel wird ein und dasselbe Ereignis (Leute verlassen während einer Ansprache den Raum) von ängstlichen und von zuversichtlichen Menschen unterschiedlich wahrgenommen, was daran deutlich wird, wie sie mit sich selbst reden und was sie denken. Teil der Streßimmunisierung besteht darin, Menschen zu unterweisen, mit sich selbst anders zu »reden«. Wenn eine Agoraphobikerin für eine praktische Übung ihr Haus verläßt, muß sie zu sich selbst sagen: »Nur jeweils ein Schritt, entspannen, gut, ich kann mich selbst dahin bringen, wenn ich es energisch genug versuche. Dieses Schwindelgefühl im Kopf und Flattern in der Brust ist genau das Gefühl, das ich erwartet hatte. Ich soll meine

Furcht zwischen 0 und 10 einschätzen und ihre Veränderungen beobachten. Ich atme schwer, das ist ein Zeichen, daß ich es mit Bewältigungsmechanismen angehen muß. Mal sehen, ich werde versuchen, langsam und tief zu atmen – 1, 2 ein, aus... so geht's, altes Mädchen, du schaffst es schon.«

Unsere ängstlichen Gedanken können so zur Gewohnheit werden, daß sie uns gar nicht mehr bewußt werden, und wir müssen lernen, zu erkennen, daß wir vielleicht gerade sagen: »Himmel, ich bekomme eine Herzattacke«, oder: »Ich bin sicher, ich verliere die Beherrschung – ich werde verrückt.« Wenn wir so etwas sagen, machen wir alles nur schlimmer, deshalb müssen wir das, was wir innerlich sagen und denken, verändern. Der in Streßimmunisierung unterweisende Therapeut sagt etwa: »Wir wollen Methoden erarbeiten, mit denen Sie kontrollieren können, wie Sie sich fühlen, Methoden zur Kontrolle Ihrer Angst und Spannung. Dazu lernen wir zunächst, uns zu entspannen und Gedanken und Aufmerksamkeit zu kontrollieren. Die Kontrolle unserer Gedanken, oder dessen, was wir zu uns selbst sagen, setzt voraus, daß wir uns der negativen Dinge, die wir sagen, bewußt werden, der düsteren Prophezeiungen, die wir machen, der Art, wie wir versäumen, das Wichtigste zu tun. Die Wahrnehmung dieser Dinge ist der erste Schritt zu ihrer Veränderung. Wenn wir registrieren, was wir sagen, dient uns das als Gedächtnisstütze, als Signalgeber, um andere Gedanken und Selbstinstruktionen zu äußern und unsere einschüchternden Selbstbewertungen herauszufordern und zu bekämpfen. Auf diese Weise können wir lernen, Dinge mit größerer Zuversicht zu tun und uns dem widmen, was getan werden muß.

Die meisten von uns haben schon Wege der Streßbewältigung entwickelt, wie bei Zahnarztbesuchen oder bei Examina. Wir müssen sie nur systematischer anwenden.

Eine phobische Frau berichtete, nachdem sie die Selbstinstruktion gelernt hatte: »Es macht es mir möglich, mich in die (phobische) Situation zu begeben; ich fühle mich dabei zwar nicht sehr wohl, aber ich kann es ertragen... ich rede mich nicht aus der Angst heraus, nur daraus, ängstlich zu erscheinen... man reagiert unmittelbar auf das, wovor man sich fürchtet und redet sich dann ins Gewissen. Ich rede mich aus der Panik heraus.«

Eine andere junge Frau mit Angst vor Schlangen begann, während sie das Problem durch Annäherung an die Schlange zu bewältigen suchte, mit ihr zu reden und sagte: »Ich mache dir einen Vorschlag. Wenn du mich nicht erschreckst oder verletzt, erschrecke oder verletze ich dich auch nicht«, und ging weiter und berührte die Schlange.

Jeder bevorzugt die Methoden, die auf seine persönliche Bedürfnisse zugeschnitten sind. Meichenbaum hat eine Sammlung von ermutigenden Selbstgesprächen erstellt, die sich verschiedene Studenten während des Trainings zur Streßimmunisierung vorsprechen. In der ersten Phase der *Vorbereitung* auf ein Streßerlebnis wählten sie einige der folgenden Äußerungen: »Was mußt du tun? Versuch, einen Plan zu machen, um damit fertig zu werden. Denk nur daran, was du tun kannst. Das ist besser, als ängstlich zu werden. Keine negativen Äußerungen; denk verstandesmäßig. Keine Aufregung; Aufregung hilft nicht. Vielleicht ist das, was du für Angst hältst, nur der Eifer, den Streß anzugehen.«

Bei der *Konfrontation* und dem *Umgang* mit dem Streßerlebnis können die Feststellungen lauten: »Jetzt bau dich psychisch auf – du kannst dieser Herausforderung begegnen. Du kannst dich davon überzeugen. Du kannst deine Angst mit Verstand beseitigen. Nur ein Schritt jeweils zur Zeit; du kannst die Situation meistern. Denk nicht an Angst; denk nur daran, was du zu tun hast. Bleib sachlich. Diese Angst zu empfinden, hast du erwartet. Es ist eine Gedächtnisstütze, um deine Bewältigungsstrategien einzusetzen. Diese Spannung kann ein Verbündeter sein; ein Hinweis zur Bewältigung. Entspannen, du hast dich unter Kontrolle. Nimm einen langsamen tiefen Atemzug. Ah, gut.«

Zu irgendeinem Zeitpunkt fühlt man sich in der gefürchteten Situation sicher einmal *überwältigt*. Um damit fertig zu werden, kann man zu sich selbst sagen: »Wenn die Angst kommt, mach einfach eine Pause. Konzentrier dich auf die Gegenwart; was mußt du tun? Schätz deine Angst ein zwischen 0 und 10 und beobachte, wie sie sich verändert. Du mußt damit rechnen, daß sie zunimmt. Versuche nicht, die Angst ganz zu beseitigen; halte sie nur unter Kontrolle.«

Wenn es uns schließlich gelungen ist, im Umgang mit der Angst kleine Fortschritte zu erzielen, haben wir es verdient, *uns auf die Schulter zu klopfen* und zu sagen: »Es hat funktioniert, du hast es geschafft. Es war nicht so schlimm, wie du gedacht hast. Du hast aus deiner Angst mehr gemacht, als es wert war. Deine verrückten Gedanken – da liegt das Problem. Wenn du sie kontrollieren kannst, hast du auch deine Ängste unter Kontrolle. Es geht mit jedem Mal besser, wenn du so verfährst. Du kannst mit deinem Fortschritt zufrieden sein. Du hast es geschafft!«

Möglichkeiten, auf diese Weise die Angst zu bewältigen, sind ausführlich von Dr. Claire Weekes beschrieben worden. Hier ist ein Beispiel für die Instruktionen eines Agoraphobikers, wenn er die Straße entlanggeht:

»Wir sind unterwegs. Aber, ach du liebe Güte! Da kommt Frau X vom anderen Ende der Straße! Was tust du jetzt? Du gehst auf sie zu mit dem Herz in der Hosentasche. Du fühlst, wie dein Herz bis zum Halse schlägt, in der Brust klopft/... Deine empfindsamen Nerven registrieren und vergrößern jeden Schlag... Ist es eigentlich von Bedeutung, daß du dein Herz schlagen fühlst? Es macht nicht das Geringste aus. Deinem Herzen schadet es sicher nicht, also hab keine Angst davor, dein Herz schlagen zu fühlen, wenn du mit Frau X redest.«

Aber sie stellt sich auf einen gehörigen Klatsch ein, was, wenn sie noch 10 Minuten, noch *eine halbe Stunde* weiterredet? Du zitterst bei dem Gedanken und denkst dir: »Ich halte es nicht aus. Ich mache mich lächerlich. Sie wird es merken!«

»...Preß deine Hände nicht so zusammen. Entspanne deinen Körper. Lockern. Lockern. Hol tief Atem; atme langsam aus und konzentriere dich ganz darauf, Frau X zuzuhören, irgendwann hört sie auch wieder auf.«

»Jetzt gehen wir weiter die Straße entlang. Du fühlst dich etwas besser. Du hast es geschafft! Aber jetzt mußt du die Hauptstraße überqueren, und gerade, wenn du die Beine am nötigsten brauchst, werden sie wie Gummi. Diese blöden Gummibeine... Du stehst angewurzelt auf dem Gehsteig und deine Beine werden dich sicher niemals rübertragen.«

»Aber hier flüstere ich schon wieder: Die Gummibeine werden dich schon hinbringen, wenn du sie nur läßt. Es ist nur ein Gefühl; nicht eine wirkliche Muskelschwäche. Laß dich von den Gummibeinen nicht anführen... laß sie zittern. Sie können dich über die Straße bringen, ob sie zittern oder nicht. Und denk nicht, du müßtest dich zusammenreißen, um nicht zu kollabieren. *Es ist das Zusammenreißen, das erschöpft, nicht das Gehenlassen.* Also laß deine Beine zittern. Es ist nur ein Gefühl, keine Muskelschwäche.«

Das Wesentliche im Umgang mit der Angst besteht darin, mit ihr mitzugehen, bis der Sturm vorüber ist. Bei der Streßimmunisierung wird das als planmäßige Methode gelernt, ebenso wie man Autofahren lernt.

Das Geheimnis im Umgang mit Streß besteht nicht darin, sich angenehme Dinge vorzumurmeln. Man muß sich all der beunruhigenden Dinge bewußt werden, die wir uns einreden, die unsere Ausdrucksweise beeinträchtigen und uns elend machen. Dann müssen wir systematisch ein Repertoire an verschiedenen positiven Dingen aufstellen, die wir uns sagen können, von Regeln und Strategien, die wir im Notfall anwenden können. Schließlich müssen wir lernen, sie in einer Reihe ganz verschiedener Situationen wiederholt anzuwenden. Wir müssen sie immer wieder üben, bis wir sie automatisch ins Spiel bringen können, sobald wir uns ängstlich oder elend fühlen.

Den Studenten von Meichenbaum gelang es, die Bewältigungsmechanismen in etwa 3 Trainingsstunden zu erlernen. Sie stellten sich wiederholt vor, unvorhersehbare Schocks zu erhalten, ihre Hände lange Zeit in kaltes Wasser zu halten, belastende Filme zu sehen, in Verlegenheit gebracht zu werden, etc. Während sie sich diese Situationen wiederholt vorstellten, übten sich die Studenten in den Methoden, sie zu bewältigen. Der Versuch, im Experiment Schmerzen zu ertragen, wurde durchgeführt, indem eine Szene etwa folgendermaßen vorgestellt wurde:

»Sie stellen sich vor, Sie melden sich freiwillig für ein Experiment zur Schmerzuntersuchung. Sie schauen aufmerksam zu, wie die Blutdruckmanschette um ihren oberen linken Arm gewickelt wird. Der Versuchsleiter fordert sie auf, den Schmerz, den sie erleben werden, so lange wie möglich auszuhalten. Bald wird die Aderpresse einen dumpfen, langsam ansteigenden Schmerz hervorrufen. Wie lange werden Sie ihn aushalten? 5 Minuten, 20 Minuten, 40 Minuten? Welche Bewältigungstechniken werden Sie anwenden, um den Schmerz auszuhalten und zu ertragen? Wie würden Sie jemanden darin trainieren, mit genau dieser Art von Schmerz besser fertig zu werden?«

»Sie können versuchen, den Schmerz durch Muskelentspannung zu mindern und auf den Atem zu achten, während sie langsam und tief atmen. Beginnen Sie jetzt so zu atmen. Achten Sie darauf, daß Sie nicht mehr als 14 Atemzüge pro Minute machen – so ist es gut. Lockern Sie dabei Ihre Muskeln.«

»Sie müssen sich nicht auf den Schmerz konzentrieren. Denken Sie an andere Dinge. Versuchen Sie es mit Kopfrechnen. Wie wäre es damit, sieben nacheinander von 100 zu subtrahieren? Wenn Sie das getan haben, können Sie die Ziegel dort auf dem Dach zählen. Das hat eine Weile gedauert – nun schauen Sie, was Sie beim Rausschauen aus dem Fenster alles sehen.«

»Das hat auch eine Zeitlang geholfen, nun versuchen wir etwas anderes. Sagen Sie sich: Beobachten und analysieren wir die Veränderung in Arm und Hand, während die Aderpresse weiterhin fest zudrückt. Ja, da ist ein gewisser Schmerz, aber interessanterweise fühlt sich mein Arm auch taub an. Er kommt mir ein bißchen geschwollen vor. Die Farbe hat sich auch verändert. Am Anfang war er noch rosa. Jetzt ist er eher weiß.«

»Eine weitere Möglichkeit, den Schmerz zu ertragen, liegt in der Manipulation Ihrer Vorstellungen. Verändern Sie das Schmerzgefühl. Sie können sich vorstellen, daß Sie am Strand liegen und die Sonne Ihren Arm wärmt, oder stellen Sie sich vor, daß Ihr Arm kalt oder taub ist nach einer Injektion für eine lokale Betäubung.«

Diese verschiedenen Möglichkeiten an Bewältigungsarten standen den Studenten zur Verfügung, und sie wurden in Form von »Selbstbedienung« aufgefordert zu wählen, was immer ihnen am meisten zusagte. Sie sollten sie in kritischen Augenblicken anwenden, wenn der Schmerz am unerträglichsten schien und sie nahe daran waren, aufzugeben. Jeder entwickelte auf diese Weise seine individuelle Kombination an Bewältigungsstrategien, die er bei Bedarf anwenden konnte. In Rollenspielen übten sie sich darin, den Lehrer in diesen Techniken zu unterrichten. Ihre Aufgabe bestand darin, ihm zu sagen, was er tun sollte, wenn er Schmerz oder Angst empfand.

Nach einem kurzen Training in Streßimmunisierung nach diesen Richtlinien konnten diese Studenten eine Aderpresse doppelt so lange aushalten wie andere Studenten.

▰ Kann ich die Verhaltenstherapie selbst durchführen?

Selbsthilfe ist oft auch ohne das Einschreiten von Experten wie Ärzten, Psychologen oder Krankenschwestern möglich. Eine detaillierte Anweisung für die Selbsthilfe ist in Kapitel 12 beschrieben.

Viele Menschen haben von sich aus das Prinzip entdeckt, sich der gefürchteten Situation so lange auszusetzen, bis sie sich wohler fühlen. Ein solcher Prozeß kann in

Gang kommen, wenn irgendeine Veränderung in ihrem Leben den Anstoß dazu gibt.

Eine Agoraphobikerin berichtete: »Mein Mann kam nach Hause und sagte, ich habe *den* Ort gefunden – es ist ein hübscher Laden für dich und ein Postamt für mich, aber es hat nur einen Nachteil – es ist draußen auf dem freien, freien Land.

Und ich sagte, ich werde es versuchen, ich werde gehen, denn alles ist besser als das hier. Als wir uns in dem Laden niedergelassen hatten, erstellte ich eine Liste der Dinge, die ich gern tun wollte und strich sie aus, wenn ich sie durchgeführt hatte. Als ich zuerst hinkam, konnte ich nicht bis zum Ende des Gartens gehen, aber jetzt kann ich im ganzen Garten umhergehen und habe den Punkt gestrichen. Ich kann lange Spaziergänge mit dem Hund unternehmen. Ich kann Autofahrten mitmachen. Mein Mann und ich unterhielten uns darüber, und er sagte: ›Ich werde dich zur Fahrstunde anmelden.‹ Das war für mich wieder furchtbar. Es war mir unmöglich, aber er meldete mich an und – nun ja – die ersten 3 Male waren schrecklich. Ich war derart angespannt bei dem Gedanken, weg von zu Hause zu sein und mit einem Fremden in einem fremden Dorf, daß ich mich nicht aufs Fahren konzentrieren konnte. Aber er beruhigte mich und sagte: ›Nur keine Aufregung. Heute fahren wir nur im engsten Umkreis‹, und die Kreise wurden immer größer. Wir fuhren 1 Meile, 2, 3 und jetzt schon 40 Meilen, und es würde mir auch nichts ausmachen, wenn es 50 wären. Ich würde fahren.«

Eine andere junge Mutter, die zwanghafte Waschrituale mit den Windeln ihres Babys durchführte, wurde sozusagen per Zufall geheilt. Als an ihrer Tochter einmal ein Sexualdelikt begangen wurde, mußte sie, während sie zur Nothilfe eilte, den Kleinen unbeaufsichtigt zu Hause lassen. Als sie zurückkam, hatte er über den ganzen Teppich und noch darüber hinaus uriniert, aber sie war wegen der anderen Geschichte noch so aufgeregt, daß sie ihr übliches Reinigungsritual nicht ausführte. Kurz darauf konnte sie wieder einmal die Reinigung nicht vornehmen und war dem Urin ausgesetzt. Nach diesen Vorkommnissen merkte sie, daß ihre Zwangsvorstellungen und Ritualien sich so erheblich reduziert hatten, daß man sie von der Warteliste für Therapie, auf der sie gestanden hatte, streichen konnte.

Konfrontationsübungen ohne fremde Hilfe

Bei Patienten, die sich relativ wohlfühlen, wenn sie zu Hause sind, können wiederholte Anstrengungen, ihre Ängste selbst zu bewältigen, durchaus erfolgreich sein.

Davon berichtet eine Frau, die vor einigen Jahren akute Angst und Depression durchstanden hat:
»Seit 3 Jahren war ich nicht in der Lage, allein eine Reise mit dem Zug zu unternehmen. Ich hatte jetzt das Gefühl, daß es für mein Selbstwertgefühl notwendig war, daß ich das einmal erfolgreich durchstehe. Ich plante die Reise sorgfältig von einem sicheren Ort zu einem anderen, erlebte alle Ängste schon vorher durch und reiste dann wie unter leichter Betäubung. Ich kann nicht behaupten, daß ich dadurch jegliche Angst verloren hätte, aber ich habe erlebt, daß ich kann, wozu ich bisher nicht in der Lage war.«
»Bald darauf mußte ich Autofahren lernen. Ich bestand die Fahrprüfung ohne Schwierigkeiten... Die Launen eines alten Autos sorgten dafür, daß die Therapie weiterging. Beim Warten in Verkehrsstaus kamen zunächst wieder Panikattacken – aber es gab keine Fluchtmöglichkeit...«
»Inzwischen habe ich, wie andere behinderte Menschen auch, meine Methoden. Ausgangspunkt sind meine Sicherheitsdepots – Menschen oder Plätze. Der Sicherheitsradius von da aus wird immer länger. Ich bin immer noch klaustrophobisch; damit sind U-Bahnen für mich nicht möglich, und ich benutze die Stadtbahn. Es fällt mir schwer, Verwandte und Jugendfreunde zu treffen und Gegenden zu besuchen, in denen ich zur Zeit meiner Krankheit gelebt oder gearbeitet habe. Aber ich habe gelernt, kurze Besuche zu machen, um ein Erfolgserlebnis zu haben, und, wenn ich in der Lage dazu bin, einen längeren Besuch folgen zu lassen. Sowohl Menschen wie Gegenden schrumpfen auf eine normale Größe zusammen. Die Depression stellt sich ungefähr 1 Woche vor der Menstruation ein, und ich habe gelernt, mir bewußt zu machen, daß mit Beginn der Periode das Leben wieder anders aussieht... Ich

bin auch dabei zu lernen, daß es zulässig ist, Angst vor Dingen zuzulassen, von denen ich mir immer ernsthaft eingeredet habe, daß das Bagatellen seien, die man ignorieren müsse. Ich weiß jetzt, daß viele davon verbreitete Ängste sind.«

»Ich fürchte mich davor, meine Freunde an irgendeinem fremden Ort zu treffen, ich lade sie lieber zu mir ein oder treffe sie in einem bekannten Restaurant... Auch Fremde können hilfreicher sein als sie wissen, und ich habe sie schon bewußt in Anspruch genommen; ein fröhlicher Busfahrer, ein freundlicher Verkäufer können mir dabei helfen, eine aufsteigende Panik zu dämpfen und die Welt wieder ins rechte Licht zu rücken. Wenn ich irgend etwas Schwieriges zu tun habe – allein verreisen muß, gefangen unter der Trockenhaube beim Friseur sitzen oder öffentlich sprechen muß – weiß ich, daß ich schon vorher deprimiert bin und Angst habe. Ich vermeide es inzwischen, mich zu sehr auf die Probe zu stellen. Wenn der Zeitpunkt näherrückt, stärke ich mich mit den Erinnerungen an meine erlebten Siege, denke daran, daß ich einmal sterben werde und es jetzt wahrscheinlich so schlimm nicht wird. Das tatsächliche Erlebnis ist jetzt nicht schlimmer als starkes Lampenfieber, und wenn jemand mich scharf ansieht, gerate ich ins Wanken. Überraschenderweise scheint es aber niemand zu bemerken...«

»Ich wage es nicht, meine Krankheit – die Angst – zu akzeptieren, weil sie sich nie abstellen läßt. Meine Hilfskonstruktionen sind entstellt und werden selbst zu Symptomen. Ich muß daher in Zukunft die Hilfsmittel wieder beseitigen, die ich aufgebaut habe; sonst können die angewöhnten Reaktionen auf Angst oder die Vermeidung angstauslösender Erlebnisse so hinderlich werden, wie die Angst selbst.«

Diese Frau nahm ihre Behandlung selbst in die Hand, bevor die Prinzipien der Verhaltenstherapie formuliert wurden. Jetzt, da sie bekannt sind, können viele Leute leichter dasselbe tun. Das letzte Kapitel in diesem Buch soll Ihnen helfen, sich selbst zu helfen oder mit einem Therapeuten besser zusammenzuarbeiten. Vorher möchten Sie vielleicht ein wenig über andere bestehende Behandlungsmethoden erfahren.

Abreaktive Methoden

Das Problem bei den abreaktiven Behandlungsmethoden liegt in ihrer unzuverlässigen Wirkungsweise, obwohl sie in seltenen Fällen überraschend hilfreich sein können.

Diese Methoden wurden entwickelt, damit man lernt, seinen Gefühlen mit starker Emotion Ausdruck zu verleihen, denn hinterher fühlt man sich dabei sehr erleichtert. Viele religiöse Zeremonien haben mit diesen abreaktiven Methoden einiges gemeinsam. Man braucht nur an die Rituale und ekstatischen Tänze auf einer Wodu-Sitzung zu denken. Die Beichte ist in einigen Konfessionen ein weiteres Hilfsmittel, um Menschen zu helfen, über ihre Probleme und Ängste zu sprechen.

Bei der als »induzierte Angst« bezeichneten Methode wird der Patient entspannt und angewiesen, seine Aufmerksamkeit nach innen zu richten, alles um ihn herum zu vergessen, zu fühlen, wie tief innen etwas zu wachsen beginnt. Kontinuierlich wird ihm suggeriert, daß das Gefühl immer intensiver wird. Der Therapeut sitzt auf einem Stuhl neben der Couch des Patienten, die eine Hand auf seinem Handgelenk, die andere auf seinem Arm und überwacht Ausdruck und Anspannung des Patienten. Wenn der Patient die Muskeln anspannt, sagt der Therapeut »gut, lassen Sie es raus«, und so weiter. Allmählich entwickelt sich eine starke Emotion, begleitet von Muskelanspannung, schneller Atmung und Schluchzen, manchmal starkem Ärger, Angst oder sogar Lachen. Der Patient wird sich an vergangene Erlebnisse, die in bezug zu seinen Emotionen stehen, erinnern und ermutigt fühlen, darüber zu reden. Diese Methode hat sich bei der Linderung von Angst und Furcht mancher Menschen als hilfreich erwiesen.

Die Urschrei-Therapie ist eine Form der Abreaktion, in der der Patient ermutigt wird, seine Spannung durch Schreien abzubauen; es bleibt offen, wie nützlich diese dramatische Methode wirklich ist, bisher ist diese Fragestellung noch nicht genauer erforscht worden.

Entspannungsmethoden

Einigen Menschen, die unter Angst leiden, kann, zumindest kurzzeitig, durch Entspannungsübungen geholfen werden. Eine mögliche Vorgehensweise besteht darin, ein Muskelgefühl zu entwickeln, und zwar derart, daß jeweils eine Muskelgruppe angespannt wird, z. B. der Bizeps eines Armes, dann die Anspannung zu fühlen, den Muskel locker zu lassen, noch einmal anspannen und wieder entspannen. Dasselbe geschieht dann mit den übrigen Muskelgruppen, bis alle auf einmal leicht entspannt werden können. Diese Anspannungs- und Entspannungsübungen können zu Hause täglich 2mal 15 Minuten lang geübt werden. Normalerweise beginnt man mit den Armen und Beinen und geht dann weiter zu den Kopf- und Nackenmuskeln. Wenn ein Patient jede wichtige Muskelgruppe erfolgreich entspannt hat, lernt er, die Entspannung aller dieser Muskelgruppen zu koordinieren. Eine gut gelungene Entspannung erkennt man an der Ruhe des Körpers, Lockerheit der Muskeln, Regelmäßigkeit des Atems und Bewegungslosigkeit der Augenlider.

Die Anweisungen, die der Therapeut dem Patienten zur Entspannung gibt, können etwa folgendermaßen lauten:

»Machen Sie es sich so bequem wie möglich. Entspannen Sie sich so gut Sie können... Wenn Sie entspannt sind, ballen Sie die rechte Hand zur Faust, drücken Sie immer fester an, beobachten Sie dabei die Spannungsgefühle. Halten Sie die Anspannung und achten Sie auf das angespannte Gefühl in Faust, Hand und Unterarm... jetzt entspannen. Lockern Sie die Finger der rechten Hand und beobachten Sie die unterschiedliche Empfindung in den Muskeln. Lassen Sie diese Muskeln sich jetzt einfach entspannen... Ballen Sie noch einmal rechts eine Faust... halten, beobachten Sie wieder die Anspannung... und loslassen, entspannen. Ihre Finger strecken sich wieder, und Sie achten wieder auf den Unterschied... Nun wiederholen Sie das mit der linken Faust. Ballen Sie die linke Hand zusammen, der restliche Körper bleibt entspannt; spannen Sie die Faust fester an und achten Sie auf das Spannungsgefühl – entspannen, und achten Sie auf den Unterschied. Bleiben Sie eine Weile so entspannt... Ballen Sie jetzt beide Hände zur Faust immer fester, beide Fäuste sind angespannt, die Unterarme sind angespannt, achten Sie auf diese Empfindungen... und entspannen; strecken Sie die Finger aus und empfinden Sie die Entspannung in den Hand- und Unterarmmuskeln. Entspannen Sie Hand- und Unterarmmuskeln. Entspannen Sie Hände und Unterarme noch mehr... Nun winkeln Sie den Ellbogen an und spannen Sie den Bizeps an...«

Eine andere Entspannungsmethode ist das *autogene Training*. Bei dieser Art des Vorgehens wird die Person aufgefordert, sich einen Teil des Körpers vorzustellen, diese Vorstellung zu halten, und dann diesen Körperteil zu entspannen. Zum Beispiel: »Stellen Sie sich Ihre rechte Hand vor, sehen Sie die Umrisse der Finger, die Farbe von Haut und Nägeln, die Falten an den Knöcheln. Nun entspannen Sie während dieser Vorstellung Ihre rechte Hand, behalten Sie die ganze Zeit das Bild vor Augen. Nun versuchen Sie, in der Vorstellung den rechten Unterarm zu sehen... etc.« Es ist offensichtlich nicht so wichtig, welche Entspannungsmethode angewandt wird. Hauptsache, die Person fühlt sich körperlich und seelisch völlig entspannt.

Im Osten sind die verschiedensten Meditationsarten entstanden, die bei erfolgreicher Ausführung ebenfalls entspannend wirken. Manche Meditationsformen, wie z. B. die Mantra-Mediation, sollen ziemlich leicht erlernbar sein. Bei dieser Methode muß der Betreffende an irgendein geheimes Wort denken und das ständig im Bewußtsein haben, während alle anderen Gedanken ausgeschaltet sein sollen und man völlig bewegungslos dasitzt. Bei Yoga und Zen-Meditation kommen weitere Methoden zur Anwendung. Die Beherrschung mancher dieser Methoden soll Jahre an Übung voraussetzen, und von solchen, denen es gelingt, sagt man, daß sie als Folge davon viel ruhiger und gelassener geworden sind. Leider wissen wir bis heute nicht, ob diese Techniken für Angstpatienten nutzbar gemacht werden können.

Eine weitere Entspannungsmethode ist die *Hypnose*. Es kommt dabei nicht so sehr auf die hypnotische Methode an. Nur wenige Menschen sind gut hypnotisierbar, aber bei ihnen können diese Methoden sehr hilfreich zur Entspannung sein. Es kann sich allerdings als äußerst schwierig erweisen, solche Patienten zu hypnotisieren, die extrem ängstlich sind, und gerade sie hätten die Entspannung am nötigsten.

Während die Hypnose eine dramatische Wirkung bei wenigen Leuten erzielt, ist sie im allgemeinen keine zuverlässige vorhersagbare Methode, um Angst dauerhaft zu überwinden. Entspannungsmethoden können frei flottierende Angst eine Zeitlang reduzieren helfen. Diese Wirkung ist jedoch gewöhnlich nicht von langer Dauer. Zur Linderung lang bestehender Phobien und Zwänge braucht man meines Erachtens eine der vorher beschriebenen Konfrontationsbehandlungen.

Medikamentöse und physikalische Behandlung

Beruhigungsmittel (Sedativa)

Zur Linderung von Spannungszuständen werden in großem Umfang Beruhigungsmittel eingesetzt. Sie dämpfen die Angst, solange sich das Medikament im Körper befindet, aber die Wirkung verschwindet, sobald das Medikament ausgeschieden ist. Während das Medikament aktiv wirkt, können Nebenwirkungen wie Müdigkeit auftreten oder die Urteilskraft und Konzentration beeinflußt werden. Ein Beispiel für Beruhigungsmittel sind die Benzodiazepine (siehe Tabelle 1). Die gebräuchlichsten unter ihnen sind Diazepam (Valium) und das ihm verwandte Medikament Chlordiazepoxid (Librium). Andere Medikamente dieser Gruppe sind Alprazolan (Tafil), Bromazepam (Lexotanil), Dikaliumclorazepat (Tranxilium), Lorazepam (Tavor), Oxazepam (Adumbran oder Praxiten). Bei diesen Medikamenten besteht die Gefahr, daß sich eine Abhängigkeit entwickelt. Angstlösende Mittel aus einer anderen chemischen Gruppe sind zum Beispiel Benzoctamin (Tacitin), Opipramol (Insidon) oder Buspiron (Bespar). Bis 1960 waren die am häufigsten verwendeten Medikamente in der Angstbehandlung die Barbiturate, wie z. B. Phenobarbital und Pentobarbital. Leider verursachen diese Medikamente recht häufig Nebenwirkungen und haben ein hohes Suchtpotential. Hinzu kommt, daß nach plötzlichem Absetzen und einer längeren Einnahme des Medikaments die Gefahr von Krampfanfällen besteht. Der Haupteinwand gegen Barbiturate besteht jedoch darin, daß es bei einer Überdosierung viel leichter zu Todesfällen kommt als bei Benzodiazepinen. Aus all diesen Gründen werden Barbiturate heute kaum noch in der Behandlung von Angstzuständen eingesetzt.

Tabelle 1. Häufig verabreichte Medikamente zur Behandlung von Ängsten.

Name der Substanz	Handelsname	Tagesdosis in mg[a]	
		niedrig	hoch
Beruhigungsmittel (hohe Dosen stören eine Verhaltenstherapie)			
Benzodiazepine			
Alprazolam	Tafil	0,5	3
Bromazepam	Lexotanil	3	6
Chlordiazepoxid	Librium	30	60
Diazepam	Valium	5	15
Dikaliumclorazepat	Tranxilium	5	15
Flurazepam	Dalmadorm	15	45
Lorazepam	Tavor	0,5	3
Medazepam	Nobrium	15	30
Nitrazepam	Mogadan	5	15
Oxazepam	Adumbran	15	60
Butyrophenone			
Haloperidol	Haldol	1	20
Andere			
Benzoctamin	Tacitin	10	20
Buspiron	Bespar	15	30
Meprobamat	Cyrpon	400	1200
Opipramol	Insidon	50	150
Betarezeptorenblocker			
Oxprenolol	Trasicor	60	160
Propanolol	Dociton	30	160
Pindolol	Visken	5	30

[a] Sämtliche Dosierungsangaben sind lediglich ein Anhaltspunkt. Unter bestimmten Bedingungen kann der Arzt sowohl niedrigere als auch höhere Dosierungen verschreiben. Besonders im Rahmen eines stationären Aufenthals kann die Tagesdosis höher liegen.

Tabelle 1. Fortsetzung.

Name der Substanz	Handelsname	Tagesdosis in mg[a]	
		niedrig	hoch
Antidepressiva (stören nicht bei einer Verhaltenstherapie)			
Trizyklika			
Amitriptylin	Saroten	50	200
Clomipramin	Anafranil	50	200
Desipramin	Pertofran	75	200
Doxepin	Aponal, Sinquan	30	300
Imipramin	Tofranil	50	200
Nortriptylin	Nortrilen	50	100
Trimipramin	Stangyl	50	200
Tetrazyklika			
Maprotilin	Ludiomil	75	150
Mianserin	Tolvin	10	60
Monoaminooxidasehemmstoffe			
Tranylcypromin	Parnate	10	30
Moclobemid	Aurorix	150	450

Die beschriebenen Medikamente werden in der Regel oral verabreicht. Es kommt nur selten vor, daß sie intravenös gespritzt werden.

Die gebräuchlichste aller Drogen kann man an jeder Ecke rezeptfrei kaufen. Mit Alkohol hat man seit jeher Angst und Spannungszustände bekämpft. In gesellschaftlicher Hinsicht besteht sein Wert darin, daß er die Zunge lockert und es den Menschen erleichtert, sich in unangenehmen oder peinlichen Situationen unbefangener zu bewegen. Viele Menschen mit leichten Phobien sind der Meinung, daß ein bißchen Alkohol hilfreich ist, aber genau wie bei Beruhigungsmitteln, hält die Wirkung des Alkohols nicht lange an. Manche Menschen trinken dann so viel, daß sie abhängig und damit zu Alkoholikern werden. Wenn Phobiker oder Zwangskranke von Alkohol oder Beruhigungsmitteln abhängig werden, was manchmal vorkommt, besteht ihre Behandlung in einem schrittweisen Absetzen der Medikamente oder des Alkohols in einer beschützenden Umgebung und anschließenden Konfrontationsübungen für ihre Ängste.

Diazepam und ähnliche Medikamente können in kleinen Dosen ganz nützlich sein, wenn man sie einnimmt, bevor man sich in eine angstauslösende Situation begibt. Wenn man dann nicht so lange in der Situation verbleibt, bis die Wirkung des Medikaments nachgelassen hat, wird die Angst beim nächsten Mal einfach wiederkehren.

Es hat wenig Sinn, das Mittel etwa vor der gefürchteten Busfahrt einzunehmen und diese dann wieder abzubrechen, wenn ein paar Stunden später seine Wirkung nachläßt. Man muß vielmehr auch dann, wenn die Wirkung des Beruhigungsmittels nach und nach verfliegt, weiter durchhalten und noch bis zu mehreren Stunden lang die Busfahrt fortsetzen. Es könnte sogar sinnvoll sein, das Medikament drei bis vier Stunden vor Reisebeginn einzunehmen und die dreistündige Busfahrt zu dem Zeitpunkt anzutreten, wenn seine Wirkung bereits schon nachzulassen beginnt. Dann ist man bei Beendigung der Fahrt relativ frei von Medikamenteneinfluß, und die Besserung wird länger anhalten.

Man kann wohl annehmen, daß weder die Millionen Beruhigungstabletten noch die Millionen Liter Alkohol, die jährlich geschluckt werden, bei Ängsten oder Phobien eine dauernde Besserung bewirken. Sie helfen uns *temporär,* über schwierige Situationen hinwegzukommen, und man sollte ihre Bedeutung für diesen Zweck nicht unterschätzen, aber sie helfen uns nicht in der Weise, daß wir dann etwa das nächste Mal über *pho-*

bische Schwierigkeiten auch leichter hinwegkämen. Verhaltenstherapeutische Methoden hingegen haben einen länger andauernden Effekt.

Antidepressiva

Phobien und Zwänge werden normalerweise während depressiver Verstimmungen schlimmer, und oft zeigt die Behandlung einer Depression auch gute Ergebnisse hinsichtlich der Angst. Geeignete Antidepressiva können oft schon in wenigen Wochen Erleichterung bringen, wobei die Angst zugleich mit der Depression verschwindet.

Wenn Besserung eingetreten ist, kann es erforderlich sein, daß die Patienten noch einige Monate – in seltenen Fällen auch jahrelang – weiter medikamentös behandelt werden, um Rückfälle zu vermeiden. Durch allmähliche Verringerung der Dosierung über mehrere Monate hinweg kann man feststellen, wann der Zeitpunkt gekommen ist, zu dem man die Medikamente endgültig absetzen kann.

Machen sich Anzeichen einer wiederkehrenden Depression bemerkbar, sollte man die ursprüngliche Dosierung wieder aufnehmen.

Die bisher am besten erforschten Antidepressiva sind Verbindungen, die unter dem Namen Trizyklika bekannt sind, weil sie in ihrer chemischen Struktur eine charakteristische Anordnung von drei Ringen besitzen. Zu den gebräuchlichsten Medikamtenten dieser Art gehören Imipramin (Tofranil), Trimipramin (Stangyl), Amitriptylin (Saroten), Nortriptylin (Nortrilen) und Doxepin (Aponal, Sinquan). Eine verwandte Substanz, ein tetrazyklisches Antidepressivum, ist Maprotilin (Ludiomil). Diese Medikamente brauchen in der Regel 3–4 Wochen, bevor ihre Wirkung richtig einsetzt, die Nebenwirkungen dagegen können sofort auftreten. Lästige Nebenwirkungen können zum Beispiel Mundtrockenheit, verschwommenes Sehen oder Müdigkeit sein. Ernste Nebenwirkungen sind bei Trizyklika jedoch sehr selten. Bestimmte Erkrankungen sind vor der Einnahme von trizyklischen Antidepressiva vom Arzt auszuschließen. Mit dem Nachlassen der Depression geht meist auch die Angst zurück.

Eine andere Gruppe von Antidepressiva sind unter dem Namen Monoaminooxidasehemmstoffe (MAO-Hemmer) bekannt. Tranylcypromin (Parnate) und Moclobemid (Aurorix) sind Beispiele aus dieser Substanzgruppe. In manchen Fällen können sie Patienten helfen, bei denen Trizyklika nicht die gewünschte Wirkung hatten. Der Nachteil von Tranylcypromin besteht darin, daß die Einnahme das Einhalten einer speziellen Diät erforderlich macht, die den Genuß von Käse, Hefe, Fleischextrakten, Rotwein, Schokolade und anderer tyraminhaltiger Nahrungsmittel ausschließt bzw. einschränkt. Sonst besteht die Gefahr, daß das Tyramin in Verbindung mit den Monoaminooxidasehemmern einen Blutdruckanstieg bewirkt, der im Extremfall lebensgefährlich sein kann. Diese Gefahr läßt sich durch strikte Einhaltung der entsprechenden Diät zwar erheblich vermindern, doch fällt dies Patienten nicht immer leicht. Anders ist es beim Moclobemid, einer alten Substanz, die in Deutschland erst seit gut einem Jahr auf dem Markt ist. Hier ist das Vermeiden tyraminhaltiger Nahrungsmittel nicht mehr notwendig.

In jüngster Zeit sind in der Angstbehandlung bei vielen Patienten auch gute Ergebnisse mit sogenannten Serotoninwiederaufnahmehemmstoffen, wie zum Beispiel Fluvoxamin (Fevarin) oder Fluoxetin (Fluctin) erzielt worden.

Elektrokrampfbehandlung

Die Elektrokrampftherapie ist auch unter dem Namen Elektroschock- oder Heilkrampfbehandlung bekannt. Diese Behandlung ist keineswegs so schrecklich, wie ihr Name klingt. Für Patienten mit schweren Depressionen, die auf Antidepressiva nicht ansprechen, kann diese Therapie erfolgversprechend sein. Diese Behandlung ist nicht so unangenehm, wie sie in der Öffentlichkeit immer wieder dargestellt wird. Allerdings wird sie in Deutschland in der Regel nur angewandt, wenn sich gezeigt hat, daß der Patient auf antidepressive Medikamente nicht anspricht. Sie sollte den Patienten, für die es keine andere Hilfe gibt, nicht vorenthalten werden.

Die Behandlung wird folgendermaßen durchgeführt: Dem Patienten wird zunächst ein entspannendes Mittel injiziert, das ihn einschlafen läßt und seine Muskeln zur völligen Entspannung bringt. Dann, während er schläft, wird mit Hilfe von Elektroden, die ihm kurz an die Schläfen gesetzt werden, ein schwacher Strom durch sein Gehirn geleitet. Dieser Vorgang dauert nicht einmal eine Sekunde, und das zuvor intravenös gegebene Mittel, das die Muskelbewegung abschwächt, bewirkt, daß der Patient nur mit geringer muskulärer Erregung reagiert. Der eigentliche Heilkrampf besteht dann in einer besonderen elektrischen Entladung durch die Gehirnzellen. Wenige Minuten nach dem Heilkrampf erwacht der Patient und hat keinerlei Erinnerung an die Behandlung. Er ist nach dem Erwachen gewöhnlich noch ein paar Minuten verwirrt, kann dann aber im allgemeinen seine normalen Aktivitäten wieder aufnehmen.

Der Hauptnachteil der Heilkrampfbehandlung besteht darin, daß den Patienten nach der Behandlung vorübergehend das Erlernen neuer Gedächtnisinhalte Schwierigkeiten macht. Dies gibt sich jedoch schon sehr bald wieder. Zudem konnten in jüngster Zeit durch Verbesserungen der Behandlungsmethode diese vorübergehenden Gedächtnisstörungen noch weiter verringert werden. Vor dreißig Jahren hatte die Elektroschocktherapie in der Behandlung von Depressionen geradezu revolutionäre Bedeutung. Damals waren die Nervenkliniken voll von Melancholikern, die unter Agitation und Depression litten und für die es keine Medikamente gab. Heute nun, da uns wirksame antidepressive Pharmaka zur Verfügung stehen, ist die Heilkrampfbehandlung etwas in den Hintergrund getreten; sie stellt jedoch immer noch ein sehr nützliches therapeutisches Verfahren dar. Über die Art und Weise, wie die Heilwirkung dieser Therapie zustandekommt, wissen wir trotz aller Bewährtheit des Verfahrens nichts. Es ist lediglich bekannt, daß ein Heilerfolg nur dann erzielt wird, wenn wirklich ein Elektrokrampf im Gehirn ausgelöst wird, während elektrische Ströme, die unterhalb der Krampfschwelle liegen, keine Hilfe bringen.

Chirurgische Methoden

Zu den chirurgischen Methoden der Angstbehandlung gehört die *Lobotomie* oder Leukotomie. Dabei wird ein kleiner Teil der weißen Gehirnmasse in den Frontallappen durchtrennt, wodurch eine Angstreduktion eintritt. Frühere Operationsmethoden, wie sie in den vierziger Jahren angewandt wurden, führten oft zu unerwünschten Persönlichkeitsveränderungen. Das brachte die Operation schwer in Verruf. Später wurde die Operation modifiziert, so daß sehr viel weniger Gehirnmasse zerstört wurde. Diese späteren modifizierten Operationsarten bewirken in der Tat nur geringe Persönlichkeitsveränderungen und können bei schwer beeinträchtigten Patienten mit langdauernder chronischer Angst, bei der alle anderen Methoden versagt haben, hilfreich sein. Es sind jedoch nur wenige Operationen dieser Art durchgeführt worden, da den meisten Patienten mit anderen Methoden geholfen werden kann.

Zusammenfassung

Angst ist ein normales Gefühl und kann durchaus hilfreich sein. Versuchen Sie nicht, die Angst abzuschaffen. Versuchen Sie stattdessen die Angst aus einem anderen Blickwinkel zu sehen und sie als Hinweis für notwendiges Handeln zu betrachten. Das Gespräch mit anderen über Ihre Probleme kann Ihnen helfen, diese in einem anderen Licht zu betrachten und Lösungsmöglichkeiten zu finden. Wenn dieser Weg alleine nicht hilft, können verhaltenstherapeutische Maßnahmen notwendig sein.

Die Verhaltenstherapie ist die beste Therapie bei lang bestehenden Phobien und Zwängen, sie kann innerhalb weniger Tage und Wochen helfen. Sie versucht nicht im Unbewußten herumzustöbern, sondern Phobien und Zwänge auszumerzen, indem sie dem Betroffenen direkt beibringt, wie man unbehaglichen Situationen entgegentritt, damit er sie schließlich beherrschen lernt. Dieser Zugang funktioniert in den meisten Fällen, sogar wenn die Probleme schon mehrere Jahre bestehen.

Das Prinzip heißt Konfrontation mit den Dingen, die Sie fürchten, bis Sie sich daran gewöhnen. Sobald Sie Ihre Angst entschlossen konfrontieren, wird sie nachlassen. Längere Konfrontationsübungen, die mehrere Stunden dauern, sind besser als kürzere, die jedesmal nur wenige Minuten dauern. Je schneller Sie Ihre schlimmsten Ängste angehen, desto schneller werden Sie genesen. Normalerweise werden Sie sich während der Konfrontationsübungen ängstlich fühlen, aber ängstliche Anspannung ist generell nicht schädlich und ebbt bald ab. Um die Entwicklung von Phobien nach Unfällen zu verhindern, sollte man diese gleich im Keim ersticken – Flucht vermeiden und die Konfrontation mit der Angst fördern, indem man sich nach einem Unfall sofort wieder in die traumatische Situation begibt.

Länger bestehende Phobien benötigen strukturierte länger andauernde Konfrontation, bis die Angst nachläßt. Um dies zu erreichen, sollte für jede Sitzung genug Zeit eingeplant werden. Entschlossenheit und Geduld sind wichtig, um Ihr Ziel zu erreichen. Wenn Sie das Gefühl haben, daß die Behandlung unnötig ist, und Sie nur mit halbem Herzen dabei sind, wird der Mißerfolg vorprogrammiert sein.

Es gibt viele Arten der Konfrontationstherapie, angefangen von sehr langsamen, schrittweisen Methoden, wie z. B. der Desensibilisierung, bis hin zu den schnelleren Methoden wie der Reizüberflutung. Die phobische Situation, der Sie sich aussetzen, kann allein in Ihrer Vorstellung existieren, auf Dias oder Bildern oder in der Realität. Konfrontationen im wahren Leben fördern das Nachlassen der Phobien schneller. Die übliche Methode ist es, sich in die phobische Situation zu begeben und dort mehrere Stunden zu bleiben, bis man sich besser fühlt. Konfrontationstherapie kann auch in einer Gruppe von Phobikern durchgeführt werden. Alpträume können auch wie Phobien behandelt werden, indem man sie absichtlich durchlebt. Wenn man lernt, sie zu beeinflussen, können sie verschwinden.

Streßimmunisierung heißt, sich auf Schwierigkeiten vorzubereiten, erfahren, welche dies sein könnten, und was man tun kann, um sie zu überwinden oder zu vermindern und dann Lösungsmöglichkeiten zu üben. Dies kann helfen, wenn eine wirklich schwierige Zeit eintritt.

Auf diese Weise sind Menschen mit anstrengenden Situationen, wie zum Beispiel chirurgischen Eingriffen, besser fertig geworden.

Sie können Ihre eigene Verhaltenstherapie auch ohne Hilfe von Experten wie Ärzten, Psychologen oder anderer Therapeuten durchführen. Es gibt viele Beispiele dafür. Damit Selbsthilfe erfolgreich ist, muß sie konsequent strukturiert sein und nach den im nächsten Kapitel beschriebenen Prinzipien durchgeführt werden.

Obwohl Verhaltenstherapie die Methode der Wahl für Phobien und Zwänge ist, kann es unter bestimmten Umständen hilfreich sein, Medikamente einzunehmen. Dies gilt insbesondere für Antidepressiva, weil Angstzustände oft durch depressive Störungen erschwert werden. Die am besten erforschten Substanzen dieser Art sind Trizyklika. Beruhigungsmittel hingegen werden zwar viel verschrieben, um Angstzustände vorübergehend zu erleichtern, sie bringen jedoch keinen anhaltenden Nutzen. Alkohol ist eine oft gebrauchte Krücke.

Die Elektrokrampftherapie ist eine wertvolle Methode für einige wenige Menschen. Sie ist besonders hilfreich für Patienten mit schweren Depressionen. Moderne chirurgische Methoden sind weniger destruktiv als früher ausgeführte Operationen. Sie werden jedoch selten durchgeführt, obwohl sie chronisch Leidenden helfen könnten, bei denen alle anderen Methoden versagt haben.

12 Wie kann ich mir selbst helfen?

Wir alle wissen, daß körperliche Bewegung gesund ist, aber nur wenige bewegen sich tatsächlich genug. Wenn allerdings unser Hund regelmäßige Spaziergänge braucht, können wir um seinetwillen manchmal kilometerweit laufen. Manche Leute sind sehr einsam, obwohl es in ihrer Nähe Menschen gibt, die ihre Gesellschaft schätzen würden. Aber sie können sich einfach nicht überwinden, den ersten Schritt zu tun. Würde man allerdings ihren Wohnblock mit Gemeinschaftsräumen ausstatten, könnten sich diese Leute kennenlernen und Bekanntschaften schließen. Wir wissen, daß man sich an frischer Luft bewegen oder soziale Kontakte pflegen soll, wir handeln jedoch oft nicht danach, es sei denn, es ist ein geeigneter Rahmen vorgegeben.

Die meisten Verhaltenstherapien bieten einen Rahmen, in dem man Verhaltensprobleme mit gesundem Menschenverstand angehen kann. Sie können Ihre Ängste in einem solchen Rahmen effektiver überwinden, als wenn Sie sich einfach sagen »Reiß Dich doch zusammen«, oder »Zeige Deine Willenskraft«, dies haben wir alle schon zu oft gehört. Die Verhaltenstherapie bietet ihnen den Rahmen für das Bezwingen Ihrer Angst ebenso, wie der Hund für regelmäßige Spaziergänge sorgt oder der Gemeinschaftsraum für soziale Kontakte. Bevor Sie die einzelnen Schritte einer Verhaltenstherapie kennenlernen, stellen Sie zuerst fest, ob ein verhaltenstherapeutischer Ansatz zur Behandlung Ihrer Probleme geeignet ist.

Kann mir eine Verhaltenstherapie helfen? Zehn Testfragen

Ein verhaltenstherapeutisches Selbsthilfeprogramm kommt in Betracht, wenn Ihr Problem nicht sehr schwerwiegend ist, wenn Therapeuten nicht leicht zugänglich sind, oder wenn Sie ausprobieren wollen, was Sie selbst für sich erreichen können. Verhaltenstherapie ist nicht generell für alle Probleme geeignet, und wenn sie es ist, dann sind bestimmte Voraussetzungen notwendig, um die Erfolgschancen zu vergrößern. Bevor Sie sich vergeblich bemühen, arbeiten Sie die nächsten 10 Testfragen durch. Es sind Fragen, die Ihnen ein Therapeut unter Umständen stellen würde, um zu entscheiden, ob Sie von einer Verhaltenstherapie profitieren können. Die ersten beiden Testfragen beziehen sich auf Zustände, die oft in Verbindung mit Ängsten vorkommen, bei denen Sie aber lieber einen Arzt aufsuchen sollten, als sich selbst zu behandeln.

Testfrage 1: Sind Sie so traurig und niedergeschlagen, daß Sie ernsthaft daran denken, sich das Leben zu nehmen?

Falls ja: Ziehen Sie einen Arzt zu Rate. Eine schwere Depression wird wahrscheinlich verhindern, daß Sie Ihr Selbsthilfeprogramm durchführen können. Ernsthafte Absichten, sich das Leben zu nehmen, sind ein Grund, sich dringend in ärztliche Behandlung zu begeben, dies kann sehr effektiv sein. Gehen Sie nicht weiter zur Testfrage 2.

Falls nein: Gehen Sie zur Testfrage 2.

Testfrage 2: Sind Sie häufiger betrunken und/oder nehmen Sie Beruhigungsmittel in einer höheren Dosierung (vergleiche Tabelle 1) ein?

Falls ja: Reduzieren Sie Ihren Alkoholkonsum drastisch und nehmen Sie die Beruhigungsmittel in niedriger oder mittlerer Dosierung oder konsultieren Sie einen Arzt. Ein Selbsthilfeprogramm ist zum Scheitern verurteilt, wenn Sie während der Übungen alkoholisiert oder mit Hilfe von Medikamenten beruhigt sind. Gehen Sie nicht weiter zur Testfrage 3.

Falls nein: Gehen Sie zur Testfrage 3.

Sie brauchen vermutlich ein ärztliches Gespräch über Ihre Erkrankung, bevor Sie das Selbsthilfeprogramm ausführen können.

Testfrage 3: Liegt bei Ihnen eine körperliche Erkrankung vor, wie z. B. Herzprobleme, Asthma, Magengeschwüre oder Darmbeschwerden?

Falls ja oder unsicher: Fragen Sie Ihren Arzt, ob schwere Angstgefühle (Panik) Ihren Zustand verschlimmern könnten.
Wenn Ihr Arzt keine Bedenken hat, gehen Sie zur Testfrage 4.
Wenn Ihr Arzt der Meinung ist, daß bei mäßigen Angstgefühlen keine Gefahr besteht, können Sie die Übungen der Konfrontationstherapie langsam und vor-

sichtig ausführen. Beachten Sie diesen Hinweis beim Üben (s. S. 199). Gehen Sie zur Testfrage 4.

Wenn Ihr Arzt jegliche Angstgefühle für schädlich hält, ist eine Konfrontationstherapie nicht angezeigt.

Falls nein: Gehen Sie zur Testfrage 4.

Damit das Selbsthilfeprogramm Erfolg verspricht, müssen Ihre Ängste bestimmte Eigenschaften haben.

Testfrage 4: Werden Ihre Ängste durch bestimmte Situationen, Leute oder Dinge hervorgerufen?

Diese Frage können Sie mit Ja beantworten, wenn Ihre Ängste durch bestimmte Ereignisse ausgelöst werden, z. B. Parties, belebte Geschäfte, wenn Sie Ihre Hände schmutzig machen, wenn Sie alleine ausgehen, durch Hunde, Geschlechtsverkehr, wenn Sie eine Autoritätsperson treffen usw. Ängste, die mit spezifischen Situationen in Zusammenhang stehen, können verhaltenstherapeutisch behandelt werden.

Falls ja: Gehen Sie zur Testfrage 5.

Diese Frage können Sie mit Nein beantworten, wenn Sie sich an kein Ereignis erinnern können, welches Ihre Angst wiederholt ausgelöst hat.

Falls nein: Eine Konfrontationstherapie ist nicht angezeigt. Wenn Sie etwas allgemeinere Möglichkeiten zur Angstbekämpfung ausprobieren möchten, gehen Sie zum Kapitel Entspannung (Seite 230), oder zum Kapitel Bewältigungsstrategien (Schritt 5, Seite 265).

Testfrage 5: Können Sie Ihre Probleme präzise beschreiben? Sind Ihre Ängste und das daraus folgende Verhalten für andere beobachtbar?

Ja, meine Probleme sind in der Reihenfolge ihrer Wichtigkeit folgende (schreiben Sie mit Bleistift, um ggf. später Änderungen vorzunehmen):

1. _____

2. _____

3. _____

Vergleichen Sie Ihre Antworten mit den folgenden Beispielen präziser Problemdefinitionen, die man verhaltenstherapeutisch behandeln kann:

Problem 1: Ich bekomme Panik, wenn ich alleine aus dem Haus gehe. Deshalb bleibe ich zu Hause, wenn ich keine Begleitperson habe.
Problem 2: Ich halte es nicht aus, wenn mich Leute ansehen, und deshalb gehe ich Freunden, Parties und gesellschaftlichen Verpflichtungen aus dem Weg.
Problem 3: Ich habe schreckliche Angst vor Flugzeugen und vermeide es deshalb, mit dem Flugzeug zu reisen.
Problem 4: Ich mache mir Gedanken über Schmutz und Bakterien, deshalb wasche ich meine Hände den ganzen Tag lang und kann nicht arbeiten.
Problem 5: Ich bin jedesmal ganz verspannt, wenn mein Mann mit mir schlafen möchte. Ich habe Schmerzen dabei.

Hier sind Beispiele allgemeiner Aussagen, die für einen verhaltenstherapeutischen Ansatz ungeeignet sind:

Ich möchte, daß es mir besser geht und daß ich geheilt werde.
Ich bin nur noch ein Nervenbündel.
Ich fühle mich den ganzen Tag über schlecht.
Ich möchte wissen, was für ein Mensch ich bin.
Ich möchte, daß mein Leben einen Sinn und Zweck hat.

Obwohl allgemeine Sätze von Bedeutung sind, helfen sie einem nicht weiter, wenn man Schritt für Schritt Probleme lösen möchte. Ein verhaltenstherapeutisches Programm kann Ihnen nur helfen, wenn Sie ganz genau beschreiben können, was Sie erreichen möchten.

Wenn Sie möchten, korrigieren Sie jetzt Ihre Problemdefinitionen, um sie präziser zu formulieren.

Wenn Sie jetzt sagen können, »*Ja*, meine Probleme sind genau beschrieben und für andere beobachtbar«, gehen Sie zur Testfrage 6.

Wenn Ihre Antwort heißt: »*Nein,* meine Probleme sind zu allgemein, um genauer definiert werden zu können«, dann ist ein Selbsthilfeprogramm in Form von Konfrontation nicht durchführbar. Sie können es mit Entspannung (Seite 230) oder mit Bewältigungsstrategien (Schritt 5, Seite 265) versuchen.

Testfrage 6: Können Sie für jedes von Ihnen beschriebene Problem, welches Sie bei der Testfrage 4 aufgeschrieben haben, ein ganz bestimmtes Ziel benennen, das Sie durch die Behandlung erreichen wollen?

Bevor Sie dies tun, lesen Sie Beispiele von mehr oder weniger nützlichen Zielen, die sich auf die angesprochenen Probleme 1–5 beziehen.

	Gut beschriebenes Ziel	*Weniger gut beschriebenes Ziel*
Problem 1:	Ich möchte zwei Stunden pro Woche alleine in den näher gelegenen Geschäften oder einem Einkaufszentrum einkaufen gehen.	Ich möchte draußen alleine gut zurechtkommen.

Problem 2: Ich möchte gerne mindestens einmal pro Woche Freunde besuchen, auf eine Party oder einen Empfang gehen und bis zum Ende bleiben.
ich möchte gerne geselliger werden.

Problem 3: Ich möchte von Hamburg nach München und zurück fliegen.
Ich möchte meine Angst vor dem Fliegen verlieren.

Problem 4: Ich möchte gerne jeden Tag den Fußboden, meine Schuhe und den Müll berühren können, ohne daß ich mir hinterher die Hände waschen muß.
Ich möchte gerne meine Schwierigkeiten mit Schmutz überwinden.

Problem 5: Ich möchte gerne zweimal pro Woche mit meinem Partner schlafen und dabei einen zufriedenstellenden Orgasmus haben.
Ich möchte gerne mein Liebesleben verbessern.

Schreiben Sie jetzt konkrete Ziele für Ihre eigenen Probleme auf.

Für meine Probleme möchte ich folgende Ziele erreichen:

Problem 1: _____

Problem 2: _____

Problem 3: _____

Gehen Sie zur Testfrage 7.

Falls Ihre Antwort heißt: »*Nein*, ich bin nicht sicher, was ich in der Behandlung erreichen möchte«, wird Ihnen eine Verhaltenstherapie kaum weiterhelfen können, solange Sie nicht geklärt haben, welche konkreten Ziele Sie zu erreichen wünschen.

Testfrage 7: Ist es wirklich wichtig für Ihr Leben, diese Probleme zu überwinden?

Bevor Sie aufschreiben, was Sie, Ihre Familie oder Ihre Freunde gewinnen könnten, wenn Sie Ihre Sorgen los wären, lesen Sie die folgenden Beispiele:

Agoraphobie: Wir werden das erste Mal in fünf Jahren zusammen in den Urlaub fahren können. Ich werde wieder arbeiten gehen können.
Schulphobie: Mein Kind wird wieder zur Schule gehen können. Es wird morgens keinen Streit mehr beim Frühstück geben.
Zwanghafte Rituale: Ich werde meine Kinder wieder umarmen können, ohne mir Sorgen zu machen, daß ich sie mit Bakterien verseuche. Ich werde wieder den Haushalt versorgen können und Zeit mit meiner Familie verbringen können.
Sexuelle Schwierigkeiten: Mein Ehepartner und ich werden wieder regelmäßig zusammen schlafen. Wir werden nicht weiterhin endlos über Scheidung sprechen.

Wenn es wirklich wichtig für Sie ist, Ihr Problem zu überwinden, schreiben Sie jetzt Ihre Vorteile auf, die Sie davon haben werden:
Ich werde folgende Vorteile haben, wenn mein Problem überwunden ist:

1. _____
2. _____
3. _____

Gehen Sie zur Testfrage 8.

Wenn Sie antworten: »*Nein,* ich kann mir nicht vorstellen, wie ich oder meine Familie davon profitieren können, falls die Behandlung erfolgreich ist«, dann lohnt es sich nicht, sich die Mühe eines Selbsthilfeprogramms zu machen.

Testfrage 8: Werden Sie die notwendige Zeit und Mühe investieren, um Ihre Sorgen zu überwinden?

Werden Sie sich eine regelmäßige Zeit einrichten, um Ihre Hausaufgaben zu machen? Werden Sie versprechen, nicht davonzulaufen, wenn Sie sich fürchten? Werden Sie Aufzeichnungen darüber führen, was Sie getan haben und schriftlich festhalten, was Sie das nächste Mal tun müssen, um noch mehr von Ihren Ängsten zu überwinden? Tägliches Üben ist wichtig. Und wenn Ihr Terminkalender schon überfüllt ist, werden Sie vielleicht irgendetwas anderes aufgeben müssen, um sich auf Ihr Problem konzentrieren zu können.

Falls Ihre Antwort ist: »*Ja*, ich verspreche, mein Selbsthilfeprogramm zuverlässig auszuführen«, gehen Sie zur Testfrage 9.

Wenn Ihre Antwort heißt: »*Nein*, ich habe eigentlich gar keine Zeit oder Lust dazu«, dann wird Ihr Selbsthilfeprogramm weniger hilfreich sein, aber Sie könnten, wenn Sie Glück haben, ein bißchen durch begrenztes Üben erreichen. Sollte es Ihnen nicht besser gehen, seien Sie nicht enttäuscht, warten Sie einfach, bis Sie die Zeit und Kraft haben, Ihr Programm sorgfältig auszuführen, und Sie werden gute Chancen haben, Ihre bei Testfrage 4 beschriebenen Ziele zu erreichen.

Testfrage 9: Brauchen Sie für Ihr Selbsthilfeprogramm die Hilfe von Verwandten oder Freunden, die für Sie als Ko-Therapeuten zur Verfügung stehen können?

Diese Frage werden Sie wahrscheinlich in den folgenden Situationen mit *Ja* beantworten:

- Sie setzen sich nicht gerne selbst Termine und können es nicht leiden, Ihre Aktivitäten aufzuschreiben und vorauszuplanen. Ein Freund oder Verwandter könnte Ihr Ko-Therapeut sein und Ihnen dabei helfen, den Rahmen für Ihre Behandlung zu stecken und sich detailliert an Ihre Arbeit zu halten, die notwendig sein wird, um Ihre Schwierigkeiten zu überwinden. Ihr Ko-Therapeut könnte regelmäßig Ihr Tagebuch unterschreiben, Sie für Ihre Fortschritte loben und Ihnen jedesmal bei der Planung weiterer Schritte behilflich sein.
- Sie haben so große Angst, aus dem Haus zu gehen, daß Sie immer eine Begleitperson brauchen, egal, wo Sie hingehen.
- Sie müssen Zwangsrituale ausführen, wobei Sie Ihre Familie überreden, Dinge zu waschen oder zu überprüfen oder Ihre Rolle zu Hause zu übernehmen, oder Ihnen ständig zu versichern, daß sie sauber, sicher und gesund sind. Wen immer Sie in Ihre Rituale mit einbeziehen, wird Ihnen als Ko-Therapeut helfen müssen, egal, ob Partner, Eltern, Kinder, andere Verwandte oder Freunde.
- Sie als Elternteil versuchen, Ihrem Kind zu helfen, seine Angst zu überwinden. Ihr Partner könnte als Ko-Therapeut von Nutzen sein. Es ist leichter, jedoch nicht absolut notwendig, wenn beide Eltern an der Ausarbeitung und Durchführung des Programms für ihr Kind beteiligt sind. Dies verhindert, daß Eltern durch das Kind gegeneinander ausgespielt werden oder sonst irgendwie gegeneinander arbeiten.
- Sie haben ein Problem mit Ihrer sexuellen Aktivität. Ihr Sexualpartner sollte in das Behandlungsprogramm mit einbezogen werden.

Frage: Was passiert, wenn mein Partner nicht daran interessiert ist?
Antwort: Die Behandlung wird Ihnen wahrscheinlich nicht helfen, wenn Sie Ihren Partner nicht dazu überreden können, mitzumachen.
Frage: Und wenn ich keinen Partner habe?
Antwort: Dann müssen Sie sich einen Partner suchen.
Frage: Was ist, wenn ich zu schüchtern bin, um mir einen Partner zu suchen?
Antwort: Dann müssen Sie Ihr Selbsthilfeprogramm mit dem Ziel neu strukturieren, zunächst Ihre sozialen Ängste zu überwinden und mit jemandem Freundschaft schließen, der Ihr Sexualpartner werden könnte.

Falls Ihre Antwort heißt: »*Ja,* ich brauche einen Ko-Therapeuten«, gehen Sie weiter zu Testfrage 10.

In folgenden Fällen ist ihre Antwort auf Testfrage 9 wahrscheinlich ein *Nein:*

- Ihr Problem betrifft nur Ihren eigenen Lebensstil, stört keinen anderen, und es macht Ihnen nichts aus, Ihr eigenes Behandlungsprogramm auszuarbeiten und zu überwachen, z. B.:
- Ihre Kontroll- oder Waschrituale stören nur Ihre eigene Nachtruhe.
- Ihre Reiseangst schränkt nur Ihre Bewegungsfreiheit ein, nicht die anderer.
- Ihre Furcht vor Hunden macht nur Ihnen zu schaffen, nicht Ihren Freunden oder Verwandten.

Falls nein: Gehen Sie weiter zum Abschnitt »Behandlungsstrategie«.

Testfrage 10: Können Sie die Hilfe eines Ko-Therapeuten in Anspruch nehmen, wenn Sie diese brauchen?

Falls ja: Gehen Sie weiter zum Abschnitt »Behandlungsstrategie«.

Falls nein: Ohne Ko-Therapeut wird Ihre eigene Behandlung weniger erfolgreich sein, aber sie könnte einen Versuch wert sein. Gehen Sie weiter zum Abschnitt »Behandlungsstrategie«.

Behandlungsstrategie: 5 Schritte

Schritt 1

Arbeiten Sie genau heraus, was Sie fürchten; verschwenden Sie keine Zeit damit, das Falsche zu behandeln.

In Ihrem Selbsthilfeprogramm werden Sie sich schrittweise erlauben, sich den Dingen auszusetzen, die Ihnen Schwierigkeiten bereiten und so lange in der Situation zu verbleiben, bis Sie sich wohler darin fühlen. Ihr Behandlungsplan muß genau Ihren eigenen Bedürfnissen angepaßt werden. Vielleicht bewegen Sie sich nicht gerne allein in der Öffentlichkeit, weil Sie Angst haben, komisch auszusehen, oder weil Sie Angst vor einem Herzanfall haben oder weil Ihnen in einer Menschenmenge schwindelig wird? Wenn Ihnen Schmutz Probleme bereitet, fragen Sie sich, ob es ganz gewöhnlicher Schmutz vom Fußboden oder einem Mülleimer ist, oder fürchten Sie, bestimmte Krankheiten zu bekommen oder zu übertragen und falls ja, welche? Wenn Sie in Gegenwart einer attraktiven Person weiche Knie bekommen, fragen Sie sich, ob Sie vielleicht fürchten, daß diese Person auf Sie herabsehen könnte oder Sie häßlich finden könnte, oder findet, daß Sie schlecht riechen, oder ob Sie eine sexuelle Anziehungskraft spüren, mit der Sie nicht fertig werden können?

Bei der Behandlungsplanung übersieht man leicht Ängste, deshalb sollten Sie den folgenden Angstfragebogen ausfüllen, um zu sehen, was Sie vielleicht vergessen haben. Falls Sie Probleme mit Zwangsgedanken oder Zwangshandlungen haben, können Sie auch die Checkliste für Zwänge ausfüllen.

Schritt 2

Schreiben Sie jetzt die spezifischen Probleme und Ziele auf, mit denen Sie nun endgültig arbeiten möchten.

Sie haben dies schon auf den Seiten 249, 251 getan, aber vielleicht möchten Sie berichtigen, was Sie geschrieben haben, jetzt, wo Sie Schritt 1 und die Fragebogen ausgefüllt haben.

Meine Probleme und Ziele sind in der Reihenfolge ihrer Wichtigkeit:

Problem 1: _____
Ziel 1: _____

Problem 2: _____
Ziel 2: _____

Problem 3: _____
Ziel 3: _____

Schritt 3

Bereiten Sie Ihren Stundenplan für die Konfrontation mit den Dingen vor, die Ihnen Schwierigkeiten bereiten. Schreiben Sie auf, was direkt nach jeder Sitzung passiert ist. Revidieren Sie Ihre Pläne jede Woche angesichts Ihres Fortschritts.

Angstfragebogen   Datum: _____

Wählen Sie die Zahl aus der unten angegebenen Skala, die am besten beschreibt, wie sehr Sie die folgenden Situationen aus Angst oder wegen anderer unangenehmer Gefühle vermeiden. Schreiben Sie die entsprechende Zahl in das Kästchen neben die jeweilige Situation.

0	1	2	3	4	5	6	7	8
Würde ich nicht vermeiden		leicht vermeiden		deutlich vermeiden		stark vermeiden		sehr stark vermeiden

1. Alleine mit dem Bus oder Zug fahren ☐
2. Alleine in belebten Straßen herumlaufen ☐
3. In überfüllte Geschäfte gehen ☐
4. Sich alleine weit von zu Hause entfernen ☐
5. Weite, offene Plätze ☐
6. Spritzen oder kleinere Operationen ☐
7. Krankenhäuser ☐
8. Anblick von Blut ☐
9. Der Gedanke an Verletzungen oder Krankheit ☐
10. Zum Zahnarzt gehen ☐
11. In Gegenwart anderer Personen essen oder trinken ☐
12. Beobachtet oder angestarrt zu werden ☐
13. Mit Autoritätspersonen sprechen ☐
14. Kritisiert zu werden ☐
15. Vor einem Publikum sprechen oder handeln ☐
16. Andere Situationen (bitte beschreiben Sie diese, z. B. Tiere, Gewitter) ☐

Summe ☐

Bitte beschreiben Sie unten mit eigenen Worten Ihre Hauptangst, die Sie behandelt wissen möchten (z. B. alleine in einem vollen Supermarkt einkaufen gehen oder z. B. flatternde Vögel):

Schreiben Sie eine Zahl von 0 bis 8 in das nebenstehende Kästchen, um zu beschreiben, wie schlimm Ihre Angst ist.

Checkliste für Zwänge   Datum: _____

Menschen, die unter Ängsten leiden, haben gelegentlich Schwierigkeiten mit einigen der folgenden Tätigkeiten. Schreiben Sie für jede Tätigkeit die richtige Zahl in das nebenstehende Kästchen.

0 Kein Problem mit dieser Tätigkeit – ich brauche dazu genauso lang wie ein Durchschnittsmensch. Ich muß diese Tätigkeit weder wiederholen noch vermeiden.

1 Diese Tätigkeit dauert bei mir doppelt so lang wie bei den meisten Leuten, oder ich muß sie 2mal wiederholen, oder ich neige dazu sie zu vermeiden.

2 Die Tätigkeit dauert bei mir 3mal so lang wie bei den meisten Menschen, oder ich muß sie 3- oder mehrmal wiederholen, oder ich vermeide sie normalerweise.

Tätigkeit	Punktzahl
Baden oder Duschen	☐
Hände und Gesicht waschen	☐
Haarpflege (z. B. Waschen, Kämmen, Bürsten)	☐
Zähneputzen	☐
Anziehen und Ausziehen	☐
Die Toilette zum Wasserlassen benutzen	☐
Die Toilette zum Stuhlgang benutzen	☐
Menschen berühren oder berührt werden	☐
Mit Müll oder Mülleimern umgehen	☐
Wäsche waschen	☐
Geschirr spülen	☐
Lebensmittel anfassen oder Essen kochen	☐
Putzen	☐
Aufräumen	☐
Betten machen	☐
Zwischensumme 1	☐

Schuhe putzen	☐
Türklinken anfassen	☐
Die eigenen Genitalien berühren, Petting oder Geschlechtsverkehr	☐
Dinge wegwerfen	☐
Krankenhausbesuch	☐
Lichtschalter und Wasserhähne betätigen	☐
Türen oder Fenster schließen oder abschließen	☐
Elektrische Apparate benutzen (z. B. Heizöfchen)	☐
Rechenaufgaben lösen oder Abrechnung machen	☐
Zur Arbeit gehen	☐
Eigene Arbeit verrichten	☐
Schreiben	☐
Formulare ausfüllen	☐
Briefe verschicken	☐
Lesen	☐
Die Straße entlanggehen	☐
Mit Bus, Bahn oder Auto reisen	☐
Kinder hüten	☐
Im Restaurant essen	☐
Ins Kino oder Theater gehen	☐
Öffentliche Plätze besuchen	☐
Termine einhalten	☐
Leute ansehen und mit ihnen sprechen	☐
Sachen im Geschäft einkaufen	☐
Zwischensumme 2	☐
Zwischensumme 1 + Zwischensumme 2 = Gesamtsumme	☐

Falls Ihre Ängste Sex betreffen, welche der folgenden Aussagen beschreiben Ihr Problem?

Sexfragebogen

Markieren Sie die sexuellen Probleme, die Sie und Ihren Partner betreffen:

Frauen:
1. Meine Scheide wird beim Verkehr so eng, daß der Penis nicht eingeführt werden kann.
2. Ich habe Schmerzen während des Geschlechtsverkehrs.
3. Ich habe nicht so oft einen Orgasmus, wie ich gerne möchte.

Männer:
4. Ich bekomme keine Erektion.
5. Ich kann eine Erektion während des Verkehrs nicht lange genug aufrechterhalten, um einen Orgasmus zu erreichen.
6. Ich halte meine Erektion aufrecht, kann aber nicht ejakulieren.
7. Die Ejakulation kommt früher, als ich es möchte.

Männer oder Frauen:
8. Gegengeschlechtlicher Verkehr gefällt mir weniger als andere sexuelle Aktivitäten (beschreiben Sie): _____

_____

(Wenn dies der Fall ist, ziehen Sie professionelle Hilfe zu Rate. Selbsthilfe ist nicht angezeigt.)

Schritt 3: Tagebuch der Konfrontationsübungen

Tag	Sitzung		Konfrontationsübung	Angst während der Übung (0 = ganz ruhig, 100 = absolute Panik)	Kommentare und Bewältigungsstrategien	Name des Ko-Therapeuten
	Datum	Beginn Ende				(Unterschrift für durchgeführte Übung)
Sonntag						
Montag						
Dienstag						

Beispiel eines Agoraphobikers

Mittwoch		14:30 16:30	zum nächsten Supermarkt und umliegenden Geschäften gegangen; Lebensmittel und Geschenke für die Familie gekauft; im Laden Kaffee getrunken	75	fühlte mich schlechter sowie die Geschäfte voll waren; habe tiefes und regelmäßiges Atmen geübt	J. Smith (Ehemann)

Donnerstag	10:00	11:30	bin in den Park gegangen, saß dort eine halbe Stunde bis ich mich besser fühlte, dann nahm ich einen Bus in die Stadt zurück nach Hause	70	fühlte mich schwindlig und schwach, ich übte die Vorstellung, tot umzufallen	J. Smith
Freitag	14:00	16:00	fuhr dreimal mit einem Bus in die Stadt und zurück bis ich besser damit zurecht kam	60	war am schlimmsten als der Bus voll war – habe tiefes und regelmäßiges Atmen geübt	J. Smith

Planung für die nächste Woche: Konfrontationsübungen im Bus, im Park, in den Geschäften täglich wiederholen bis meine Angst nicht größer als 30 ist. Danach mit Friseurbesuch und S-Bahnfahrten beginnen.

Samstag

Sonntag

Montag

Wieviele Übungssitzungen pro Woche können Sie versprechen einzuhalten? Wann werden sie stattfinden, und wie lange werden sie dauern? Bedenken Sie, daß eine Zwei-Stunden-Sitzung mit Konfrontation mehr Erfolg verspricht als vier halbstündige Sitzungen. Geben Sie sich genug Zeit, um Ihre Sitzungen ordentlich durchzuführen. Beurteilen Sie Ihre maximale Angst direkt nach Ihrer Sitzung, auf einer Skala, auf der 0 ganz ruhig und 100 absolute Panik bedeutet; 25, 50 und 75 bedeuten jeweils leichte, mäßige und schwere Angst. Schreiben Sie Ihre Pläne für die kommende Woche auf, und halten Sie in Ihrem Tagebuch fest, was Sie an Konfrontationsübungen ausgeführt haben (s. Seite 262f.).

Es könnte hilfreich sein, Ihr Programm mit einem Freund oder Verwandten zu diskutieren, der als Ko-Therapeut fungieren und Ihren Fortschritt überwachen kann, Ihre Aufzeichnungen unterschreiben, Ihre Fortschritte loben und Sie beim nächsten Schritt beraten kann.

Schritt 4

Welche Empfindungen haben Sie, wenn Sie sich fürchten?

Unterstreichen Sie die Empfindungen aus der folgenden Liste, die Sie am ehesten erleben:

- Ich möchte schreien oder davonlaufen.
- Mein Herz klopft und schlägt schnell.
- Ich fühle mich wie erstarrt.
- Ich fühle mich schwindlig, schwach oder benommen, so als ob ich gleich hinfalle.
- Ich fühle mich zittrig und wackelig.
- Ich kann nicht richtig atmen.
- Mir ist übel.

▪ Ich habe kalte Schweißausbrüche.
▪ Mein Magen dreht sich um oder zieht sich zusammen.
▪ Ich glaube, verrückt zu werden.
▪ Andere Mißempfindungen (beschreiben Sie diese):

_____

_____

Lesen Sie nochmals, was Sie gerade unterstrichen haben. Wann immer Sie mit einer für Sie schwierigen Situation konfrontiert werden, benutzen Sie diese Mißempfindungen als Signale für die Anwendung von Bewältigungsstrategien, für die Sie sich im nächsten Schritt entscheiden werden.

Schritt 5

Suchen Sie sich aus der folgenden Liste drei Taktiken aus, die Sie für das Bewältigen Ihrer Angst oder das Ausführen von Konfrontationsübungen hilfreich finden. Streichen Sie diejenigen an, die sie bevorzugt benutzen würden. Denken Sie daran, diese Taktiken anzuwenden, sobald sich ängstliche Gefühle, die Sie gerade in Schritt 4 identifiziert haben, bemerkbar machen. Das ist genau der Zeitpunkt, zu dem die Taktiken am leichtesten ins Spiel gebracht werden können. Schreiben Sie Ihre ausgewählten Taktiken auf kleine Karteikarten, die Sie in Ihrer Tasche bei sich tragen können. In dem Moment, wo die Angst Sie wieder überfällt, nehmen Sie die Karten heraus und lesen Sie sich diese laut vor.

a) Ich muß langsam und regelmäßig atmen, ein und aus, ein und aus, und allmählich lernen, mit dieser Situation fertig zu werden. Ich fühle mich im Moment schrecklich, aber es wird vorbeigehen.

b) Ich fühle mich furchtbar angespannt. Ich muß all meine Muskeln so stark wie möglich anspannen, sie dann entspannen, wieder anspannen, wieder entspannen, bis ich mich langsam wieder wohler fühle.
c) Ich denke an die schlimmsten Dinge, die mir passieren könnten. Sehen wir uns mal an, ob sie wirklich so schlimm sind. Ich stelle mir vor, verrückt zu werden und in ein psychiatrisches Krankenhaus eingeliefert zu werden, oder auf dem Bürgersteig in Ohnmacht zu fallen, oder einfach tot umzufallen. Wie lebhaft kann ich mir diese Szenen ausmalen? Ich fange damit an, mir auszumalen, wie der Krankenwagen mich abholt, ich Schaum vor dem Mund habe und mich Zuschauer auf der Straße auslachen... oder (malen Sie sich Ihre eigene Horrorszene aus _____

_____

d) Was kann ich tun? Ich muß solange hier bleiben, bis ich diese Panik aushalten kann, selbst wenn es eine Stunde dauert. In der Zwischenzeit will ich die Angst so vollständig und bewußt wie möglich erleben.
e) Ich könnte weglaufen, aber ich weiß, daß ich hierbleiben muß.
f) Ich fühle mich schrecklich. Es könnte mir besser gehen, wenn ich mir etwas Angenehmes vorstelle, z. B. in der warmen Sonne zu liegen, dem Geräusch der Wellen zuzuhören, oder (erfinden Sie ihre eigene angenehme Szene) _____

_____

g) Diese Gefühle sind schrecklich, aber vielleicht kann ich sie umdeuten. Mein Herz rast, weil ich gerade an einem Wettrennen teilgenommen habe und deshalb atme ich jetzt so schwer. Das Schwindelgefühl in meinem Kopf kommt davon, daß ich vor einem Moment ganz plötzlich aufgestanden bin, oder (erfinden Sie

Ihre eigene Umdeutung) _____

h) Ich habe schreckliche Angst, aber ich werde sie mit der Zeit überwinden.
i) Ich glaube, ich werde nie ganz darüber hinwegkommen. Aber so ist es eben, mit der Zeit wird es mir wieder besser gehen.
j) Es ist mir schrecklich peinlich, aber daran muß ich mich gewöhnen.

Entscheiden Sie sich jetzt, welche drei Taktiken Sie während Ihrer Übungen anwenden möchten und legen Sie die Reihenfolge fest, in der Sie sie ins Spiel bringen wollen.

»Meine Bewältigungsstrategien sind a, b, c, d, e, f, g, h, i, j« (Kreisen Sie den richtigen Buchstaben ein und schreiben Sie 1, 2, 3 darunter, um anzuzeigen, welche Taktik Sie zuerst, als zweites und als drittes benutzen werden). Jetzt schauen Sie bitte auf Ihre Uhr und stellen sich drei Minuten lang vor, sich in Ihrer am meisten gefürchteten Situation zu befinden und benutzen Sie eine der gewählten Taktiken, um mit der Angst fertigzuwerden. Wiederholen Sie dies mindestens dreimal, so daß Sie diese Taktiken sofort anwenden können, wenn Sie sich während der Konfrontationsübungen ängstlich fühlen.

Sind Sie bereit? Beginnen Sie jetzt mit Ihren Konfrontationsübungen und schreiben Sie auf, was passiert. Denken Sie daran, daß Sie sich während Ihrer Übungen zumindest zeitweise ängstlich und mies fühlen werden. Lassen Sie sich davon nicht abschrecken, sondern machen Sie weiter, bis Sie Herr der Lage sind. Wenn Sie eine körperliche Erkrankung haben und Ihr Arzt Ihnen geraten hat, keine maximale Angst zu provozieren, denken Sie daran, langsam vorzugehen und Ihre Übungen schrittweise an das für Sie zulässige Ausmaß der Angst anzupassen.

Viel Glück. Es ist schwer, aber die Mühe lohnt sich.

Regeln für die Übungssitzungen

- Planen Sie genau vor dem Beginn jeder Übungssitzung, welche Ziele Sie in dieser Sitzung erreichen möchten, um Ihre Angst zu überwinden.
- Lassen Sie sich genug Zeit – bis zu mehreren Stunden, wenn notwendig – um diese Ziele wirklich bis zum Ende der Sitzung erreichen zu können.
- Betrachten Sie während der Sitzung Ihre Angstgefühle als Erinnerungsstütze an Ihre auserwählten Bewältigungsstrategien. Überzeugen Sie sich, daß sich die Strategien auf Karteikarten in Ihrer Tasche befinden. Sie können sie jederzeit herausnehmen und lesen.
- Schreiben Sie am Ende jeder Sitzung auf, was Sie erreicht haben. Arbeiten Sie das Programm der nächsten Sitzung aus und schreiben Sie Datum und Zeit auf, zu der Sie sie ausführen wollen.

Ständig gültige Regeln

- Angst ist unangenehm, aber selten gefährlich.
- Vermeiden Sie Flucht.
- Fördern Sie die Begegnung mit der Angst.
- Je länger Sie sich der Angst aussetzen, desto besser.
- Je schneller Sie sich mit dem Schlimmsten konfrontieren, desto rascher wird Ihre Angst nachlassen.

Setzen Sie sich immer wieder der Angst aus

Machen Sie Ihre ersten Schritte langsam, aber stetig. Konfrontieren Sie sich unerbittlich mit Ihren Ängsten, bis die Dinge, die Sie früher in Angst und Schrecken versetzt haben, jetzt schon ein bißchen langweilig sind, bis Sie vergessen haben, wie es Ihnen sonst damit erging. Rechnen Sie mit Rückschlägen, sie gehören dazu, aber ständige Wiederholung wird sie immer seltener werden lassen. Ihre Bewältigungsstrategien werden Ihnen durch ständige Wiederholung in Fleisch und Blut übergehen und Sie in die Lage versetzen, Ihre Angst immer leichter zu überwinden.

Hilfreiche Tips von einem ehemaligen Agoraphobiker:

1. Ordnen Sie die phobischen Situationen nach Gruppen, gemessen nach dem Grad der Belastung, wie *Sie* sie in *Ihrem* speziellen Fall abschätzen. Zum Beispiel:

a) Auf eine ruhige Straße hinausgehen – relativ leicht
b) Auf eine belebte Straße gehen – schwer
c) Mit dem Bus fahren – sehr schwer
d) In einem belebten Geschäftsviertel
   einkaufen – fast unmöglich

2. Wählen Sie eine Situation, begeben Sie sich hinein und *zwingen Sie sich dazu, so lange wie möglich, bis zu einer Stunde etwa, auszuhalten.* Es ist äußerst wichtig, daß Sie nicht zu schnell aus der phobischen Situation davonlaufen.
3. Setzen Sie sich wiederholt der leichten Situation aus – die phobische Reaktion wird jetzt weniger unangenehm sein.
4. Wählen Sie eine schwierigere Situation und wiederholen Sie die unter 2. und 3. geschilderte Vorgehensweise.
5. Führen Sie diesen Prozeß mit zunehmend schwierigeren Situationen durch. Dadurch weitet sich die Besserung auch auf andere Bereiche aus, so daß Sie Ihre Berufstätigkeit etc. wieder aufnehmen können. Dieses Vorgehen zum Zweck größerer Bewegungsfreiheit ist sehr unangenehm und bringt erhebliche persönliche Belastung

mit sich, aber es ist offenbar die schnellste Behandlung, die es gibt, bei der der Patient sich selbst helfen kann. Ich fand, daß es die Anstrengung wert war.«

Wenn Konfrontation im realen Leben nicht möglich ist, konfrontieren Sie Ihre Ängste in Ihrer Phantasie

Manche phobischen Situationen sind nicht immer leicht für den Betroffenen herzustellen. Es gibt keine Gewitter auf Bestellung für Menschen, die Angst vor Gewittern haben. Für Menschen, die Angst vor dem Fliegen haben, wäre häufiges Fliegen zu teuer. Statt dessen können Sie die Begegnung mit der Angst in Ihrer Phantasie proben. Nehmen Sie sich dazu die nötige Zeit, bis sich Ihre Angst verliert. Wiederholen Sie dies mindestens 20mal, schreiben Sie Ihre Übungen in ein Tagebuch, und wenn sich die reale Situation wirklich ergibt, erinnern Sie sich daran, wie Sie diese in Ihrer Phantasie bewältigt haben.

Lassen Sie sich von Rückschlägen nicht entmutigen

Erwarten Sie Rückschläge und seien Sie bereit, damit fertig zu werden. Sie werden mit Sicherheit erneute Panik und Traurigkeit zu irgendeinem Zeitpunkt Ihrer Behandlung erleben. Wenn Sie gerade denken, Sie hätten Ihre Angst, eine breite Straße zu überqueren in Ihrem Agoraphobie-Programm überwunden, könnte Ihr nächster Schritt fehlschlagen. Sie stehen am Rand des Bürgersteigs, erschrocken und enttäuscht. Rückschläge können eine Minute oder auch Wochen andauern. Wenn dies der Fall ist, werden Sie sich möglicherweise tagelang niedergeschlagen fühlen: „Ich dachte, ich hätte meine Angst, diese Straße zu überqueren, überwunden. Doch da waren schon wieder diese Ängste, die mich vom Überqueren abhalten." Machen Sie sich klar, daß Rückschläge ein Teil des ganzen Lernprozesses sind. Machen Sie sich keine Gedanken darüber, warum Sie an einem Tag in einem Restaurant essen gehen können und am nächsten Tag nicht mehr. Akzeptieren Sie Ihre schlechten Tage und erfreuen Sie sich an den guten. Wenn Sie aus irgendeinem Grund eine Weile Ihre Konfrontationsübungen nicht durchführen konnten, sind Rückschläge besonders wahrscheinlich. Wenn Sie einige Tage wegen einer Grippe oder einer anderen Erkrankung im Bett liegen müssen, wird es schwerer sein, wieder anzufangen, aber Beharrlichkeit wird Sie wieder zum Ziel führen. Rückschläge sind immer ein Zeichen, die Situation erneut in Angriff zu nehmen, bis Sie sie wieder im Griff haben. Rückschläge verlieren sich allmählich, wenn Sie die Tatsache, daß sie vorkommen, nicht länger verleugnen und sie statt dessen annehmen: „Nächste Woche werde ich diese breite Straße überqueren, wozu ich diese Woche nicht in der Lage war. Ich werde im Geschäft auf der anderen Seite einen Kaffee trinken." Obwohl Rückschläge unvermeidlich sind, können Sie lernen, damit umzugehen. Lassen Sie sich von irgendwelchen neuen merkwürdigen Empfindungen nicht irreführen. Was sein wird, wird sein. Es hat keinen Zweck, am Samstag zuversichtlich zu sein und am Sonntag die Flinte ins Korn zu werfen, wenn die Panik aus heiterem Himmel zuschlägt. Sie müssen darauf vorbereitet sein und damit umgehen. Üben, üben und üben Sie immer wieder, bis Sie den Punkt erreicht haben, den einmal ein Phobiker nach der Behandlung so beschrieb: „Von Zeit zu Zeit bekomme ich immer noch Panik, aber es ist jetzt anders, ich muß jetzt nicht mehr davonlaufen. Ich kann die Angst jetzt durchstehen und sie vorübergehen lassen, während ich mit dem, was ich gerade tue, weitermache." Genesung finden Sie in genau den Situationen, die Sie fürchten, denn diese sind es, die Sie bewältigen müssen.

Benutzen Sie Ihre Bewältigungsstrategien, sobald Angst aufkommt

Es ist wichtig, Ihr Unbehagen schon zu einem frühen Zeitpunkt zu bekämpfen, nämlich bevor es zu einer Fluchtreaktion kommt. Dieses Prinzip gilt nicht nur für Angst, sondern auch für andere Probleme. Vielleicht können wir von Rex, einem großen Schäferhund eines Psychologen, etwas lernen. Rex streunte in der ganzen Stadt herum und glaubte, dies sei sein Revier. Jedesmal wenn Rex ausgeführt wurde, geriet er in Raufereien mit anderen Hunden. Wenn er bei Fuß ging, sah er andere Hunde schon aus großer Entfernung näherkommen. Ohne zu bellen oder irgendein anderes Zeichen zu geben, ging Rex auf den anderen Hund los und ignorierte Herrchens Rufe »Sitz«, »Hier«, »Bei Fuß«, oder andere Kommandos. Unter anderen Umständen war Rex sehr gehorsam und reagierte prompt auf irgendeines der genannten Kommandos.

Durch Experimente fand der Besitzer heraus, daß er die Fluchtreaktion abwenden konnte, wenn er den anderen Hund zuerst ausfindig machte und ganz entschieden das Kommando »nein« gab, sowie er eine Regung bei Rex bemerkte. Auf diese Weise konnte er Rex völlig ruhig und ohne Zwischenfälle an anderen Hunden vorbeiführen. Der Impuls anzugreifen, konnte nicht gehemmt werden, wenn er voll ausgeprägt war, er konnte jedoch leicht abgewendet werden, wenn nur eine beginnende Tendenz vorhanden war.

So wie Rex' Angriffslust frühzeitig verhindert werden konnte, bevor sie wirklich intensiv wurde, so kann Ihre Panik durch Einbringen Ihrer bevorzugten Bewältigungsstrategien zum frühest möglichen Zeitpunkt abgewendet werden – nämlich sowie Sie die Vorwarnung einer Benommenheit, ein schwaches Flattern in der Brust oder nur einen Anflug von Gänsehaut bemerken.

Lernen Sie mit der Angst zu leben, dann wird sie nachlassen

Sie werden sich natürlich fürchten, wenn Sie sich auf Ihre angstauslösenden Situationen einlassen. Machen Sie sich darauf gefaßt. Wenn Ihre Angst auftritt, versuchen Sie sie so bewußt wie möglich zu erleben. Ergreifen Sie die Gelegenheit, sie zu überwinden. Schließen Sie sie nicht aus und laufen Sie nicht davor weg. Denken Sie daran, Ihre Empfindungen sind normale Reaktionen des Körpers. Wenn Angst auftritt, sollten Sie abwarten; konzentrieren Sie sich darauf, in der Situation zu bleiben, bis die Angst langsam nachläßt. Sie wird nachlassen, obwohl Ihnen das Warten darauf wie eine Ewigkeit vorkommen mag. Wenn Sie dabei auf die Uhr schauen, werden Sie feststellen, daß die Angst normalerweise nach 20 bis 30 Minuten anfängt nachzulassen, in Ausnahmefällen auch erst nach einer Stunde, vorausgesetzt, Sie verbleiben in der Situation und konzentrieren sich darauf, die Angst zu ertragen, anstatt davor davonzulaufen. Wenn Sie physisch oder in Gedanken davonlaufen, könnte Ihre Angst sogar zunehmen. Während Sie darauf warten, daß Ihre Angst sich legt, sollten Sie sich auf die momentane Situation konzentrieren. Bleiben Sie genau dort, wo Sie sind, bis Sie sich beruhigt haben. Sie können lernen, Ihre Angst zu erkennen und abzuschätzen, indem Sie Ihr Angstniveau auf einer Skala von 0 bis 100 einstufen. Beobachten Sie, wie Ihre Angst mit der Zeit langsam auf der Skala weniger wird. Überlegen Sie sich, was Sie als nächstes tun wollen.

Nehmen Sie die Karten mit den Bewältigungsstrategien aus Ihrer Tasche, lesen Sie sich diese laut vor und tun Sie, was darauf steht. Halten Sie Ihre Angst auf einem Niveau, das zu bewältigen ist, indem Sie sehr langsam und regelmäßig atmen, Ihre Muskeln abwechselnd anspannen und entspannen, Kopfrechnen, Kreuzworträtsel lösen, die Perlen eines Rosenkranzes zählen, oder was immer Sie nützlich finden. Allmählich werden Sie lernen, Ihre Angst auf ein vernünftiges Niveau zu reduzieren, Sie werden sie noch lange nicht völlig ausschalten können. Sie müssen lernen, mit Ihren normalen Aktivitäten fortzufahren, auch wenn Sie sich etwas ängstlich fühlen.

Wir können die Angst nicht abschaffen. Was wir tun können, ist mit ihr zu leben, so wie wir mit jedem anderen Gefühl leben. Wir können der Angst ins Auge sehen, sie akzeptieren, uns von ihr gefangennehmen lassen und die Zeit abwarten, bis sie zu bewältigen ist. Wir müssen uns den Gefühlen ohne Widerstand stellen. Wir brauchen keine Angst zu haben, weil unser Herz laut schlägt, oder weil wir weinen. Schließlich passiert das genauso, wenn wir sehr glücklich sind, wie wenn wir Angst haben, und wenige von uns laufen vor Freudentränen und freudigem Herzklopfen davon. Wir brauchen körperliche Empfindungen nicht zu fürchten. Momente größter Panik werden immer wieder auftreten, aber sie werden vorbeigehen, wenn Sie eine entsprechende Haltung einnehmen und nicht davonlaufen. Wir müssen uns nach Ebbe und Flut richten und Wasser treten, bis das Schlimmste vorüber ist. Die plötzlichen Angstmomente werden sich schließlich von selbst totlaufen.

Wenn Sie das Schlimmste willkommen heißen, wird es in Wirklichkeit nicht so schlimm werden

Viele Menschen fühlen Erleichterung, wenn sie lernen, den schlimmsten Folgen ins Gesicht zu sehen, ohne mit der Wimper zu zucken. Wenn Sie befürchten, auf der Straße verrückt zu spielen, dann stellen Sie sich absichtlich vor zu schreien, Schaum vor dem Mund zu haben, sich zu beschmutzen, Amok zu laufen, bis Sie dies ganz nüchtern tun können. Schließlich werden diese Ideen äußerst langweilig werden. Wenn Sie am Rande eines Abgrunds stehen und fürchten, sich herunterzustürzen, dann setzen Sie sich in einem sicheren Abstand vom Rand entfernt hin und proben Sie dies in Gedanken immer wieder, bis die Idee ihre Macht über Sie verloren hat. Wenn Sie in einem Stau in Ihrem Auto sitzen, sich eingeschlossen fühlen, fahren Sie einfach an die Seite, bleiben Sie im Fahrzeug sitzen und stellen Sie sich vor, eingeschlossen zu sein und zu ersticken. Nehmen Sie Ihre Fahrt erst wieder auf, wenn Sie über das Ganze lachen können.

Ich selbst finde diesen Trick auf unruhigen Flügen hilfreich, wenn man z. B. in Luftlöcher fällt. Ich stelle mir vor, daß das Flugzeug abstürzt und alle Passagiere – einschließlich mir – umkommen. Ich sehe unsere Leichen und denke resigniert, »wir können jetzt doch nichts mehr tun, laßt uns mit dieser Situation fertig werden, so gut wir können«. Diese Übung beschwichtigt meine Angst auch vor der Reise.

Die dramatische Erleichterung der Angst, die durch psychische Resignation erreicht werden kann, wurde mir eines Nachts schlagartig klar, als ich in einem Zug saß, der bald am Ziel eines langen Reiseabschnitts ankommen sollte. In der Tür stand ein Angestellter einer Fluggesellschaft, der darauf wartete, aus dem Zug eilen zu können, sobald der Zug den Bahnhof erreicht hatte, um rechtzeitig seinen Flug zu erreichen. Zu seiner Bestürzung hielt der Zug ungefähr zehn Minuten lang 300 Meter vor dem Bahnhof. Er konnte nicht hinaus auf die Stromschiene springen. Während der ersten fünf Minuten war er sehr aufgeregt, paffte wütend an seiner Zigarette herum, schimpfte rauchend und schnaubend und schaute wiederholt auf seine Uhr. Dann sagte er plötzlich, »jetzt ist es zu spät, ich habe mein Flugzeug verpaßt, es hat keinen Zweck mehr.« Und damit hörte all seine Nervosität auf. Er entspannte sich völlig. Diese Änderung fand statt, als er die Hoffnung aufgab, sein Ziel zu erreichen. Es war jedoch die Ruhe der Resignation und nicht die der Verzweiflung. Eine solche Haltung kann in angespannten Situationen sehr therapeutisch wirken.

Besondere Taktiken für spezifische Probleme

Sorgen um Schlaflosigkeit

Vielleicht leiden Sie unter der häufigen Plage, nachts wach zu liegen und sich über all den Schönheitsschlaf, den Sie verpassen, zu ärgern; dies steigert Ihre Anspannung und stellt sicher, daß Sie nicht einschlafen können. Eine Lösung wäre der Versuch, das Gegenteil zu tun. Versuchen Sie so lange wie möglich wach zu bleiben. Lassen Sie immer wieder den vergangenen Tag an sich vorbeiziehen, oder üben Sie Kopfrechnen, oder lesen Sie langweilige Bücher. Schließlich werden sich die natürlichen Regelmechanismen Ihres Körpers Ihrer bemächtigen. Ihre Augenlider werden schwer, der Schlaf wird Sie einholen, egal wie sehr Sie darum kämpfen, wach zu bleiben.

Eine alternative Lösung: Schließen Sie Ihre Augen und stellen Sie sich ein pechschwarzes Fensterrollo vor, das langsam nach unten ausgerollt wird. Darauf sehen Sie in großen Buchstaben das Wort »SCHLAF«. Konzentrieren Sie sich darauf, das Wort auf dem Rollo anzuschauen, wie es langsam herunterrollt. Versinken Sie langsam und stetig in Schlaf, so wie das Rollo nach unten kommt.

Atembeschwerden durch Angst

Wenn Sie glauben, Sie könnten keine Luft bekommen oder nicht mehr tief durchatmen, versuchen Sie folgendes: Holen Sie tief Luft und halten Sie den Atem so lange wie irgend möglich an, bis Sie das Gefühl haben zu platzen. Schummeln Sie nicht, indem Sie kleine Atemzüge nehmen. Stoppen Sie die Zeit. Sie werden bemerken, daß Sie sich nach ungefähr 60 Sekunden einfach nicht länger vom Atmen abhalten können. Die Reflexe Ihres Körpers werden Sie dazu zwingen, tief Luft zu holen. Wiederholen Sie diese Übung jedesmal, wenn Sie glauben, nicht richtig atmen zu können.

Vielleicht ist Ihr Atemproblem ein anderes: Sie holen zu oft und zu tief Luft. Dieser Vorgang schwemmt das Kohlendioxyd im Blut aus und kann zu Fingerkribbeln sowie schmerzhaften Verkrampfungen der Hände und Füße führen. Das Heilmittel ist einfach. Atmen Sie einfach so weiter. Halten Sie sich jedoch eine Papiertüte vor Mund und Nase, so daß Sie das gerade ausgeatmete Kohlendioxyd wieder zurückatmen. Das übermäßige Atmen wird dann wahrscheinlich aufhören. Halten Sie in Ihrer Tasche eine Papiertüte zur Benutzung bereit, für den Fall, daß Sie sich dabei erwischen, übermäßig zu atmen.

Angst zu schlucken

Vielleicht macht es Ihnen Ihre Anspannung schwer, feste Nahrung zu schlucken. Versuchen Sie, einen trockenen Keks zu kauen. Sie sollen ihn kauen, nicht schlucken. Kauen Sie immer weiter, bis der Keks sehr weich und feucht ist. Wenn Sie ihn lange genug gekaut haben, werden Sie den feuchten Keks automatisch schlucken, ohne es zu bemerken. Sie brauchen nur zu kauen; das Schlucken passiert ganz von selbst.

Übermäßige Ordnungsliebe

Wenn Ihr Problem übermäßige Ordnungsliebe ist, stellen Sie sicher, daß Sie jeden Tag in Ihrem Haus etwas in Unordnung bringen. Beginnen Sie damit, einen Teppich schief auf dem Wohnzimmerfußboden liegen zu lassen. Am nächsten Tag stellen Sie eine Vase absichtlich auf den falschen Platz. Am folgenden Tag lassen Sie etwas ungewaschen in der Küchenspüle stehen. Setzen Sie sich zunehmender Unordentlichkeit aus, bis Sie den Grad der Unordnung erreicht haben, mit dem Sie leben wollen.

Mein Kollege, Dr. Leonard Cammer, bat eine ordentliche saubere Frau, einen vollen Aschenbecher in der Mitte ihres Wohnzimmerteppichs auszuleeren und ihn dort 48 Stunden stehen zu lassen. Sie kam in Abständen dorthin zurück, um die Asche anzustarren; aber allmählich ging es ihr immer weniger gegen den Strich. Schließlich war sie so weit, daß, wenn sie etwas Schmutziges oder Unordentliches sah, sie mit den Achseln zuckte und sagte »na ja, das hat notfalls noch 48 Stunden Zeit«

Sammeln

Wenn Sie ein Sammler sind, schauen Sie sich an, wie der Kram in Ihrem Haus Sie und andere davon abhält, sich frei zu bewegen. Stellen Sie sich vor, was Sie mit dem freiwerdenden Raum tun könnten, wenn Sie all Ihren überflüssigen Müll wegschmeißen würden. Bitten Sie Ihren Partner oder einen Freund, Ihnen dabei zu helfen, Ihre Papiere, Dosen oder was auch immer fortzutragen.

Ein Wohltätigkeitsverein oder Gebrauchtwarenladen ist vielleicht daran interessiert, etwas von Ihrer Sammlung aufzukaufen. Kaufen Sie nichts zurück. Stellen Sie sicher, daß Sie die Sachen wegschmeißen, wenn Sie damit fertig sind, oder Sie werden Ihre Sammlergewohnheit doch wieder aufnehmen. Zunächst werden Sie sich ängstlich fühlen, wenn Sie sich überflüssigen Eigentums entledigt haben, aber nach einigen Tagen werden Sie sich über den zusätzlichen Platz freuen, den Sie geräumt haben. Fassen Sie den Entschluß, jeden Tag etwas wegzuwerfen, was Sie früher vielleicht gesammelt hätten.

Listen schreiben

Wenn Ihr Problem Listen schreiben heißt, zählen Sie die Positionen, die auf Ihrer Liste stehen. Streichen Sie zwei davon heute durch, morgen drei, vier am nächsten Tag und so weiter, bis Sie am Ende keine Positionen mehr auf Ihrer Liste stehen haben. Sie werden sich darüber Gedanken machen, was Sie in den letzten Tagen verpaßt haben. Akzeptieren Sie, daß Sie tatsächlich Dinge vergessen, und machen Sie sich klar, daß es nichts Wesentliches ist, und daß die Welt darüber nicht untergeht. Wenn Sie ganz schnelle Fortschritte machen wollen, zerreißen Sie jede Liste, die Sie haben, auch wenn es Sie dabei schüttelt und fassen Sie den Entschluß, nie mehr neue Listen zu schreiben.

Lesen Sie noch einmal relevante Fallbeschreibungen in den vorhergehenden Kapiteln

In vorhergehenden Teilen dieses Buches haben Sie von Beschreibungen erfolgreicher Behandlungen gelesen.

Lesen Sie die Abschnitte noch einmal, um zu sehen, welche hilfreichen Tips Sie bei Ihrer eigenen Behandlung anwenden können, wo die behandelten Probleme den Ihren ähneln:

Agoraphobie .... (S. 78)
Vogelphobie ....(S. 127)
Angst vor Blut ....(S. 142)
Angst vor Körpergerüchen ....(S. 109)
Katzen- und Hundephobien ....(S. 127)
Angst vor Krankheit....................................(S. 115)
Zwangsgedanken und Zwangshandlungen ......(S. 159)
Familienselbsthilfegruppen ....(S. 175)
Horten ....(S. 168)
Verwandte als Ko-Therapeuten ....(S. 175)
Langsamkeit ....(S. 167)
Wiederholtes Fragen nach Bestätigung ....(S. 176)
Sexuelle Probleme......................................(S. 179)
Anorgasmie ....(S. 182)
Fehlende Ejakulation ....(S. 188)
Fehlende Erektion (Impotenz) ....(S. 183)
Vorzeitige Ejakulation ....(S. 184)
Vaginaler Spasmus (Vaginismus)...................(S. 182)
Soziale Ängste ....(S. 101)
Angst, Toiletten außerhalb der eigenen
Wohnung zu benutzen ....(S. 144)

Beispiele von Selbsthilfe

Vielleicht finden Sie es hilfreich, den Fortschritt zweier Patienten zu verfolgen, die größtenteils Ihre eigene Behandlung übernommen haben.

Überwinden einer Agoraphobie

Molly, 40 Jahre alt, hatte seit ihrer Schwangerschaft vor fünf Jahren eine klassische Agoraphobie. Ängste, aus dem Haus zu gehen, veranlaßten Sie dazu, ihren Beruf als Krankengymnastin aufzugeben. In den letzten vier Jahren war sie kaum alleine mit dem Bus oder dem Zug gefahren und konnte ihren Hund nicht einmal mehr für einen Spaziergang um die vier Ecken mitnehmen. In Begleitung konnte sie mehr machen. Sie besuchte jeden Tag eine Tagesklinik. Sie war mit einem Arzt verheiratet, hatte bis vor fünf Jahren ein geselliges Leben geführt und gerne ihre Arbeit getan. Sie dachte, ihre Eltern hätten sie als Kind zu sehr behütet.

Ich hatte mit Molly und ihrem Mann nur einmal einen einstündigen Termin. Ich erklärte ihnen, daß die Panik Molly niemals umbringen könnte. Mit prolongierter Konfrontation ginge die Panik zwar nicht vollständig weg, vermindere sich aber allmählich, wenn man lernt, damit fertig zu werden, ohne davonzulaufen. Man muß hinausgehen und sich der Panik stellen. Molly würde ihre Phobie überwinden können, wenn sie sich systematisch den gefürchteten Situationen aussetzen würde. Ich zeigte ihr, wie man ein Tagebuch über die Konfrontationsübungen führt. Da sie 200 Meilen von London entfernt wohnte, wurden keine weiteren Termine vereinbart, der weitere Kontakt war brieflich. In der folgenden Woche schrieb sie:

Seit mein Mann und ich letzte Woche bei Ihnen gewesen sind, bin ich drei Tage im Zentrum von Bristol Bus gefahren. Heute bin ich drei Stunden lang in Bristol herumgelaufen. Ich bin erstaunt, wie gut ich auf unbestimmte Zeit von zu Hause, abgeschnitten und ohne jegliche Fluchtmöglichkeit, zurechtgekommen bin. Ich habe in vier Tagen mehr erreicht als in den letzten vier Jahren. Ich fürchte nur, daß ich aufwachen werde, und es war alles nur ein

Traum. Ich habe nie geglaubt, daß es möglich sein würde. Es bedurfte einzig und allein Ihrer Versicherung, daß mich die Angst nicht umbringen wird, um mich zu meiner ersten Busfahrt zu bewegen. Ich verstehe immer noch nicht ganz, warum die Panikattacken mit der Aussicht auf eine lange Konfrontation weit weg von zu Hause weniger werden, aber es ist so. Es ist unglaublich.

Molly Smith legte ihrem Brief ein Tagebuch bei, in dem sie die Angstsituationen der letzten vier Tage im Detail aufgeschrieben hatte. Zwei Monate später schrieb Molly noch einmal.

Ich habe mein Tagebuch beigefügt und hoffe, daß Sie mit meinem Fortschritt genauso zufrieden sind wie wir... Ich laufe immer noch vor der Angst weg, besonders in geselligen Situationen, z.B. beim Frühstück oder Abendessen in Gesellschaft, im Bus, wo ich Panikanfällen mit den üblichen Schweißausbrüchen, dem Zittern und den Tränen schwer entgehen kann. Wie Sie jedoch sehen, sind das Einkaufen in örtlichen Geschäften, Spaziergänge mit dem Hund und sogar ein Zoobesuch jetzt alltägliche Ereignisse und machen mir fast keine Schwierigkeiten. Wie Sie sich vorstellen können, bin ich sehr froh darüber. Ich gerate manchmal mit meinen phobischen Freunden im Krankenhaus aneinander, die sich immer noch einer Behandlung mit systematischer Desensibilisierung (in der Vorstellung) unterziehen. Auch mein Mann ist mit der Entwicklung sehr zufrieden.

Nach vier weiteren Monaten schickte Molly ihr neuestes Tagebuch, aus dem hervorging, daß sie sich überall frei bewegen konnte und ihre Besserung weiter fortgeschritten war. Ein Jahr später ging es ihr noch besser.

Letzten Freitag bin ich allein in einem Schnellzug nach London gefahren, um dort meinen Mann zu treffen und mit Freunden das Wochenende zu verbringen. Sie können sich vorstellen, wie begeistert wir alle waren, daß meine Fortschritte mir erlaubten, wieder alleine zu reisen.

Jeder sagt, daß es mir besser geht als in den letzten vier Jahren, ich muß zustimmen. Mein ganzer Lebensstil hat sich seit meinem Besuch bei Ihnen verändert. Ich führe jetzt ein geschäftiges Leben und bleibe selten zu Hause. Ich besuche die Tagesklinik jetzt nur noch gelegentlich, aber ich schätze ihre Unterstützung, wenn ich ein paar schlechte Tage habe, wie z. B. nach einer Grippe usw., wovor Sie mich gewarnt hatten. Ich fühle mich von Zeit zu Zeit immer noch sehr unbehaglich, aber die Panikattacken deprimieren mich nicht mehr so wie früher. Ich fange mich schnell wieder und beginne von Neuem. Ich spiele jetzt Badminton im Verein, nehme Musikunterricht, gehe mit Freunden aus, gehe gerne mit dem Hund spazieren und besuche mit ganz wenig Schwierigkeiten Partys, ein ziemlicher Unterschied zu vorher.

Ich weiß, daß ich noch einen langen Weg gehen muß, bevor ich die Panikattacken ignorieren kann, ich habe schon ein ganzes Stück auf dem richtigen Weg zurückgelegt. Ich füge eine Kopie meines Tagebuchs bei, welches ich immer noch gerne führe. Manchmal denke ich, daß ich wieder den leichten Weg gewählt habe, aber ich hoffe, Sie werden mir zustimmen, daß sich mein Horizont erweitert hat.

Ich habe Molly und ihren Mann nur einmal gesehen. Trotzdem hat sie die Prinzipien der Selbsthilfe so gut erfaßt, daß sie ohne mein weiteres Zutun die notwendigen Übungen ausgeführt hat und ihre Ängste zunehmend überwunden hat, nicht durch Zauberei, sondern durch systematische Konfrontation mit jeder einzelnen Angst. Molly ist nicht über Nacht geheilt worden. Es war nicht leicht. Sie hatte Rückschläge, die zu erwarten waren, und ist mit ihnen durch erneute Anstrengungen bei der Selbstkonfrontation fertig geworden. Ihre Belohnung war die Freiheit von den Fesseln der Angst, die sie fünf Jahre lang gebunden hatten.

Überwinden von Zwangsgedanken und Ritualen

Beschäftigen wir uns jetzt mit Sue, die neun Jahre lang durch Schmutz in Angst und Schrecken versetzt wurde. Obwohl ihr ein Therapeut ein paar Tage lang half, den richtigen Anfang zu machen, führte Sue den Großteil der Behandlung selbst durch. Ihr Programm kann Ihnen eine Vorstellung davon geben, wie man das Überwinden von Zwängen am besten in Angriff nimmt. Die Beschreibung ist lang, damit Sie sehen, wie sehr Sie sich mit dem Detail beschäftigen müssen. Wenn Zwänge kein Problem für Sie sind, können Sie diesen Abschnitt überspringen und auf Seite 290 weiterlesen.

Lassen Sie uns zunächst einen Überblick gewinnen und dann Sues Beschreibung ansehen. Sehen Sie sich die Prinzipien der Behandlung genau an. Konfrontieren Sie sich mit genau dem, was Sie fürchten. Vermeiden Sie niemals Unbehagen. Üben Sie immer wieder genau das, wovor Sie sich fürchten, bis es ganz selbstverständlich ist. In Sues Fall mußte sie die Situation immer wieder üben, in denen sie das Gefühl hatte, mit Schmutz, Bakterien oder Gift in Berührung zu kommen.

Das Problem

Sue, z. Zt. 37 Jahre alt, war neun Jahre lang durch schwere Zwangserscheinungen behindert. Die Zwänge begannen vor neun Jahren, nachdem sie von einem Todesfall durch Leptospirose (wird durch Ratten übertragen) in ihrem Heimatort gelesen und eine tote Ratte auf der Straße gesehen hatte. Während der nächsten paar Monate haben sich schnell und fortschreitend Zwangsgrübeln, Rituale und Vermeidungsverhalten bezüglich eingebildetem Schmutz, Bakterien und Gift entwickelt. Außerdem wusch sie ihre Hände 50mal am Tag. Sie war ständig mit »Bakterien« beschäftigt, besonders solchen, die mit Ratten in Zusammenhang stehen könnten, und damit, was sie vielleicht angefaßt haben könnte. (Habe ich mich irgendwo angesteckt? Habe ich die Bakterien weiterverbreitet?). Sie warf wiederholt »kontaminierte« Gegenstände weg, einschließlich einer Waschmaschine. Ihr Mann und zwei Söhne im Teenageralter spielten beim Ausführen von Ritualen mit, beruhigten sie immer wieder und taten Dinge, die Sue wegen ihrer Ängste vermied, z.B. kochen, waschen und andere Haushaltsarbeiten. Dies führte zu vielen Streitigkeiten in der Familie. Sue brachte es fertig, einen Ganztagsjob als ungelernte Arbeiterin zu behalten, da ihre Ängste außerhalb des eigenen Hauses weniger deutlich waren. Während der letzten fünf Jahre profitierte sie wenig von Behandlungen, einschließlich einer Krankenhauseinweisung, Antidepressiva, Elektrokrampftherapie, Beruhigungsmitteln und stützender Psychotherapie. Mit einer kurzen Verhaltenstherapie, die ihre Familie nicht involvierte, machte sie einige Fortschritte, hatte aber jedesmal einen Rückfall, wenn sie den Kontakt mit ihrem Therapeuten abbrach.

Die Behandlung aus der Sicht des Therapeuten

Die Behandlung begann mit einem fünftägigen Aufenthalt im Krankenhaus. Während dieser Zeit wurde sie angehalten, sich mit »Bakterien zu kontaminieren« und ihre Hände über immer längere Zeitabschnitte nicht zu waschen. Trotz ihrer anfänglichen Angst hielt sie das Programm durch und verspürte schnell Erleichterung. Sie konnte ihre Fortschritte auch auf die häusliche Situation übertragen, wo sie begann, allen zuvor vermiedenen Haushaltspflichten nachzukommen. Das Händewaschen reduzierte sich auf acht Mal am Tag. Die Familie wurde zu Ko-Therapeuten, jeder nahm eine bestimmte Rolle ein; z.B. mußten die Kinder ihre Mutter berühren, wenn sie das Haus betraten, und der Ehemann mußte aufhören, sich um das Kochen und die übrige Hausarbeit zu kümmern. Die Besserung war beim Untersuchungstermin nach einem Jahr weiterhin deutlich.

Beim Lesen dieser Zusammenfassung machen Sie sich wahrscheinlich keine Vorstellung von der harten Arbeit im Detail, die Sue leisten mußte, um ihr Problem zu bewältigen.

Die Behandlung aus Sues Sicht

Als ich für fünf Tage ins Krankenhaus kam, entwarf mein Therapeut ein detailliertes Behandlungsprogramm, welches wir beide unterschrieben und an meinen Spiegel über dem Waschbecken steckten.

1. Tag: Programm für Montag, den 23. Februar.

1. Händewaschen maximal zweimal am Tag erlaubt.
2. Keine Seife im Zimmer, bis auf ein trockenes unbenutztes Stück.
3. Das Zimmer soll beschmutzt werden und bis auf weitere Anordnung nicht geputzt werden.
4. Bereiten Sie für mehrere Leute Kaffee und Tee vor, nachdem Sie zuvor die Tassen »verseucht« haben.
5. »Verseuchen« Sie Messer, Gabeln, Löffel, indem Sie sie auf den Fußboden fallen lassen, sie wieder aufheben und damit eine Mahlzeit einnehmen.
6. Das Handtuch im Zimmer soll nicht gewechselt werden.
7. Wäsche waschen ist nicht erlaubt.
8. »Verseuchen« Sie Ihre Hände um 9.00 Uhr morgens und waschen Sie sie mindestens fünf Stunden lang nicht.
9. Am späten Abend ist baden erlaubt, aber nur, wenn das Programm eingehalten wurde. (Dies ist ein Ansporn zum Fleißigsein.)
10. Alle Toilettengänge werden überwacht. Waschen verboten.

Ich stimme zu, dieses Programm einzuhalten.
Unterschrift _____

Dann haben wir die Instruktionen des Programms ausgeführt. Die Seife und meine Handtücher wanderten in den Personalraum. Ich durfte ein »sauberes« und ein »schmutziges« Krankenhaushandtuch haben (»schmutzig« bedeutet hier, es ist schon einmal von jemandem benutzt worden). Das »schmutzige« Handtuch wurde ans Fußende des Bettes gelegt. Ich mußte darauf sitzen. Dann nahmen wir den Papierkorb, gingen nach draußen und sammelten Dreck von der Straße und lange Gräser, die um nahegelegene Hütten wuchsen. Wir gingen zurück in mein Zimmer und warfen den Dreck überall hin. Ich schmiß meine Wäsche auf den Fußboden, mein Therapeut und ich wischten uns beide unsere Hände am sauberen Handtuch ab, um es zu beschmutzen. Ich öffnete meinen Koffer, ohne meine Hände zu waschen, faßte all meine sauberen Kleidungsstücke an, hängte sie auf Bügel und legte sie in Schubladen. Dann ging ich in die Kantine und kochte Tee, steckte meine Hände in alle Tassen und den Milchkrug, rieb die Löffel an meinen Händen ab und servierte den Tee, den wir alle tranken. Alle Leute wußten, was passiert war, und daß ich meine Hände nicht gewaschen hatte. Beim Abendessen schmiß ich mein Besteck auf den Fußboden, berührte meine Schuhe und leckte meine Finger wann immer möglich ab. Ich hatte mich seit 9.00 Uhr morgens nicht gewaschen. Bevor ich schlafen ging, nahm ich zehn Minuten lang ein Bad.

2. Tag, Dienstag, der 24. Februar:
     Ich wusch mich, zog mich an, legte Make up auf, machte Tee für die Patienten und das Personal, dabei »verseuchte« ich zuerst die Tassen. Ich säuberte die Kabinen mit »schmutzigen« Tüchern, Müllschaufel und Besen, die ich am vorigen Tag mit Müll, Gras und Blättern beschmutzt hatte. Um 4.00 Uhr nachmittags berührte ich Toilettenbrillen und fragte vier Leute, ob ich ihnen ihre Schuhe putzen könnte. Nachdem ich ihre Schuhe geputzt hatte, machte ich vier Leuten Toast, fand zwei Leute, die ihre Betten gemacht haben wollten und tat es. Ich berührte ein kleines Mädchen, vor dem ich Angst hatte, schrieb meinem Mann und den Kindern einen Brief, in dem stand, daß dieser voller Bakterien sei und gab ihn auf. Nachdem ich die Toilettenbrillen berührt hatte, ging ich einkaufen und kaufte Trauben, die ich beim Abendessen ahnungslosen Patienten servierte. Ich kaufte eine Flasche scharfen Toilettenreiniger, den ich anfaßte und auf dem Schoß hielt – ich hatte große Furcht, er würde mir schaden. Bevor ich ins Bett ging, mußte ich meinen Arm um sechs Leute legen. Ich ging mit einem »verseuchten« Handtuch auf meiner Bettwäsche ins Bett und trug das Nachthemd von jemand anderem.

3. Tag, Mittwoch, der 25. Februar:
Nach dem Frühstück absolvierte ich meine »Verseuchungsübungen« – berührte Lichtschalter entlang dem Korridor, Griffe, Telefone, Bilder, Mülleimer, schmutzige Bettwäsche, Urinflaschen, Bettpfannen, Waschbecken mit unbekannten Flüssigkeiten, Bügeleisen, Bügelbrett, Besen, Staubtücher, Staubsauger, Mops, Flaschen mit Bleichmitteln. Da ich Angst vor Krankheiten hatte, die von Ratten übertragen werden können, schaute ich mir Ratten in einem Käfig an und berührte sie. Danach machte ich Toast für das Personal und berührte eine Dame und ihr Kind. In den Patiententoiletten berührte ich die Klobrillen, machte Tee, servierte Kuchen und berührte Teetassen. Eine Krankenschwester kam normalerweise mit mir, um sicher zu sein, daß ich alles machte. Als ich in einem Stuhl einschlief, weckte sie mich sogar, um mich daran zu erinnern, daß ich vergessen hätte, den Toast für die Patienten zu machen. Das habe ich dann getan. Ich mußte eine Zeitschrift lesen, die von anderen Patienten benutzt worden war und Kleider anziehen, die ich am Tag zuvor getragen hatte und üben, das Haar anderer Leute zu berühren. Ich wusch schmutzige Unterwäsche im Badewasser, bevor ich darin baden durfte und faßte den Entschluß, eine Ratte über mich hinweglaufen zu lassen und würde dabei riskieren, krank zu werden.

4. Tag, Donnerstag, der 26. Februar:
Ich beendete die »Verseuchungsübungen«, die andere Leute und mich betrafen. Ich kaufte ein Buch, um es meinem Sohn zu schicken. Auf dem Spaziergang zurück zum Krankenhaus berührte ich mehrere Mülleimer und jedes am Straßenrand parkende Auto. Ich kam wirklich schmutzig ins Krankenhaus zurück. Dann kochte ich Tee für die Patienten, ohne mich vorher zu waschen.

5. Tag: Freitag, der 27. Februar:
Ich führte alle meine Routinekonfrontationsübungen durch, putzte mein Zimmer, packte meine Sachen, vermengte schmutzige mit sauberer Wäsche und vermied es, Plastiktaschen zu benutzen. Ich »verseuchte« mich noch einmal, bevor mein Ehemann ankam und schaffte es, ein kleines Mädchen auf der Station ein paar Momente hochzuhalten, dann ging ich mit meinem Mann nach Hause.

Allgemeine Grundsätze für die Selbsthilfe zu Hause

Ich muß alles berühren, wovor ich Angst habe, ohne mich hinterher zu waschen. Instruktionen für meine Konfrontationsübungen stehen auf Karten, die überall im Haus verteilt sind. Sie werden jeden Tag befolgt.

1. Hände »verseuchen« durch Anfassen von Mülleimer, Toilettenbrille und Toilettenbürste, Schubkarre mit Müll darin, Vogelkäfig, Vogeldreck, rohes Fleisch. Bei jeder Gelegenheit Wäschekorb und Kleider anfassen. Meine drei Söhne regelmäßig umarmen (dies vermied ich bis vor kurzem völlig). Den Wassernapf vom Hund auffüllen und dann die Armaturen in der Küche mit ungewaschenen Händen berühren.
2. Arbeitsflächen, Teller, Besteck, Töpfe und alle Lebensmittel vor dem Essen »verseuchen«.
3. Mit ungewaschenen Händen auf der Couch liegen, Telefonanrufe entgegennehmen: Schalter, Türgriffe, Fernseher und Vorhänge anfassen.
4. Nach dem Anfassen der Mülltonnen Betten machen, darin liegen und Gegenstände auf dem Nachttisch anfassen.
5. Toilettenbrille und danach Handtücher, Schalter, Apothekenschrank und mein eigenes Haar berühren.

Programm für den 5. März: Ich stand auf und zog mich an, nahm ungewaschene Kleider, die ich gestern getragen hatte, wusch mein Haar, »verseuchte« mich und alle Lebensmittel und frühstückte dann. Ich führte alle meine Konfrontationsübungen durch, putzte dann das Badezimmer und die Toilette, indem ich ein Tuch benutzte, das normalerweise für die Badewanne reserviert ist. Ich säuberte den Badezimmerschrank mit einem Tuch, welches normalerweise für die Badewanne reserviert ist, danach faßte ich alle Medikamente an und schüttete alte Medikamente in den Ausguß. Ich polierte den Fußboden und benutzte dabei ein schmutziges Tuch in einem Eimer, der normalerweise für die Küche vorbehalten ist und vergewisserte mich, daß ich Bakterien mit der Politur verrieb. Ich säuberte die Toilettenbürste und den Halter mit dem Fußbodentuch und schüttete das schmutzige Wasser in den Badewannenausguß. Ich nahm das Bügelbrett und das Bügeleisen und rieb sie an schmutzigen Kleidern ab. Dann bügelte ich ein »sauberes« Kleid. Ich berührte alle meine sauberen Kleider. Ich ging mit schmutzigen

Händen in die Stadt, probierte Büstenhalter an, kaufte einen, ging nach Hause ohne nachzuprüfen, wo ich ging und öffnete die Tür mit dem Schlüssel (was ich früher nicht tun konnte). Ohne meine Hände zu waschen bereitete ich das Mittagessen vor, umarmte meine Söhne und ging mit schmutzigen Händen zum Friseur. Ich hatte eine Maniküre, ließ mir die Fingernägel lackieren, kam nach Hause und nahm ein Bad, ohne die Badewanne zuvor sauberzumachen. Beim Abtrocknen benutzte ich ein »schmutziges« Handtuch, legte das gebrauchte Handtuch dahin, wo die Familie es benutzen konnte und zog ein Kleid an, das ich zuvor gebügelt hatte und bügelte das Hemd meines Mannes. Dann berührte ich den Mülleimer und die Toilette, ging zu einer Tanzveranstaltung, schüttelte jedem die Hand. Kam nach Hause, hängte das Kleid in den Garderobenschrank neben all die anderen Kleider, anstatt es in den Wäschekorb zu legen. Ich wusch meine Hände und ging ins Bett.

Wissenschaftliche Belege zur Wirksamkeit der Verhaltenstherapie

Vielleicht werden Sie ungeduldig, wenn Sie die Erzählungen anderer Patienten lesen. Sie denken vielleicht, das ist ja alles schön und gut und nicht ganz von der Hand zu weisen, aber wir haben alle schon von Wunderheilungen gehört, die nicht wiederholt werden können. Kann mir die Verhaltenstherapie helfen? Gibt es einen wissenschaftlichen Beweis, daß eine Verhaltenstherapie bei Patienten mit meiner Art von Problemen zuverlässig hilft?

In vielen kontrollierten Studien stellte sich die Konfrontationstherapie deutlich effektiver als andere Behandlungen bei Phobien, Zwängen und sexuellen Problemen dar. Gegenüber Behandlungsmethoden wie Entspannungsübungen oder analytischer Psychotherapie waren die Erfolge größer. Außerdem läßt die Besserung nicht nach ein paar Wochen nach. Bei Patienten, die auf die Therapie ansprachen, war meist noch zwei bis vier Jahre nach der Entlassung aus der Behandlung ein anhaltender Therapieerfolg zu beobachten. Ein Nachlassen der Angst befreite die Patienten und ihre Familien von den vorher einengenden Restriktionen.

In den letzten Jahren hat sich die Verhaltenstherapie dahingehend verändert, daß der Patient in der Behandlung immer mehr Eigeninitiative entwickelt und der Therapeut sich so weit wie möglich zurückzieht. Diese Vorgehensweise ist nicht nur aus Kostengründen, sondern auch für den Fortschritt der Therapie günstig, denn sie fördert die Selbständigkeit und Verantwortungsübernahme des Patienten. Die Hauptaufgabe des Therapeuten besteht darin, dem Patienten das Therapiekonzept zu vermitteln und ihm beizubringen, wie man sich sinnvolle Übungen ausdenkt, damit der Patient später nicht ständig auf die Hilfe seines Therapeuten angewiesen ist. Eine Überwachung der »Hausaufgaben« und das Besprechen von Problemen, die während der Therapie auftreten, ist wichtig und zeitlich gesehen ein vergleichsweise geringer Aufwand. Es ist jedoch nicht notwendig, daß der Therapeut den Patienten während der Übungen immer begleitet. Verschiedene Untersuchungen haben gezeigt, daß Patienten mit einer guten Anleitung zur Selbsthilfe durch den Therapeuten genauso gut oder sogar besser abschneiden als Patienten, die während ihrer Übungen ständig von ihrem Therapeuten begleitet werden.

Ein Aspekt ändert sich allerdings nicht durch Verhaltenstherapie. Manche Patienten mit Phobien und Zwängen neigen zu depressiven Phasen. Selbst wenn sie sich in Behandlung begeben und ihre spezifischen Ängste verloren haben, ändert sich diese grundsätzliche Neigung zu depressiven Verstimmungen nicht. Wenn das bei Ihnen der Fall ist, dann wird Ihnen Ihr Arzt zunächst ein Antidepressivum verschreiben. Detaillierte wissenschaftliche Belege für den Wert einer Verhaltenstherapie würden den

Rahmen dieses Buches sprengen. Falls Sie mehr über Angstforschung lesen möchten, finden Sie weiterführende Literaturhinweise auf Seite 294.

Selbsthilfegruppen

Betroffene mit den verschiedensten Problemen finden oft Hilfe, wenn sie sich Laiengruppen anschließen, deren Mitglieder ähnliche Probleme wie sie selbst haben, so daß sie ihre Erfahrungen austauschen und sich hilfreiche Ratschläge holen können. Außerdem finden sie dadurch zusätzliche Kontakte. Menschen, die unter Angst leiden, sind keine Ausnahmefälle. In Großbritannien gibt es einen nationalen Briefclub unter dem Namen »The Open Door«, der ungefähr 3000 Mitglieder hat. Ähnliche Organisationen gibt es auch in Deutschland und Holland sowie in den USA, Kanada und Australien. Agoraphobiker können sich zusammentun, um Ausflüge zu unternehmen, um die Kinder zur Schule zu bringen und abzuholen, um Programme für Phobiker zu erstellen und um viele andere Aktivitäten zu organisieren. Manche Leute haben Bedenken, sich einer solchen Selbsthilfegruppe anzuschließen, weil sie befürchten, daß sich ihre Störung eher noch verschlimmern könne, wenn sie andere Menschen über die gleichen Probleme reden hören. Im allgemeinen geschieht das aber nicht.

Es ist wichtig, darauf zu achten, daß aus der Selbsthilfegruppe keine »Meckergruppe« wird, die nur Nörgeleien austauscht, sondern eine Gruppe, die sich gegenseitig Hilfestellung leistet und sich dem Überwinden von Problemen widmet. Es gibt viele positive Beispiele. Phobiker gehen gemeinsam zum Mittagessen in ein Restaurant, unterstützen und ermutigen sich gegenseitig, wenn sie zusammen unterwegs sind. Andere Phobiker mit einer

Flugangst haben sich in einer Organisation mit dem Namen »Air Fraidy Cats« zusammengetan, ein Flugzeug gechartert und nach einführenden Instruktionen zusammen Gruppenflüge durchgeführt. Mitglieder einer Selbsthilfegruppe können sich gegenseitig helfen, selbst wenn ihre Phobien nicht die gleichen sind. Ein Phobiker, der nicht Auto fahren konnte, und ein Phobiker, der nicht alleine draußen herumlaufen konnte, arbeiteten eng zusammen, indem sie gemeinsam verschiedene Straßen befuhren und mehrere Geschäfte besuchten. Auf diese Weise war beiden geholfen.

Selbsthilfegruppen in Deutschland

Selbsthilfe Agoraphobie, »Straßen- und Platzangst«,
über SEKIS (Selbsthilfe Kontakt- u. Informationsstelle),
Albrecht-Achilles-Str. 65, 10709 Berlin.
Tel.: 0 30/8 91 60 85

Agoraphobie Selbsthilfegruppe,
Kontakt- und Informationsstelle (Büro der NAKOS),
Carl-Mosterts-Platz 4, 40477 Düsseldorf.
Tel.: 02 11/48 23 62

Selbsthilfegruppe Ängste und Phobien, Uhlandstr. 50,
60314 Frankfurt.
Tel.: 0 69/44 50 67

Selbsthilfegruppe Agoraphobie, Fuhlsbütteler Str. 401,
22309 Hamburg.
Tel.: 0 40/6 31 11 10

MASH (Münchner Angst-Selbsthilfe)
über Selbsthilfezentrum, Bayerstr. 77 a,
80335 München.
Tel.: 0 89/5 32 95 60

Weiterführende Literatur

Barlow DH (1988) Anxiety and its Disorders. The Guilford Press, Hove

Brasch C, Richthammer IM (1990) Die Angst aus heiterem Himmel. Mosaik Verlag, München

Buller R, Philipp M (1984) Der psychiatrische Notfall: Panik-Erkrankung. Münchner Medizinische Wochenschrift 36:7

Ehlers A, Margraf J, Roth WT (1986) Panik und Angst. Theorie und Forschung zu einer neuen Klassifikation der Angststörungen. Zeitschrift für Klinische Psychologie 15:281–302

Freud S (1982) Studienausgabe Band VI. Hysterie und Angst. Fischer Taschenbuch, Frankfurt/Main

Haeberle EJ (1983) Die Sexualität des Menschen. Handbuch und Atlas. Walter de Gruyter, Berlin New York

Katschnig H. Nutzinger DO (1988) Was ist eine Panikattacke? Psychopathometrie in der Medizin

Margraf J, Schneider S (1990) Panik. Angstanfälle und ihre Behandlung. Springer, Berlin Heidelberg New York

Marks IM (1987) Fears, Phobias, and Rituals. Oxford University Press, Oxford

Mathews A, Gelder M, Johnston D (1990) Platzangst. Ein Übungsprogramm für Betroffene und Angehörige. Springer, Berlin Heidelberg New York

Mentzos S (1990) Angstneurose. Fischer Taschenbuch, Frankfurt/Main

Rachman SJ, Maser JD (1988) Panic. Psychological Perspectives. Hillsdale

Sigusch V (1980) Therapie sexueller Störungen. Thieme, Stuttgart New York

Tuma H, Maser JD (1985) Anxiety and the Anxiety Disorders, Hillsdale

Weekes C (1986) Selbsthilfe für Ihre Nerven. Ein ärztlicher Ratgeber zur Überwindung der Angst und Wiedererlangung seelischer Kräfte. Bergisch Gladbach

Springer-Verlag und Umwelt

Als internationaler wissenschaftlicher Verlag sind wir uns unserer besonderen Verpflichtung der Umwelt gegenüber bewußt und beziehen umweltorientierte Grundsätze in Unternehmensentscheidungen mit ein.

Von unseren Geschäftspartnern (Druckereien, Papierfabriken, Verpackungsherstellern usw.) verlangen wir, daß sie sowohl beim Herstellungsprozeß selbst als auch beim Einsatz der zur Verwendung kommenden Materialien ökologische Gesichtspunkte berücksichtigen.

Das für dieses Buch verwendete Papier ist aus chlorfrei bzw. chlorarm hergestelltem Zellstoff gefertigt und im ph-Wert neutral.